Thomas Morlang
Askari und Fitafita

Band 8 der Reihe »Schlaglichter der Kolonialgeschichte«

herausgegeben von
PD Dr. Dr. Ulrich van der Heyden
Prof. Dr. Dr. h.c. Mechthild Leutner
Dr. Joachim Zeller

Bisher erschienen:

Martin Baer / Olaf Schröter:
Eine Kopfjagd.
Deutsche in Ostafrika. Spuren kolonialer Herrschaft

Jürgen Zimmerer / Joachim Zeller (Hg.):
Völkermord in Deutsch-Südwestafrika.
Der Kolonialkrieg (1904–1908) in Namibia und seine Folgen

Felicitas Becker / Jigal Beez (Hg.):
Der Maji-Maji-Krieg in Deutsch-Ostafrika 1905–1907

Helmut Strizek:
Geschenkte Kolonien.
Ruanda und Burundi unter deutscher Herrschaft

Uwe Schulte-Varendorff:
Kolonialheld für Kaiser und Führer.
General Lettow-Vorbeck – Mythos und Wirklichkeit

Mechthild Leutner / Klaus Mühlhahn (Hg.):
Kolonialkrieg in China.
Die Niederschlagung der Boxerbewegung 1900–1901

Marianne Bechhaus-Gerst:
Treu bis in den Tod.
Von Deutsch-Ostafrika nach Sachsenhausen –
Eine Lebensgeschichte

Thomas Morlang

Askari und Fitafita

»Farbige« Söldner in den
deutschen Kolonien

Ch. Links Verlag, Berlin

Für meine Eltern

Editorische Notiz
Der Text ist nach den Regeln der reformierten
Rechtschreibung verfasst. Um der besseren Lesbarkeit
willen wurden die Zitate diesen Regeln angepasst.

Die Deutsche Nationalbibliothek verzeichnet diese
Publikation in der Deutschen Nationalbibliografie;
detaillierte bibliografische Daten sind im Internet
über http://dnb.d-nb.de abrufbar.

1. Auflage, April 2008
© Christoph Links Verlag – LinksDruck GmbH
Schönhauser Allee, 10435 Berlin, Tel.: (030) 44 02 32-0
Internet: www.linksverlag.de; mail@linksverlag.de
Umschlaggestaltung: KahaneDesign, Berlin,
unter Verwendung von Fotos aus dem Bildarchiv der Deutschen
Kolonialgesellschaft an der Universitätsbibliothek Frankfurt am Main:
Der deutsche Gouverneur Heinrich Schnee (mit gelbem Helm)
inspiziert die Askari der »Schutztruppe« in Daressalam, 1912 (vorn);
Askari in Deutsch-Ostafrika (hinten)
Satz: typegerecht, Berlin
Druck und Bindung: Druckerei F. Pustet, Regensburg

ISBN 978-3-86153-476-1

Inhalt

Vorwort

Der Einsatz von nichtweißen Söldnern in Übersee war keine deutsche Erfindung. Lange bevor Deutschland seine ersten Kolonien erwarb, hatten die traditionellen Kolonialmächte Portugal, Frankreich oder Großbritannien bereits die bittere Erfahrung machen müssen, dass weiße Soldaten aufgrund ihrer Anfälligkeit für Krankheiten für koloniale Eroberungskriege kaum zu verwenden waren. Viele europäische Staaten begannen daher, ihre Kolonialtruppen aus Nichtweißen zu rekrutieren, die anfangs häufig in den Kolonien anderer Nationen angeworben wurden, später zunehmend aus den Überseegebieten stammten, in denen sie auch eingesetzt werden sollten. Diese zumeist freiwillig eingetretenen, teils aber auch mit Zwang rekrutierten Männer dienten nicht aus »Vaterlandsliebe«, sondern allein wegen des vergleichsweise hohen Lohns und der Aussicht auf Beute. Ohne Skrupel wechselten viele den Arbeitgeber, sobald sich ihnen irgendwo eine bessere Verdienstmöglichkeit bot oder sie mit den Arbeitsbedingungen unzufrieden waren. Deshalb charakterisiert sie die Bezeichnung »Söldner« in der Regel am besten. Allein durch ihren Einsatz war es den Europäern möglich, große Gebiete in Übersee zu erobern und ihre Herrschaft gegenüber der einheimischen Bevölkerung aufrechtzuerhalten. Der amerikanische Militärhistoriker Bruce Vandervort vertritt sogar die These, dass die Verfügbarkeit einer großen Zahl von relativ gut ausgebildeten und disziplinierten Söldnern von größerer Bedeutung für den zumeist raschen Zusammenbruch der vorkolonialen Gesellschaften war als die waffentechnische Überlegenheit der Kolonialherren.[1]

Weitgehend vergessen ist, dass auch Deutschland in seiner nur rund 30 Jahre dauernden Kolonialgeschichte zwischen 40000 und 50000 Afrikaner, Asiaten und Ozeanier als Soldaten in seine Kolonialtruppen einstellte. Am bekanntesten sind noch die Askari, was auf Arabisch und auf Kiswahili so viel wie Soldat bedeutet. Durch ihren vierjährigen Kampf um Deutsch-Ostafrika unter ihrem Befehlshaber Paul von Lettow-Vorbeck während des Ersten Weltkriegs erlangten sie eine gewisse Berühmtheit. Dabei griffen die Deutschen eigentlich nur mangels Alternative auf »Farbige«, wie sie abwertend von den sich rassisch und kulturell überlegen fühlenden Kolonialherren bezeichnet wurden, zurück, hatten sie doch grundsätzlich wenig Vertrauen in die Loyalität und die Fähigkeiten der Söldner. Überall dort, wo es das Klima zuließ, stationierte man trotz der deutlich höheren Kosten denn auch nur aus deutschen Soldaten bestehende Einheiten. Bezeichnenderweise scheiterten sowohl in Deutsch-Südwestafrika als auch in Kiautschou alle Versuche, Einheimische in größerem Umfang als Soldaten heranzuziehen.

Für die meisten Kolonialoffiziere und -beamten, die häufig nur für wenige Jahre aus Karrieregründen oder wegen der hohen »Buschzulage« in die Kolonien gingen, waren die nichtweißen Soldaten aufgrund ihrer Hautfarbe Menschen zweiter Klasse – eine anonyme Masse, deren Gesichter für sie alle gleich aussahen. Echtes Interesse an ihren Untergebenen zeigten die wenigsten. Private Gespräche zwischen Deutschen und Söldnern waren die Ausnahme. So ist es nicht verwunderlich, dass in der umfangreichen Erinnerungsliteratur, in Briefen und in Tagebüchern der Kolonialoffiziere nur selten einzelne Söldner beschrieben und namentlich erwähnt werden. Um die Anonymität der Männer zu durchbrechen, werden in diesem Buch Söldner so oft wie möglich mit Namen genannt. Außerdem wird aus jeder Kolonie ein Soldat mit seinem mehr oder weniger vollständigen Lebenslauf vorgestellt, wobei aufgrund der wenigen überlieferten Biographien keine große Auswahl getroffen werden konnte. Für das »Pachtgebiet« Kiautschou konnte trotz intensiver Suche gar kein exemplarischer Lebenslauf eines chinesischen Soldaten aufgespürt werden.

Das vorliegende Buch will die Söldner weder glorifizieren noch verdammen. Zwar halfen sie mit, dass Deutschland die Herrschaft über seine Überseegebiete aufrechterhalten konnte, weshalb die Männer durchaus als Kollaborateure bezeichnet werden können. Zudem waren »farbige« Soldaten für zahlreiche Verbrechen und Gräueltaten gegenüber der einheimischen Bevölkerung verantwortlich. Eine simple Einordnung in »gute« Widerstandskämpfer und »böse« Söldner verbietet sich aber. Manche Männer hatten zunächst erbittert gegen die deutschen Kolonialherren gekämpft und sich erst nach der Unterwerfung ihres Volkes entschieden, Soldat zu werden. Andere wie beispielsweise der im Buch vorgestellte Afrikaner Mebenga m' Ebono alias Martin Paul Samba dienten eine Zeitlang begeistert in der Kolonialtruppe, bevor sie nach ihrer Entlassung immer mehr in Gegensatz zur Kolonialmacht gerieten und sich schließlich im Widerstand engagierten. Darüber hinaus bot gerade der Militärdienst vielen sozialen Außenseitern wie beispielsweise Sklaven die Chance, ihren Status zu verändern und ihre persönliche Situation zu verbessern.

Trotz ihrer großen Bedeutung für die Etablierung und Aufrechterhaltung der Kolonialherrschaft interessierte sich die Forschung lange Zeit nur am Rande für die Söldner in deutschen Diensten, während über die britischen, französischen oder italienischen Kolonialsoldaten bereits seit den 1970er Jahren zahlreiche Studien erschienen sind – erwähnt seien hier nur die Arbeiten von Charles John Balesi, Myron Echenberg, David Killingray und Timothy Parsons.[2] Dabei ist die Quellenlage gar nicht so schlecht. In zahlreichen Akten und in vielen Erinnerungen lassen sich Informationen über Söldner finden. Allerdings sind die vorhandenen Quellen ungleichmäßig verteilt. Während es zum Beispiel über die Askari in Deutsch-Ostafrika eine Fülle an Material gibt, ist über die Fitafita in Samoa nur sehr wenig überliefert. Außerdem sind die erhalten gebliebenen Quellen durch Kriegsverluste lückenhaft. Von einigen Lebensbereichen der Soldaten ist daher nur wenig bis gar nichts bekannt. Auch die Söldner, von denen mehr Lesen und Schreiben konnten, als man denkt, haben Schriftgut hinterlassen. Leider sind manche Briefe und Tagebücher inzwischen verloren gegangen oder vernichtet worden, andere befinden sich in Privatbesitz und sind der Forschung nicht zugänglich. Da auch kaum ein deutscher Söldner über seine Zeit bei der Kolonialtruppe befragt wurde, konnte die Perspektive der nichtweißen Soldaten nur sehr selten berücksichtigt werden. Deshalb sollte der Leser des Buches immer im Hinterkopf behalten, dass eine Annäherung an diese Menschen nur indirekt, also über Berichte und Äußerungen der Kolonialherren, erfolgen konnte.

Seit einigen Jahren ist allerdings ein verstärktes Interesse an den deutschen Kolonialsöldnern feststellbar, das bereits zu einigen Publikationen in Fachzeitschriften und Sammelbänden geführt hat. Eine Monographie zum Thema fehlt allerdings bis heute. Das vorliegende Buch ist der Versuch, basierend auf bereits vorhandenen Studien sowie eigenen Quellenrecherchen, erstmals die deutschen Kolonialsöldner in den Mittelpunkt einer Arbeit zu stellen und einen Überblick über den derzeitigen Stand der Forschung zu geben. Dabei wurden alle deutschen Kolonien gleichermaßen berücksichtigt, um Vergleiche zu ermöglichen.

Beim Schreiben dieses Buches haben mich zahlreiche hilfsbereite Menschen unterstützt. Für Anregungen, Auskünfte, Hinweise und Unterlagen danke ich Annette Biener, Bernd Döbel, Bartholomäus Grill, Florian Hoffmann, Renate Jährling, Reinhard Klein-Arendt, Bernd Leupold, Wilhelm Matzat, Stefanie Michels, Michelle Moyd, Wolfgang Schlemmer, Hans-Joachim Schmidt und Achim Wagner. Ganz besonders dankbar bin ich den Historikern Dirk Sasse und Peter Sebald für ihre kritischen Anmerkungen zum Manuskript sowie meiner Frau Ulrike für Übersetzungsarbeiten und ihre moralische Unterstützung.

Für die Aufnahme des Buches in die Reihe »Schlaglichter der Kolonialgeschichte« bin ich dem Mitherausgeber Joachim Zeller sehr verbunden. Den Lektoren Stephan Lahrem und Anja Schwarz danke ich für die äußerst angenehme Zusammenarbeit.

Experimentierphase 1885–1891
Von den Privatarmeen der »Schutzbriefgesellschaften« zur staatlichen Kolonialtruppe

Reichskanzler Otto von Bismarck war eigentlich ein Gegner jeder aktiven Kolonialpolitik. Doch 1884/85 konnte oder wollte er dem Druck zahlreicher Interessengruppen nicht mehr länger standhalten und ließ Südwestafrika, Ostafrika, Togo und Kamerun in Afrika sowie Neuguinea und die Marshall-Inseln in der Südsee unter den »Schutz« des Deutschen Reiches stellen. Der Aufbau eines teuren Verwaltungsapparats auf Kosten des Staats in den neu erworbenen Gebieten sowie »die Errichtung ständiger Garnisonen mit deutschen Truppen« wollte er aber unbedingt vermeiden.[1] Stattdessen bemühte sich der Reichskanzler, den in den Kolonien tätigen Unternehmern die Regierung »zuzuschieben«, wie er es am 28. November 1885 in einer Rede vor dem Reichstag formulierte.[2] Um aber überhaupt Hoheitsrechte ausüben zu dürfen, mussten die daran interessierten privaten Handelsgesellschaften einen »Kaiserlichen Schutzbrief« beantragen, der den Antragsteller unter anderem auch zum Aufbau einer bewaffneten Macht verpflichtete. Im Gegenzug stellte das Reich einen gewissen militärischen Schutz durch die in Übersee stationierten deutschen Kriegsschiffe in Aussicht.

Zunächst erklärten sich nur die Gesellschaften in Deutsch-Neuguinea und Deutsch-Ostafrika zur Übernahme der Verwaltung bereit. Mit dem Aufbau eigener Machtmittel ließen sie sich allerdings Zeit, obwohl sich sehr schnell zeigte, dass ohne Soldaten eine tatsächliche Herrschaft über die erworbenen Gebiete unmöglich war. Deshalb schlug der vorübergehend zum Verwaltungschef von Deutsch-Neuguinea ernannte Gustav von Oertzen bereits am 1. September 1885 dem Direktorengremium der Neuguinea-Kompanie (NGK) vor, eine 15 Mann starke Polizeitruppe aus ehemaligen deutschen Landsturmmännern aufzustellen.[3] Die Kosten hierfür schätzte er auf rund 100000 Reichsmark.[4] Ein Jahr später versuchte auch der Beamte der Deutsch-Ostafrikanischen Gesellschaft (DOAG), Joachim Graf von Pfeil, seine Vorgesetzten in Berlin von der Notwendigkeit einer bewaffneten Streitmacht zu überzeugen. Er wollte zunächst 200 indische Söldner einstellen, die nach und nach durch Afrikaner aus der Kolonie ersetzt werden sollten.[5] Konkrete Zahlen über die zu erwartenden Ausgaben nannte Pfeil nicht. Keiner der beiden Vorschläge fand Fürsprecher. Zu teuer, lautete jeweils die Begründung.

Die Neuguinea-Kompanie verließ sich bei der Bestrafung »unbotmäßiger« Einheimischer lieber auf die Landungskorps der im Pazifik kreuzenden Kriegsschiffe Seiner Majestät. Als aber die Marine immer öfter Anträge auf Unterstützung ablehnte, weil sie nicht ständig als »Exekutive und Polizeitruppe« der Gesellschaft fungieren wollte, sah sich die NGK schließlich doch genötigt, eine eigene Streitmacht aufzustellen.[6] 1887 warb sie rund 30 melanesische Rekruten an, die von drei beurlaubten deutschen Offizieren und Unteroffizieren ausgebildet und befehligt werden sollten. Um die Ausgaben aber so gering wie möglich zu halten, beschränkte die NGK den militärischen Dienst der Söldner auf zwei Stunden am Vormittag. In der übrigen Zeit mussten sie für die Gesellschaft Straßen und Häuser bauen oder auf den Plantagen arbeiten, was nach Ansicht eines Vorgesetzten noch »nicht einmal die Erziehung zum brauchbaren Stationsjungen, geschweige denn zum Soldaten möglich« machte.[7]

Die Deutsch-Ostafrikanische Gesellschaft hingegen glaubte, sich die Ausgaben für eine ständige Truppe sparen zu können. Um ihre Expeditionen ins Landesinnere nicht ganz ohne militärischen Schutz zu lassen, mietete die

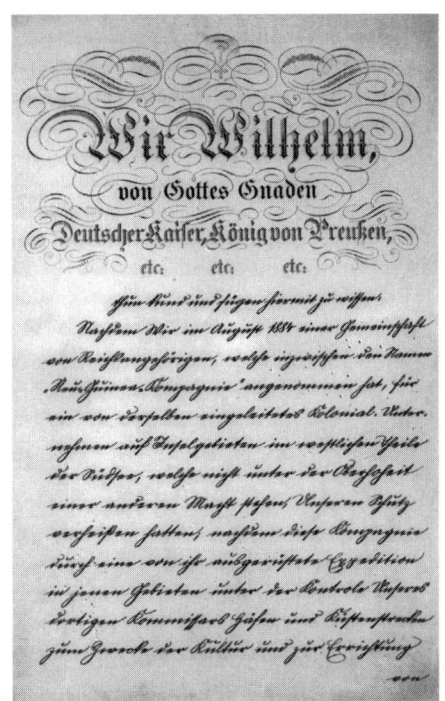

Die erste Seite des »Kaiserlichen Schutzbriefs« für die Neuguinea-Kompanie, 17. Mai 1885.

DOAG an der Küste professionelle Bewachungsmannschaften, sogenannte Karawanen-Askari, oder zeigte den mitgeführten afrikanischen Trägern, wie man ein Gewehr bediente.[8] Die zahlreichen von der DOAG gegründeten Stationen erhielten zu ihrer Verteidigung zwar ein Schnellfeuergeschütz der Firma Krupp sowie eine Anzahl Gewehre, aber keine ständige militärische Besatzung.[9] Nur im Falle eines drohenden Angriffs durften die Stationschefs über einheimische Agenten professionelle Soldaten anwerben, die aber nach dem Ende der Bedrohung wieder entlassen werden mussten.[10] Viele im Land lebende deutsche Kaufleute und Missionare hielten das nicht für ausreichend. »Die Gesellschaft«, beschwerte sich der deutsche Konsul auf Sansibar, Hans Arendt, »nimmt nur Rechte aus dem Schutzbrief in Anspruch, ohne an die Erfüllung der damit verbundenen Pflichten – eine wirksame Exekutive zu schaffen – zu denken.«[11]

In Deutsch-Südwestafrika hatte die dort tätige Deutsche Kolonialgesellschaft für Südwestafrika (DKGSWA) zunächst kein Interesse an einer Ausübung der Hoheitsrechte gezeigt, sodass hier ein kaiserlicher Beamter die Verwaltung übernehmen musste. Erst die Gerüchte über angebliche Goldfunde bewirkten Ende 1887 ein Umdenken bei den Verantwortlichen der Gesellschaft. Nun wollten sie doch einen »Kaiserlichen Schutzbrief« haben, denn der beinhaltete auch das für die Ausbeutung der erhofften Goldvorkommen wichtige Bergregal, also das

Verfügungsrecht über ungehobene Bodenschätze. Zu den Auflagen gehörten allerdings die Errichtung eines Bergamtes und die Schaffung einer bewaffneten Macht, um dessen Anordnungen auch durchsetzen zu können. Deshalb verpflichtete sich die DKGSWA im Dezember 1887, »eine Schutztruppe für unsere südwestafrikanischen Landesgebiete zur Unterstützung der gesetzlichen Autorität und zur Aufrechterhaltung der Ordnung, namentlich bei der durch die entdeckten Goldlager wahrscheinlichen Minenbearbeitung auf unsere Kosten einzurichten und vorläufig auf ein Jahr zu erhalten«.[12]

Während das Auswärtige Amt eine Streitmacht von mindestens 75 Mann für nötig hielt, handelte die DKGSWA die Anzahl der Soldaten auf zehn bis 20 Afrikaner herunter.[13] Mit der Aufgabe, geeignete Männer für die Truppe anzuwerben, betraute die Gesellschaft den seit Mai 1885 amtierenden Reichskommissar Heinrich Göring. Ihm gelang es in kurzer Zeit, sechs deutsche Offiziere und Unteroffiziere sowie einen Zivilisten als Rechnungsführer zu gewinnen. Die Anwerbung der Afrikaner gestaltete sich weitaus schwieriger. Nur mit viel Mühe konnte Göring bis Mai 1888 acht Herero und zwei Baster, in zeitgenössischen deutschen Quellen stets als »Bastards« bezeichnet, zum Eintritt in die Truppe bewegen.[14] Laut Organisationsplan der »Schutztruppe der Deutschen-Colonial-Gesellschaft für Südwest-Afrika«, so die offizielle Bezeichnung der Einheit, sollten die afrikanischen Rekruten nicht nur eine militärische Ausbildung erhalten, sondern auch »zu Handarbeiten für die Gesellschaft, für den Oberbefehlshaber und die Führer mit Genehmigung des Oberbefehlshabers verwendet werden« dürfen.[15]

Im gleichen Jahr erklärte sich auch die am 21. Dezember 1887 gegründete Jaluit-Gesellschaft – hervorgegangen aus der Deutschen Handels- und Plantagen-Gesellschaft sowie der Firma Robertson & Hernsheim – bereit, sich an den Ausgaben für die Verwaltung der in der Südsee gelegenen Marshall-Inseln zu beteiligen, indem sie auf ihre Kosten eine kleine Polizeitruppe aufstellen und unterhalten wollte. Als Gegenleistung räumte die Reichsregierung der Gesellschaft zahlreiche Privilegien ein. Der mit dem Auswärtigen Amt geschlossene Vertrag sah die Einstellung eines deutschen Polizeimeisters sowie von sechs einheimischen Polizisten vor, für deren Bezahlung 5000 Mark im Jahr eingeplant waren.[16] Neben ihrem Lohn standen den Männern freie Kost und Unterkunft zu. Auch in diesem Fall war Sparsamkeit oberstes Gebot. So mussten die Polizisten während des Dienstes ihre traditionelle Kleidung tragen, damit die ausgeteilten Uniformen, die nur zu besonderen Anlässen angelegt werden durften, länger hielten.[17] Als der Gesellschaft 1888 auch noch die kleine Insel Nauru verwaltungsmäßig unterstellt wurde, übernahmen dort zunächst zwei von den Karolinen stammende Männer den Polizeidienst, die später durch Inselbewohner ersetzt wurden.[18]

In den westafrikanischen Kolonien Togo und Kamerun hatten sich die dort tätigen Handelsgesellschaften von vornherein strikt geweigert, die Regierung zu übernehmen. Deshalb musste Bismarck auch in diese beiden »Schutzgebiete« entgegen seiner Überzeugung kaiserliche Beamte entsenden. Darüber hinaus erlaubte er am 30. November 1885 dem obersten Verwaltungsbeamten in Togo, Ernst Falkenthal, eine aus einem deutschen Unteroffizier und zehn bis zwölf

Die Polizeitruppe der Neuguinea-Kompanie in Friedrich-Wilhelmshafen, um 1892.

Afrikanern bestehende Polizeitruppe aufzustellen. Obwohl die »Polizeidiener« auch eine militärische Ausbildung erhielten, waren sie nur für den örtlichen Sicherheitsdienst bestimmt. Ein gewaltsames Vorgehen gegen die einheimische Bevölkerung war ausdrücklich verboten.[19]

Für Kamerun war dagegen eine bewaffnete Macht zunächst nicht vorgesehen. So standen dem Reichskommissar Max Buchner bei seinem Amtsantritt als einzige Machtmittel »zwei Revolver, ein Drilling, ein Repetiergewehr und eine Kriegsflagge« zur Verfügung.[20] Erste Widerstandsaktionen der einheimischen Bevölkerung im Dezember 1884, die nur mit Hilfe der Marine niedergeschlagen werden konnten, zeigten Buchner, dass sich die Schaffung einer Kolonialtruppe nicht umgehen lassen würde. Seiner Meinung nach reichte zunächst »eine Kompanie Negersoldaten von 200 bis 400 Mann mit vier deutschen Offizieren« aus.[21] Die Söldner sollten jedoch »um jeden Preis« im Ausland beschafft werden, denn, so glaubte der Reichskommissar, »Kamerunern den bewaffneten Schutz unserer Kamerun-Interessen anzuvertrauen, wäre ein höchst naiver Selbstmord«.[22]

Doch Buchners Vorschläge stießen in Berlin nicht auf Gegenliebe. Der Reichstag war erst im Etatjahr 1888/89 bereit, 20 000 Mark für den Unterhalt einer »als Arbeitsleute, Bootsleute, Wächter und eventuell auch als Polizisten fungierende[n] Krunegertruppe« zu bewilligen.[23] Kurz darauf wurden ein Dutzend Kru aus Liberia als Polizisten eingestellt, die vor allem dafür sorgen sollten, dass Anordnungen des Gouvernements innerhalb des deutschen Einflussbereichs befolgt wurden. »Gelingt der Versuch mit den 12 Polizeidienern«, schrieb Gou-

Die ersten 20 Polizeisoldaten in Kamerun mit ihren deutschen Vorgesetzten, 1891.

verneur Julius von Soden in einem Bericht an Bismarck, »so wäre ja damit ein Grund gelegt, auf dem sich bei steigenden Einnahmen weiterbauen ließe.«[24] Über ihren Verbleib geben die Quellen leider keine Auskünfte. Wahrscheinlich sind sie nach dem Ende ihres Arbeitskontraktes nach Liberia zurückgekehrt. Doch es sollte noch bis zum 30. Oktober 1891 dauern, ehe auch Kamerun eine reguläre, 56 Mann starke Polizeitruppe erhielt.

Zu diesem Zeitpunkt war Bismarcks Konzept vom regierenden Händler bereits gescheitert. Sowohl in Deutsch-Ostafrika als auch in Deutsch-Südwestafrika hatten im Herbst 1888 Widerstandsaktionen der einheimischen Bevölkerung die koloniale Herrschaft ernsthaft bedroht. Nach der Kündigung des Freundschaftsvertrages durch die Herero Ende Oktober setzten sich der Reichskommissar und das weiße Personal der »Schutztruppe« in die britische Enklave Walfischbai ab. Die Polizeitruppe der DKGSWA, die eigentlich als »Kern für eine größere, aus Eingeborenen zu bildende bewaffnete Macht« vorgesehen war, wurde aufgelöst.[25] Auch in Deutsch-Ostafrika musste die DOAG den größten Teil ihres Herrschaftsbereichs aufgeben, obwohl die Gesellschaft nach Ausbruch der Unruhen begann, wahllos Dutzende von arabischen und afrikanischen Söldnern einzustellen. Nur die beiden Hafenstädte Bagamoyo und Daressalam konnten mit Hilfe von Landungskorps der Marine gehalten werden.

Eine Rückeroberung der verlorenen Gebiete war nur durch ein massives Militäraufgebot möglich. Beiden Privatunternehmen fehlten aber die finanziellen

Askari in Diensten der Deutsch-Ostafrikanischen Gesellschaft an Bord eines deutschen Kriegsschiffes, 1888/89.

Mittel, um schlagkräftige Kolonialtruppen aufstellen zu können. Für Reichskanzler Bismarck, der in seiner ersten Enttäuschung über den mangelnden Unternehmungsgeist der deutschen Wirtschaft zumindest Deutsch-Südwestafrika kurzzeitig »abandonnieren« wollte, kam eine Aufgabe der Kolonien vor allem aus innenpolitischen Gründen nicht in Frage.[26] So musste wohl oder übel der deutsche Staat mehr Verantwortung in seinen »Schutzgebieten« übernehmen. Da sich Bismarck über die Zukunft Deutsch-Südwestafrikas noch nicht ganz sicher war, hielt er dort eine kleine, aus 21 deutschen Soldaten bestehende Streitmacht für ausreichend. Die am 24. Juni 1889 in der Kolonie eintreffende Truppe sollte vorerst nur den deutschen Herrschaftsanspruch demonstrieren; militärische Feldzüge waren dem Befehlshaber, Hauptmann Curt von François, ausdrücklich verboten. In Berlin hoffte man, die deutsche Oberhoheit auf möglichst friedlichem Wege durchsetzen zu können, indem man die beiden wichtigsten Ethnien im Land, die Nama und die Herero, gegeneinander ausspielte.[27]

In Deutsch-Ostafrika dagegen favorisierte der Reichskanzler von vornherein ein militärisches Vorgehen. Zu diesem Zweck beauftragte er den afrikaerfahrenen Offizier Hermann Wissmann damit, ein Konzept auszuarbeiten, wie die Küste der Kolonie möglichst schnell und billig zurückerobert werden könnte. Am 28. November 1888 präsentierte Wissmann sein Memorandum. Darin schlug er vor, eine Kolonialtruppe nach britischem und französischem Vorbild aufzustellen. Die Truppe sollte aus 600 afrikanischen Söldnern bestehen, die von 36 deut-

15

schen Soldaten befehligt würde. 450 der Afrikaner wollte der junge Leutnant unter der Küstenbevölkerung Ostafrikas anwerben, die restlichen 150 im Ausland. Wissmann dachte dabei vor allem an Somali, von denen eine große Zahl in der britischen Kolonie Aden lebte und sich dort Europäern als Begleitmannschaften für Expeditionen ins Landesinnere von Ostafrika anbot.[28]

Bismarck war mit Wissmanns Vorschlägen im Prinzip einverstanden. Nur der geplante Einsatz von Einheimischen als Soldaten störte ihn. »Keine Küstenneger!«, schrieb er daher an den Rand von Wissmanns Memorandum. »Die sind weniger tüchtig und mehr zu verschwörerischer Beziehung mit Eingeborenen geneigt.«[29] Wissmanns überarbeitete Version sah denn auch nur noch den Einsatz von Ausländern vor. Als mögliche Ethnien nannte er Haussa und Vai aus Westafrika, Zulu aus Südafrika sowie Somali und Sudanesen aus Nordostafrika.[30] Alle vorgeschlagenen Völker zählten zu den sogenannten »kriegerischen Rassen« Afrikas. Damals war in Europa die Ansicht weit verbreitet, dass manche Ethnien »kriegerischer« als andere seien und sich daher besser zum Soldaten eigneten. Für die Anhänger dieser Theorie war demnach die Eignung zum Soldaten weniger eine individuelle Fähigkeit, sondern mehr eine Frage der Herkunft.[31]

Nach Rücksprache mit dem Auswärtigen Amt, das bei den jeweiligen Regierungen die Erlaubnis für eine Rekrutierung einholen musste, entschied sich Wissmann, seine Truppe hauptsächlich aus Sudanesen und Zulu zusammenzustellen. Vor allem die Sudanesen, die seit den 1820er Jahren in großer Zahl in der nach europäischem Vorbild organisierten türkisch-ägyptischen Armee dienten, galten als vorzügliche Soldaten. Viele von ihnen waren in jungen Jahren von Sklavenhändlern geraubt und an die Armee verkauft worden. In zahlreichen Kriegen erwarben sich die Sudanesen einen so guten Ruf, dass Frankreich 1863 sogar ein aus 450 Sudanesen bestehendes Regiment für seine Interventionsarmee im mexikanischen Bürgerkrieg vom ägyptischen Vizekönig mietete.[32] Auch die Zulu galten seit ihrem Sieg über eine britische Streitmacht bei Isandlwana im Januar 1879 in Europa als »kriegerische Rasse«.[33] So rekrutierte Portugal zahlreiche Zulu für seine Kolonialarmee in Mosambik, die schon bald zwei Drittel aller Soldaten stellten und »sich sehr bewährt haben«.[34]

Nachdem der Reichstag Ende Januar 1889 zwei Millionen Mark für die Aufstellung einer Polizeitruppe bewilligt hatte, reiste Wissmann mit einigen deutschen Offizieren nach Ägypten, um die Anwerbung der Sudanesen in die Wege zu leiten. Vor Ort erwarteten ihn allerdings ungeahnte Schwierigkeiten. Der ägyptische Vizekönig lehnte eine Rekrutierung zunächst ab, da er Unruhen in der Bevölkerung befürchtete, wenn er die Anwerbung von Muslimen zum Kampf gegen Glaubensgenossen erlauben würde. Erst als der deutsche Konsul versprach, die Rekrutierung »so geräuschlos als möglich vorzunehmen« und die Angeworbenen offiziell als »Dienstleute« und »Arbeiter« zu deklarieren, erlaubte der Khedive die Einstellung von 650 seiner Untertanen.[35] Agenten verbreiteten die Nachricht über die neuen Verdienstmöglichkeiten im ganzen Land. Interessenten konnten sich in einem »in aller Stille« eingerichteten Werbebüro in Kairo melden.[36] Der Andrang von Arbeitswilligen war hoch, da sich in den ägypti-

Abdulcher Farrag (* um 1864, † 1896)

Einer der Sudanesen, die sich 1889 in Kairo anwerben ließen, war Abdulcher Farrag. Seine Biographie verdanken wir dem Kolonialoffizier August Leue.[1] Leue hatte sich 1894 auf einer Dienstreise mehrfach mit dem Askari unterhalten. Auf besonderen Wunsch Leues erzählte Farrag ihm seine Lebensgeschichte. Geboren wurde er um 1864 in der sudanesischen Provinz Darfur. Seine Eltern gehörten zum Nomadenvolk der Habbania. Aus nicht näher erläuterten Gründen wuchs Farrag bei Verwandten auf, die ihn mit in die am Nil gelegene Stadt Dongola nahmen. Im Alter von 16 oder 17 Jahren verließ er seine Pflegeltern und ging nach Kairo, um dort Geld zu verdienen. Der Sudanese trat in die Dienste eines europäischen Kaufmanns, der ihn als Hausdiener beschäftigte. Als es im Lauf des Jahres 1882 zu fremdenfeindlichen Ausschreitungen in vielen ägyptischen Städten kam, flüchtete Farrags Arbeitgeber aus dem Land, und der junge Mann verlor seine Anstellung.

Daraufhin meldete sich Farrag als Soldat zur türkisch-ägyptischen Armee. Zwar war der Lohn in Höhe von einem ägyptischen Pfund (rund 20 Mark) im Monat relativ gering, dafür war der Dienst aber auch nicht besonders anstrengend. Das änderte sich, als britische Truppen bei Suez landeten, um die von Oberst Ahmed Arabi errichtete Militärdiktatur zu bekämpfen. Farrags Einheit nahm am 13. September 1882 an der entscheidenden Schlacht von Tel-el-Kebir teil, in der er am Bein verwundet wurde. Nachdem seine Verletzung verheilt war, versetzte man ihn in ein Regiment, das im Sudan den sogenannten Mahdi-Aufstand niederschlagen sollte. In der Schlacht von El Obeid am 3. November 1883 geriet Farrag in die Hände der Mahdisten. Um zu überleben, erklärte er sich bereit, auf ihrer Seite zu kämpfen. Ein Jahr später, im Oktober 1884, nutzte er eine günstige Gelegenheit zur Flucht und wechselte wieder die Seiten. Farrag gehörte zu den wenigen Soldaten, die die belagerte Stadt Khartum kurz vor ihrem Fall verlassen konnten. 1885 wurde er entlassen, als die ägyptische Regierung den Sudan vorerst aufgab und einige nicht mehr benötigte Regimenter auflöste.

Wovon Farrag in den nächsten Jahren lebte, ist unbekannt. Im März 1889 ließ der Sudanese sich für die deutsche Kolonialtruppe anwerben, da er dort mehr als doppelt so viel wie in der ägyptischen Armee verdienen konnte. Bereits nach einem Jahr wurde er auf Leues Vorschlag zum Gefreiten befördert. Im August 1891 zog Farrag mit dem vom Kommandeur der »Schutztruppe« Emil von Zelewski persönlich geführten »Expeditionskorps« ins Landesinnere, »um die räuberischen und unbotmäßigen Wahehe zu züchtigen«.[2] Bei Rugaro geriet die 376 Mann starke Abteilung in einen Hinterhalt und wurde fast vollständig vernichtet. Unter den 50 Überlebenden, die sich zur Küste durchschlagen konnten, war auch Farrag. Nach seiner Rückkehr machte er weiter Karriere in der Armee und erhielt 1895 seine Beförderung zum Sergeanten. Im August 1896 erfuhr Leue von einem afrikanischen Soldaten, dass Farrag kurz vorher gefallen war, wahrscheinlich zwischen dem 24. Mai und 5. Juni in einem »Patrouillengefecht« in der Nähe der Militärstation Mpapua.

1 Leue: Dar-es-Salaam, S. 142–158.
2 Zelewski an Soden, 8.6.1891. Zit. nach Morlang: »Die Wahehe haben ihre Vernichtung gewollt.«, S. 82.

schen Städten viele arbeitslose Flüchtlinge aus dem vom Mahdi, dem religiösen Anführer einer gegen Ägypten gerichteten Massenbewegung, besetzten Sudan aufhielten.

Doch die Sudanesen waren nicht so billig wie erhofft. Da die Männer wussten, dass ihr zukünftiger Arbeitsort sehr weit entfernt lag, wiesen sie den angebotenen Lohn zurück und forderten einen deutlich höheren. Statt der ursprünglich vorgesehenen 18 Mark musste Wissmann schließlich 50 Mark im Monat zusichern. Außerdem erreichten die Sudanesen, dass alle verheirateten Männer ihre Frauen und Kinder auf Kosten der deutschen Regierung mitnehmen durften. Innerhalb von drei Wochen war die erlaubte Zahl von Rekruten beisammen. Bis auf rund 20 Mann hatten alle Angeworbenen bereits als Soldaten in der ägyptischen Armee gedient. Viele gehörten zu den im Süden des Sudan lebenden Völkern der Dinka und der Shilluk, einige wenige stammten aus Abessinien, dem heutigen Äthiopien. Allerdings, so erinnerte sich ein Mitglied der Anwerbekommission, sei es bei den meisten kaum noch möglich gewesen, die Nationalität herauszubekommen, »da viele schon in früher Jugend aus den heimischen Verhältnissen gerissen wurden und nur noch schwache oder gar keine Erinnerungen an den Ort ihrer Geburt bewahrt haben«.[37] Das Alter der Männer lag zwischen 25 und 40 Jahren; aber es gab auch einzelne ältere Leute unter den Angeworbenen, denn aufgrund des Zeitdrucks konnte keine besondere Auswahl getroffen werden.[38] Am 12. März 1889 schließlich standen 650 Männer, 350 Frauen und 80 Kinder zum Abtransport nach Deutsch-Ostafrika bereit.

Auch die portugiesische Regierung hatte zunächst Bedenken gegen eine Anwerbung von Zulu in Portugiesisch-Ostafrika, weil man eine ähnliche Bitte des Kongo-Freistaats vor kurzem abgelehnt hatte. Da Portugal aber ein Übergreifen der Unruhen in Deutsch-Ostafrika auf seine Kolonie befürchtete, erhielt Wissmann schließlich doch die Erlaubnis, 500 bis 600 Zulu im Land rekrutieren zu dürfen. Allerdings stellte die portugiesische Regierung eine Reihe von Bedingungen. So sollte die Verpflichtungszeit nicht länger als drei Jahre betragen und den Männern ein fester Lohnsatz garantiert werden. Jeder Angeworbene musste von einem portugiesischen Beamten registriert werden. Darüber hinaus hatte Deutschland sowohl für die Hin- als auch für die Rückfahrt aufzukommen.[39] Wissmann akzeptierte und beauftragte Leutnant Hans Ramsay, die Rekrutierung der Zulu durchzuführen.

Ramsay reiste Ende Februar in das Hinterland der Delagoa-Bucht, um zunächst 100 Rekruten anzuwerben. Die Bedingungen für eine Anwerbung waren günstig, da dort vor kurzem die Brautpreise stark gestiegen waren. Das zwang viele junge Männer, für einige Jahre ihre Heimat zu verlassen, um im Ausland möglichst viel Geld zu verdienen.[40] In kurzer Zeit hatte der Offizier die benötigte Zahl zusammen, zumeist junge Burschen zwischen 17 und 20 Jahren, die für ihre Arbeit 24 Mark im Monat erhalten sollten. Allerdings waren die Angeworbenen gar keine Zulu, sondern gehörten zum Volk der Shangaan.[41] Den Deutschen war dieser Unterschied nicht bekannt oder egal, zumindest ist in den deutschen Quellen immer von den Zulu bzw. Sulu die Rede. Da von den sudanesischen

Einige der von Reichskommissar Hermann Wissmann (sitzend links) angeworbenen Sudanesen. Der Afrikaner mit Säbel (rechts außen) ist ein Effendi. Bei der Anwerbung wurde die deutsche Kommission, zu der auch die Leutnants Gustav Böhlau (stehend links) und Hugold Felix von Behr (stehend rechts) gehörten, von Oberstleutnant Schäffler (sitzend rechts), einem Luxemburger in ägyptischen Diensten, unterstützt. Die Aufnahme wurde im März 1889 in Kairo gemacht.

Söldnern nur wenige Wochen nach ihrer Ankunft in Deutsch-Ostafrika rund ein Viertel erkrankten und dienstunfähig waren, ließ Wissmann Ende Mai 1889 noch 300 weitere Shangaan engagieren.[42] Letztlich verantwortete er die Anwerbung von mehr Söldnern, als ihm ursprünglich bewilligt wurden, vielleicht weil er den Ausfall weiterer angeworbener »Farbiger« befürchtete.

Sowohl die 76 deutschen als auch die afrikanischen Angehörigen der zunächst »Polizeitruppe in Ostafrika«, ab 27. Juni 1889 »Deutsch-Afrikanische Schutztruppe« genannten Einheit schlossen ihren Arbeitsvertrag mit Reichskommissar Wissmann, dem einzigen offiziellen Vertreter des Deutschen Reiches, persönlich. So war die erste deutsche Kolonialtruppe de jure keine Institution des Staates, obwohl alle in ihr dienenden Soldaten vom deutschen Steuerzahler bezahlt wurden. Grund für diese merkwürdige Konstellation war, dass Deutsch-Ostafrika offiziell immer noch von der DOAG regiert wurde und Bismarck den Eindruck vermeiden wollte, das Deutsche Reich hätte die Verwaltung der Kolonie übernommen. Mit dieser Truppe führte Wissmann ab Mai 1889 den ersten Kolonialkrieg Deutschlands. Da sich die finanzielle Situation der DOAG auch nach der Niederschlagung der Widerstandsbewegung an der Küste im Mai 1890 nicht gebessert hatte, übernahm der deutsche Staat am 1. Januar 1891 notgedrungen die

Zeitgenössische Zeichnung von den im heutigen Mosambik angeworbenen Shangaan bei ihrer Ankunft in Deutsch-Ostafrika im Mai 1889.

Verwaltung Deutsch-Ostafrikas. Angesichts der veränderten Verhältnisse musste für die »Wissmann-Truppe« eine neue Organisationsform gefunden werden. Sie wurde im März zur ersten staatlichen Kolonialtruppe, einer »Kaiserlichen Schutztruppe«, und zum Vorbild für alle anderen Streitkräfte in den Kolonien.

Dabei war eine Umwandlung der übrigen Polizeitruppen zunächst gar nicht vorgesehen. Aber die zunehmende Abkehr der bisher praktizierten Politik, kriegerische Auseinandersetzungen mit der einheimischen Bevölkerung nach Möglichkeit zu vermeiden, zeigte die geringe Effizienz der vorhandenen Machtmittel. Deshalb sah man sich schließlich doch gezwungen, die Polizeitruppen von Kamerun und Südwestafrika 1894 in »Kaiserliche Schutztruppen« umzuwandeln. Im gleichen Jahr erfolgte eine Reorganisation der togolesischen Truppe, die zu einem späteren Zeitpunkt ebenfalls zu einer »Schutztruppe« werden sollte. Doch die Umwandlung wurde immer wieder verschoben und nach Abschluss der »Eroberungsphase« im Jahr 1900 schließlich ganz aufgegeben. Einen offiziellen Grund hierfür gab es nicht. Vermutlich spielten finanzielle Erwägungen eine Rolle. In den »Kaiserlichen Schutztruppen« war die Zahl der deutschen Offiziere und Unteroffiziere in der Regel deutlich höher als in den Polizeitruppen. Trotz des Terminus »Polizeitruppe« hatte diese aber auch danach vor allem militärische Aufgaben zu erfüllen.[43] In Deutsch-Neuguinea, dessen Verwaltung erst 1899 vom Reich übernommen wurde, reorganisierte man die Polizeitruppe im Jahr 1911 nach dem Vorbild Togos.[44]

Die Polizeitruppe von Togo beim Exerzieren in Sebe, um 1891. Im Vordergrund Feldwebel Julius von Piotrowski, Führer der Kolonialtruppe von 1886 bis 1894.

Mit der Umwandlung der Polizeitruppen Ostafrikas (22. März 1891), Südwestafrikas (3. Mai 1894) und Kameruns (14. Mai 1894) in »Kaiserliche Schutztruppen« wurden diese neben dem Heer, das sich aus Kontingenten der einzelnen Bundesstaaten zusammensetzte, und der Marine offiziell zu einer dritten Teilstreitkraft. Als reine Reichsinstitution war sie wie die Marine allein dem Oberbefehl des Kaisers unterstellt, der aber einen Großteil seiner Befugnisse dem Reichskanzler übertrug. Organisatorisch und disziplinarisch unterstanden die »Schutztruppen« zunächst dem Reichsmarineamt, verwaltungsmäßig dagegen der zum Auswärtigen Amt gehörenden Kolonialabteilung. Dauernde Kompetenzstreitigkeiten führten dazu, dass die Bearbeitung sämtlicher Angelegenheiten der »Schutztruppen« im Sommer 1896 schließlich ganz der Kolonialabteilung bzw. ab 1907 dem Reichskolonialamt, also einer zivilen Behörde, übertragen wurde.[45]

Oberster Befehlshaber in den Kolonien war der Gouverneur. Für alle militärischen Fragen wie Ausbildung, Disziplin und Bewaffnung war jedoch der Kommandeur der »Schutztruppe«, zumeist ein Offizier im Rang eines Majors, verantwortlich. Der Gouverneur verfügte zwar theoretisch über die uneingeschränkte Verfügungsgewalt, dem Kommandeur standen aber ein gewisses Mitspracherecht bei der Verwendung der Truppe sowie das Recht auf Beschwerde zu. In den 1890er Jahren, als viele Gouverneure gleichzeitig den Posten des Kommandeurs innehatten, machte diese Regelung noch kaum Probleme, doch später führte die merkwürdige Befehlshierarchie zu ständigem Kompetenzgerangel zwischen

Gouverneur und Kommandeur. Die heftigste Auseinandersetzung gab es zwischen Gouverneur Heinrich Schnee und dem Offizier Paul von Lettow-Vorbeck in Deutsch-Ostafrika während des Ersten Weltkriegs. Beide drohten sich gegenseitig mit dem Kriegsgericht. Um die »weiße Weste« des vermeintlichen »Kriegshelden« Paul von Lettow-Vorbeck nicht zu beflecken, wurde die ganze Angelegenheit nach dem Krieg stillschweigend zu den Akten gelegt.[46]

Neben den »Kaiserlichen Schutztruppen« entstanden in Ostafrika, Kamerun und Südwestafrika erneut Polizeitruppen. Obwohl auch sie vor allem militärische Aufgaben hatten, waren sie, anders als die »Schutztruppen«, kein Bestandteil der deutschen Armee, sondern unterstanden der Zivilverwaltung der jeweiligen Kolonie. In ihrer Zusammensetzung, Bewaffnung, Ausbildung, Bezahlung und Uniformierung unterschieden sie sich allerdings nur unwesentlich von den »Schutztruppen«. Dadurch gab es in den afrikanischen Kolonien die selbst für Zeitgenossen nur schwer nachvollziehbare Erscheinung »einer ersten und zweiten Garnitur Schutztruppe«.[47] Für die Söldner machte es keinen Unterschied, in welcher Institution sie dienten. Nicht selten erfolgten Versetzungen von einer Truppe zur anderen. Trotzdem entwickelte sich eine gewisse Rivalität. In Kamerun verunglimpften Angehörige der »Schutztruppe« ihre Kollegen von der Polizeitruppe gerne als »Weibersoldaten«.[48]

Die Kolonialtruppen entwickelten sich im Lauf der Zeit zu einem wichtigen Arbeitgeber in den »Schutzgebieten«. Während 1885 gerade einmal ein Dutzend Söldner in deutschen Diensten standen, trugen 29 Jahre später 9356 Männer eine deutsche Uniform: 3100 von ihnen arbeiteten in Kamerun, 4612 in Deutsch-Ostafrika, 560 in Togo, 932 in Deutsch-Neuguinea einschließlich der mikronesischen Inseln, 52 in Samoa und 100 in Kiautschou.[49] Im Laufe des Ersten Weltkriegs rekrutierte die Kolonialmacht noch Tausende weiterer Söldner. Wie viele Afrikaner, Asiaten und Ozeanier insgesamt für das Deutsche Reich als Soldat gearbeitet haben, lässt sich aufgrund der in den beiden Weltkriegen verloren gegangenen Akten nicht mehr exakt rekonstruieren. Ihre Zahl wird aber wohl zwischen 40 000 und 50 000 gelegen haben.

»Schwarze Landsknechte«[1]
Westafrikaner in der Polizeitruppe von Togo

Bei der Frage, aus welcher Volksgruppe die ersten Söldner für die Polizeitruppe in Togo rekrutiert werden sollten, orientierte sich der Kaiserliche Kommissar Ernst Falkenthal an den Erfahrungen der langjährigen Kolonialmacht Großbritannien, die schon seit einigen Jahren zahlreiche Haussa, eine im Innern Westafrikas vor allem vom innerafrikanischen Fernhandel lebende islamisierte Ethnie, mit gutem Erfolg in seiner Kolonialtruppe einsetzte. Falkenthal bat einen britischen Beamten in Nigeria um Unterstützung, mit dessen Hilfe Ende 1885 zwölf Haussa angeworben wurden.[2] Weitere Anwerbungen in der britischen Kolonie folgten in den nächsten Jahren. Neben den Haussa arbeiteten auch noch einige aus Liberia stammende Kru und Vai als Polizisten.[3] Ein erster Versuch mit Einheimischen wurde 1889 gemacht, als eine Erhöhung der Kopfstärke auf 62 Mann anstand. Da sich die zwölf aus Anecho und Umgebung stammenden Rekruten aber nach Ansicht eines Beamten als »in höchsten Graden unzuverlässig« gezeigt hatten und »nicht einmal im Frieden […] als Soldaten zu gebrauchen [waren], geschweige denn bei ernsteren Affairen«, beendete man das Experiment vorzeitig und entließ die Männer schon nach wenigen Monaten wieder.[4]

Die Anwerbung von Soldaten in Nigeria gestaltete sich jedoch zunehmend schwieriger, da auch Großbritannien, Frankreich und der Kongo-Freistaat ihre Kolonialtruppen mehr und mehr aus Haussa rekrutierten.[5] Jesko von Puttkamer, seit 1890 Kaiserlicher Kommissar in Togo, löste das Problem des Rekrutennachschubs, indem er Haussa in Salaga, einem in der »Neutralen Zone« zwischen Togo und der britischen Kolonie Goldküste gelegenen Ort, beibringen ließ. Außerdem beauftragte er afrikanische Agenten, die für jeden Rekruten zwischen 20 und 30 Mark an Provision bekamen, mit der Anwerbung von Haussa im Hinterland Togos. Nach der Gründung der Station

Porträt eines Haussa in Kamerun, Datum der Aufnahme unbekannt.

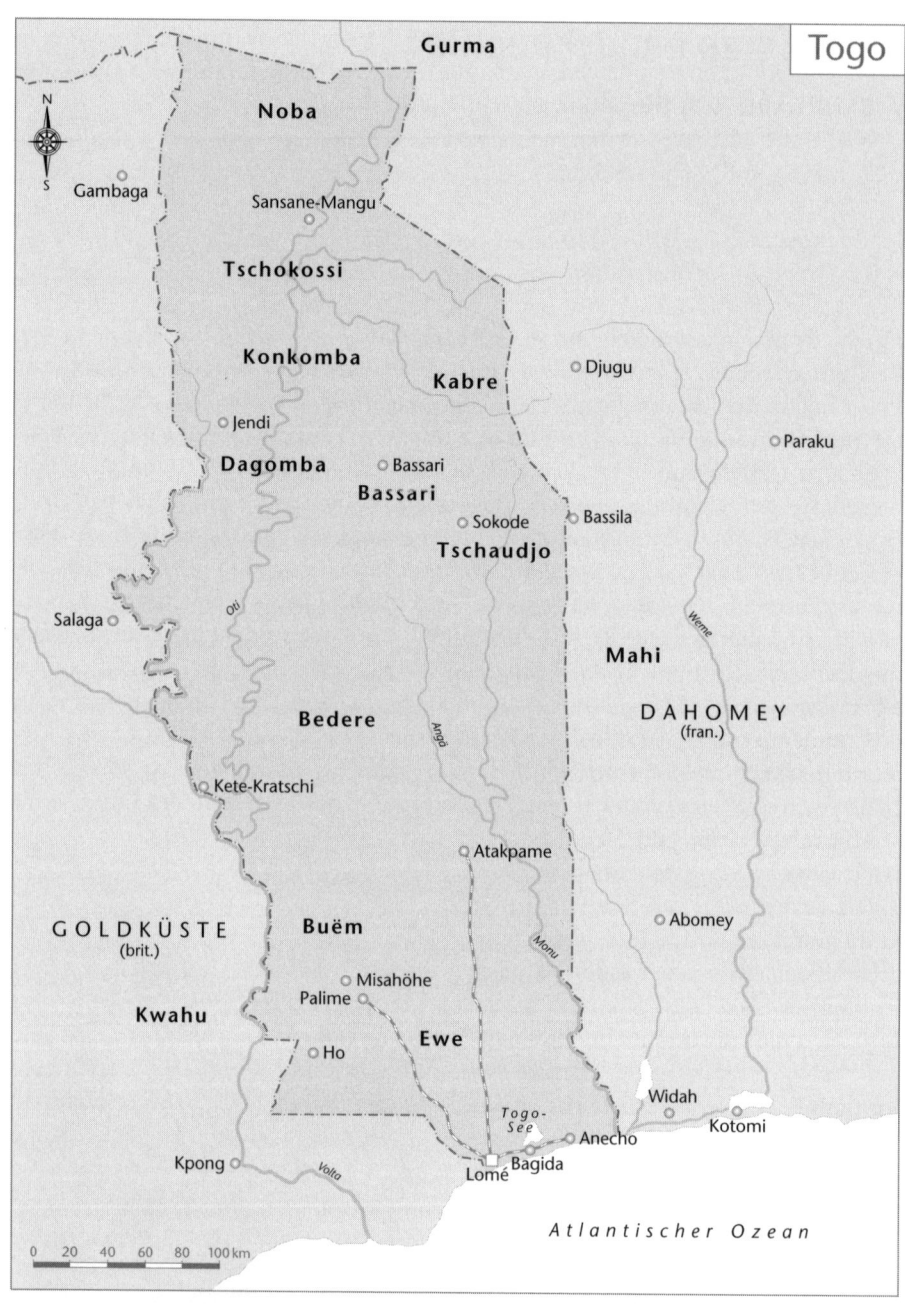

Die deutsche Kolonie Togo, 1914. Die verschiedenen Ethnien sind halbfett eingetragen.

Kete-Kratschi im Dezember 1894 übernahm der dortige Stationschef diese Aufgabe. Dadurch konnten das Handgeld für die Zwischenhändler und die unsicheren Lieferzeiten umgangen werden.[6]

Nicht alle Afrikaner traten freiwillig in die Kolonialtruppe ein. Vor allem in den 1880er und 1890er Jahren kaufte das Gouvernement afrikanischen Sklavenhändlern immer wieder junge Männer für die Polizeitruppe ab, obwohl der Handel mit Sklaven offiziell streng verboten war. Diese Leute mussten später die Kaufsumme in kleinen Raten von ihrem Sold zurückzahlen.[7] Hin und wieder überließen afrikanische Herrscher der Kolonialmacht eine Anzahl ihrer Untertanen zur freien Verfügung, um ihren guten Willen zu zeigen oder aus Dankbarkeit für erhaltene Vergünstigungen. Im Jahr 1892 beispielsweise schenkte König Gbehanzin von Dahomey dem deutschen Kaiser vier Knaben. Da Wilhelm II. keine Verwendung für die Jungen hatte, nahm man sie in die togolesische Polizeitruppe auf.[8]

Eine weitere Form der Zwangsrekrutierung war die Lieferung von Rekruten durch besiegte Völker. Im März 1901 verpflichtete das Gouvernement die Bewohner des Ortes Ssiu, als Zeichen der Unterwerfung zehn Männer für die Kolonialtruppe zu stellen.[9] Nach der Jahrhundertwende wurden erzwungene Einstellungen aber immer seltener, da »sich Eingeborene in ausreichender Zahl freiwillig meldeten«.[10] Den zum Militärdienst gepressten Männern, denen das Soldatenleben gar nicht gefiel, kam die besondere geographische Lage Togos zugute. Da die Landesgrenzen überall nicht weit entfernt lagen, konnten Unzufriedene sich relativ leicht in die benachbarten Kolonien absetzen, wo sie vor den Deutschen sicher waren.[11]

Mitte der 1890er Jahre dienten in der Kolonialtruppe neben 40 Haussa noch 20 Yoruba aus Nigeria, einige Grusi und Mossi aus dem Hinterland der Goldküste, Männer aus dem benachbarten Dahomey sowie Kru und Vai.[12] Auch mit Einheimischen machte man einen neuen Versuch. Zunächst ließen sich vor allem die im Süden Togos lebenden Ewe anwerben, mit denen ihre Vorgesetzten diesmal zufriedener waren.

Nach 1900 traten auch immer mehr Afrikaner aus anderen Regionen der Kolonie in die Truppe ein. Die meisten Söldner stellten schließlich die Dagomba, Konkomba, Tschokossi und die Völker des Transkaragebiets. Soldaten aus Süd- und Mitteltogo waren dagegen seltener. Da das Gouvernement – anders als in Kamerun und Deutsch-Ostafrika – aber keine Anstrengungen mehr unternahm, Soldaten aus den benachbarten Kolonien zu bekommen, nahm die Zahl der Ausländer immer mehr ab, so dass sich 1914 nur noch einzelne »Landfremde« in der Truppe befanden.[13]

Das Verhältnis der verschiedenen Ethnien untereinander war anfangs distanziert und von Vorurteilen geprägt. So fühlten sich die aus Togo stammenden Soldaten ihren in Liberia rekrutierten Vai-Kollegen kulturell überlegen, da diese angeblich noch Affenfleisch aßen, was für die Togolesen ein Zeichen von Unzivilisiertheit war.[14] Gefördert wurden diese Rivalitäten durch die Deutschen, die anfangs die verschiedenen Nationalitäten im Dienst strikt voneinander trennten

Fare Napo (* um 1882, † nach 1980)

Fare Napo wurde um 1882 in der in Nordtogo gelegenen Stadt Bassar geboren. Als junger Mann ließ er sich – wahrscheinlich im Jahr 1900 – für die Polizeitruppe anwerben. Nach seiner Grundausbildung nahm Napo von Dezember 1900 bis Januar 1901 an einem Feldzug gegen die Konkomba teil. In dem eroberten und zerstörten Ort Ibubu, manchmal auch Ibobo geschrieben, errichteten die Deutschen ein kleines Fort und stationierten dort eine Abteilung der Kolonialtruppe. Zur Besatzung gehörte eine Zeit lang auch Fare Napo. Selbst im hohen Alter dachte er noch mit Schrecken an die häufigen nächtlichen Angriffe der Konkomba zurück, deren vergifteten Pfeilen immer wieder Söldner zum Opfer fielen. Die Polizeitruppe reagierte mit »Strafexpeditionen«, bei denen viele Menschen starben. »Jeden Tag gab es Tote und Gefangene« auf Seiten der Konkomba, erinnerte sich der Soldat.[1]

Später war Fare Napo mit der Beaufsichtigung von Zwangsarbeitern betraut. Er bestätigte, dass die Arbeiter von den Söldnern häufig brutal behandelt wurden. Napo selbst beteiligte sich an den Misshandlungen. Er rechtfertigte sein Verhalten jedoch damit, dass es faule oder schlechte Arbeiter gewesen seien, die es nicht besser verdient hätten. Nach zwölf Jahren Dienst als Soldat verließ Napo die Polizeitruppe. Die Zeit als Soldat bezeichnete er als »ein sehr hartes Leben«.[2] Welchen Beruf Napo danach ausübte, ist unbekannt.

1920 trat er in die französische Kolonialtruppe ein, wo er Karriere machte. 1936, nach insgesamt 28 Jahren beim Militär, nahm Napo seinen Abschied. Auch sein Sohn Fare Kpandja arbeitete für die französische Kolonialmacht als Soldat und erreichte den Rang eines Stabsfeldwebels. Seinen Lebensabend verbrachte Napo in seiner Heimatstadt Bassar. Dort besuchte ihn am 15. und 16. Dezember 1980 der togolesische Germanist Dadja Halla-Kawa Simtaro und befragte den Veteranen anderthalb Stunden lang über seine Erinnerungen an die Zeit als Soldat in der deutschen Polizeitruppe. Das genaue Todesdatum Napos ließ sich leider nicht herausfinden.

1 Interview mit Fare Napo, 15./16.12.1980. Zit. nach Simtaro: Le Togo »Musterkolonie«, Bd. 2, S. 699.
2 Ebd.

und in sogenannte Korporalschaften zusammenfassten.[15] Doch nach und nach scheint sich eine Art von Kameradschaftsgefühl und Korpsgeist zwischen den Männern entwickelt zu haben. Darauf lassen zumindest die Äußerungen des aus Togo stammenden Polizeisoldaten Fare Napo schließen, der keine Skrupel hatte, einen Landsmann oder gar einen Bekannten aus seinem Dorf zu schlagen, denn »für einen Soldaten war sein einziger Bruder sein Soldatenkamerad«.[16]

Die meisten Söldner waren Animisten, die anderen Muslime. Genaue Zahlen über die Religionszugehörigkeit sind aber nicht überliefert. Die Deutschen bevorzugten muslimische Söldner, die als leichter zu disziplinieren und weniger dem Alkohol zugeneigt galten. Deshalb respektierten die Vorgesetzten religiöse Vorschriften, soweit es der Dienstbetrieb zuließ. Muslimische Soldaten erhielten

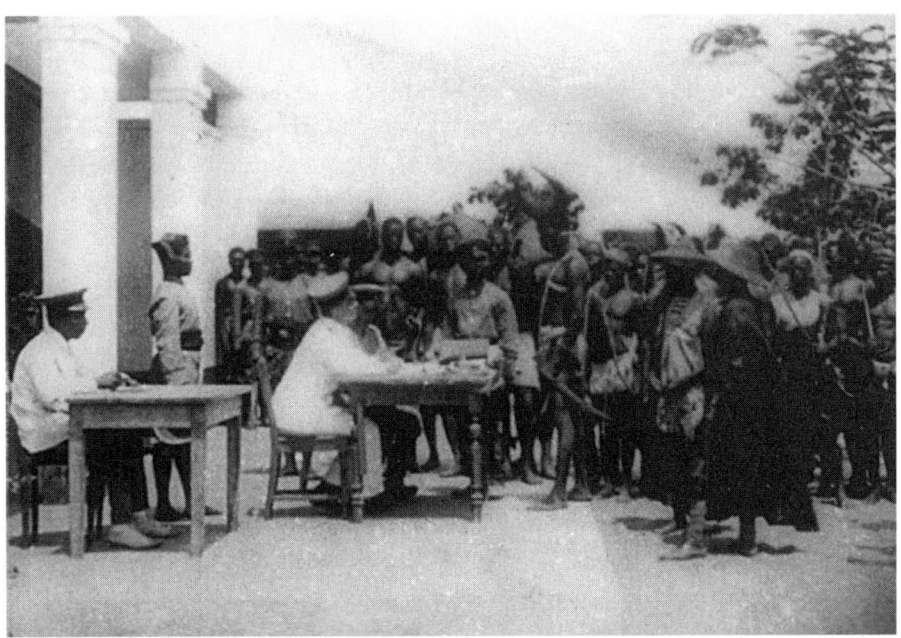

Einheimische lassen sich, wahrscheinlich in Lomé, für die Kolonialtruppe anwerben, zwischen 1897 und 1910.

beispielsweise Urlaub für religiöse Feste. Da die meisten einen gemäßigten Islam praktizierten, hatten sie keine Skrupel, für eine christliche Macht zu arbeiten und eventuell gegen Glaubensgenossen kämpfen zu müssen. Für einige animistische Soldaten waren vor allem die in ganz Westafrika sozial hoch angesehenen Haussa ein Vorbild. In der Hoffung, ein ähnliches Ansehen zu erlangen, traten manche sogar zum Islam über und trugen in ihrer Freizeit nur noch Haussatracht.[17]

Einzelne Söldner hatten bereits vor ihrem Eintritt in die Polizeitruppe Erfahrungen mit europäischen Arbeitgebern sammeln können. So dienten einige Haussa in der britischen Kolonialarmee. Andere Afrikaner wurden von Forschungsreisenden als Diener oder Träger eingestellt. Zu ihnen gehörte der aus dem Kongo stammende Soldat Kalala, der in den 1880er Jahren den deutschen Forscher und Stabsarzt Ludwig Wolf auf mehreren Reisen begleitete.[18] Viele Soldaten waren ehemalige Sklaven und zählten damit zu den sozialen Außenseitern. Häufig kannten sie ihren Geburtsort nicht und hatten keinen Kontakt mehr zu ihren Angehörigen. Für diese Entwurzelten wurde die Kolonialtruppe zu einer zweiten Heimat. Zu Recht betont der Soziologe Trutz von Trotha, dass Staat und Recht in Togo ihr Dasein anfangs den Außenseitern verdankten.[19]

Bis zum Jahr 1898 war die Einstellung neuer Rekruten nur am Sitz der Regierung an der Küste möglich. Danach konnten Interessenten sich jederzeit auf den im ganzen Land verteilten Regierungsstationen zum Dienst als Soldat melden. War der Mann gesund, wurde er zunächst auf Probe eingestellt. Während seiner achtwöchigen Probezeit erhielt er keinen Sold, sondern nur ein Verpflegungsgeld von 25 Pfennig pro Tag.[20] Jeder Rekrut verpflichtete sich bei seinem Eintritt in die Polizeitruppe zunächst für drei, ab 1908 für fünf Jahre.[21] Auf eigenen Wunsch konnte die Dienstzeit immer wieder verlängert werden. Die Ausbildung eines Rekruten dauerte rund zwei Monate. Zunächst wurde dem Neuling die zu erlernende Bewegung vorgemacht und mit dem betreffenden deutschen Ausdruck bezeichnet.[22] Unter Aufsicht eines afrikanischen Gefreiten oder Unteroffiziers musste der Rekrut die Übung so lange wiederholen, bis er sie verstanden hatte. Dabei gingen die Vorgesetzten oft nicht gerade zimperlich mit ihren Untergebenen um. Beschimpfungen und Misshandlungen sollen an der Tagesordnung gewesen sein.[23] Nach und nach lernte der Rekrut auf diese Weise Marschieren, Ehrenbezeugungen, Wendungen, Ladegriffe sowie Zielen und Schießen mit der Jägerbüchse Modell 71. Nach Abschluss der Grundausbildung wurde der Neuling dann der in Lomé stationierten Expeditionskompanie zugeteilt oder auf eine Regierungsstation versetzt.

Dort wurde das Erlernte vertieft. Jeden Tag mussten die Söldner mehrere Stunden lang exerzieren. Häufig fanden Schieß- und Felddienstübungen statt. Ab 1908 wurden einzelne afrikanische Soldaten auch im Pionierdienst, im Bau von Wegen und in der Anlage von einfachen Feldeisenbahnen ausgebildet. Hierzu wurden ausgewählte Männer für einige Monate nach Lomé abkommandiert, wo sie in den Werkstätten des Gouvernements Zimmer-, Schreiner- und Schlosserarbeiten erlernten. Andere Soldaten erhielten eine Zusatzausbildung im Sanitätsdienst, die durch deutsche Regierungsärzte vorgenommen wurde.[24] Ausdrücklich verboten war dagegen eine Unterweisung von einheimischen Soldaten in die Handhabung des Maschinengewehrs, das ausschließlich von Deutschen bedient werden durfte. Afrikanern war es lediglich erlaubt, Hilfsdienste zu leisten. Diese umfassten das Anreichen der Patronengurte und das Reinigen des Maschinengewehrs. Mit der Zeit wurden die Männer, zumeist an der neuesten Waffentechnik interessierte Unteroffiziere, so vertraut mit der Waffe, dass sie die wichtigsten Handgriffe wie Laufwechseln sowie Erkennen und Beheben von Funktionsstörungen bald genau so gut wie die deutschen Gewehrführer beherrschten. Um sich die Fähigkeiten der Afrikaner zunutze zu machen, beantragte der Gouverneur im Jahr 1913, dass in Zukunft auch »altgediente, zuverlässige Unteroffiziere«, die möglichst nicht aus Togo stammen sollten, ein MG bedienen durften.[25] Doch das Reichskolonialamt beharrte auf dem Verbot.

Die Kommandos während der Grundausbildung und im Dienst erfolgten ausschließlich auf Deutsch. Schwieriger war die Erteilung von Instruktionen an die verschiedenen Ethnien. Im günstigsten Fall ging dies folgendermaßen: Der befehlshabende Offizier gab seine Erläuterungen auf Deutsch oder Englisch, ein deutscher Unteroffizier übersetzte das Gesagte in Ewe, afrikanische Unteroffiziere oder Dolmetscher dann in die jeweilige Landessprache.[26] Häufiger wird die Übermittlung von Anweisungen aber mit Hilfe von Gesten und einem Kauderwelsch aus mehreren Sprachen erfolgt sein. Söldner mit Fremdsprachenkenntnissen in Deutsch oder Englisch waren selten und dementsprechend begehrt. Sie

Afrikanische Söldner auf dem Schießstand, Togo, um 1908.

wurden als Dolmetscher eingesetzt und konnten so innerhalb kurzer Zeit eine einflussreiche Position erreichen. Einzelne Soldaten beherrschten sogar mehrere afrikanische und europäische Sprachen. Der Togolese Fritz Togbe beispielsweise sprach neben Deutsch und Englisch noch Kabre, Kotokoli, Haussa, Ewe und Yoruba.[27] Und Unteroffizier Kalala konnte sich in Deutsch, Englisch, Ewe und Haussa verständlich machen.[28]

Trotz der immer wieder auftretenden Probleme aufgrund der Sprachbarrieren weigerte sich das Gouvernement, alle Soldaten Deutsch lernen zu lassen. Nur die afrikanischen Unteroffiziere der in Lomé stationierten Expeditionskompanie sollten nach der Jahrhundertwende möglichst täglich Deutschstunden durch einen Truppendolmetscher erhalten, wenn es der Dienstplan zuließ. Fortgeschrittene waren darüber hinaus noch im Schreiben und Rechnen zu unterrichten.[29] Erst 1913 dachte Gouverneur Adolf von Mecklenburg über die Einführung einer Verordnung nach, die alle afrikanischen Dienstgrade verpflichten sollte, die deutsche Sprache zu erlernen.[30] Zur Umsetzung kam es allerdings nicht mehr. Einzelne Afrikaner hatten aber den Ehrgeiz, sich deutsche Redewendungen und Wörter von ihren Vorgesetzten anzueignen und bei Bedarf anzuwenden. Dadurch erhofften sie sich einen Zuwachs an Prestige. Amüsiert beobachtete Leutnant Werner von Rentzell, von 1911 bis 1912 Leiter der Station Kete-Kratschi, wie der afrikanische Feldwebel Merry einmal einen Untergebenen »mit einer Flut aus dem stattlichen Vorrat seiner deutschen Schimpfworte« überschüttete, wobei »Suein (Schwein) und Rinnßvieß (Rindvieh)« noch zu den dezentesten gehörten.[31]

Der Dienst als Soldat war nicht ungefährlich. Vor allem in der Eroberungsphase zwischen 1894 und 1900 kam es zu zahlreichen Kampfhandlungen zwischen der einheimischen Bevölkerung und der Kolonialtruppe. So listet ein Gefechtskalender für diesen Zeitraum 35 Feldzüge sowie über 50 kleinere Gefechte und Scharmützel auf.[32] Doch auch nach der Jahrhundertwende rückte das Militär noch häufig zu »Strafexpeditionen« aus, um erste Anzeichen von Widerstand gegen die Kolonialherren gewaltsam zu unterdrücken. Derartige Machtdemonstrationen führten häufig zu Toten unter der afrikanischen Bevölkerung und zum Niederbrennen ganzer Ortschaften. Obwohl die Gegner der Polizeitruppe waffentechnisch unterlegen waren, fielen in diesen Kämpfen auch immer wieder afrikanische Söldner oder wurden verwundet. Den größten Verlust erlitt die Truppe im Sommer 1897, als während eines Zuges gegen die Konkomba eine Abteilung in einen Hinterhalt geriet und fast vollständig vernichtet wurde. Der Unteroffizier Audadamia, die Soldaten Otuta, Alavi, Badamassi, Sanussi, der Rekrut Sandau sowie mehrere »Hilfskrieger« und Träger starben.[33] Wenn die Söldner nicht zu militärischen Einsätzen benötigt wurden, übernahmen sie auch polizeiliche Aufgaben. Soldaten bewachten Eisenbahn- und Straßenarbeiter, fingen ausgerissene Träger ein, kontrollierten Steuerpflichtige, überbrachten Chiefs Anordnungen der Verwaltung und stellten den Begleitschutz für reisende Europäer. In manchen Gegenden Togos waren Söldner die einzigen Repräsentanten des Staates, die ein Einheimischer zu Gesicht bekam.[34]

Viele Männer nutzten ihre Stellung auf Kosten der einheimischen Bevölkerung zu ihrem eigenen Vorteil aus. So finden sich in den erhalten gebliebenen Akten der Bezirke Kete-Kratschi und Sokode zahlreiche Vermerke über »Erpressung«, »unrechtmäßiges Aneignen von Weibern«, »gewaltsames Wegnehmen von Lebensmitteln«, »Unterschlagung von Beute«, »Hehlerei« und »Missbrauch der Dienstgewalt« durch afrikanische Soldaten.[35] Der Leiter der Bezirke Misahöhe und Sokode von 1897 bis 1910, Hermann Kersting, musste zugeben, dass es sich bei den kriminellen Handlungen um alltägliche Vorkommnisse handelte, »deren sich fast jeder Soldat oder Polizist, der einige Zeit unkontrolliert bleibt, schuldig macht, trotz aller Strafen und Ermahnungen«.[36] Soldaten hatten auch keine Skrupel, ihren Arbeitgeber zu betrügen, wenn sie sich davon einen Vorteil versprachen. Als sie beispielsweise feststellten, dass Bauern für zwei silberfarbene Uniformknöpfe drei Hühner gaben, stiegen die Verlustmeldungen von Knöpfen rapide an.[37]

Gefürchtet waren die Söldner auch wegen ihrer Brutalität. Bei der Beaufsichtigung von Arbeitern führte jeder Soldat neben seinem Gewehr eine Peitsche oder einen Stock mit sich. Bei der geringsten Verzögerung oder dem kleinsten Anzeichen von »Faulheit«, erinnerte sich der ehemalige Polizeisoldat Fare Napo, schlugen sie zu. Selbst wenn ein Arbeiter vor Erschöpfung oder wegen Krankheit umfiel, hörten sie nicht auf zu schlagen. Einige Männer wurden bis zur Bewusstlosigkeit geprügelt, manch einer starb an den Misshandlungen.[38] Noch in den 1980er Jahren sangen die Kabre, ein im Norden Togos lebendes Volk, das während der deutschen Kolonialzeit entstandene Lied, welches mit den Zeilen

Togolesische Polizeisoldaten geben einem toten Deutschen das letzte Geleit, um 1909. Auch gefallene Söldner wurden möglichst mit militärischen Ehren bestattet.

beginnt: »Die Soldaten sind stärker als wir; sie schlagen uns, sie misshandeln uns, während wir arbeiten.«[39] Exemplarisch war das Verhalten des Soldaten Matumba. Dieser schoss einem Mann in den Rücken, der illegal die Grenze überqueren wollte. Statt dem Schwerverletzten zu helfen, schlug Matumba solange mit dem Kolben auf ihn ein, bis dessen Schädel zersplitterte.[40] Derartige Vorkommnisse bestätigten die Meinung vieler Togolesen, dass »diese Soldaten grausame Kerle« waren.[41] Aus Angst vor der Rache ihrer einstigen Opfer flohen viele Polizeisoldaten nach der Eroberung Togos im August 1914 in die britische Kolonie Goldküste.[42]

Doch die Söldner waren nicht nur Täter, sondern auch selbst Opfer des kolonialen Systems. Häufig wurden sie bereits für geringe Vergehen mit einem Tau geprügelt. So verurteilte ein Beamter den Soldaten Musa zu 20 Hieben, weil er austreten war, ohne vorher um Erlaubnis zu fragen.[43] Ein anderer Söldner wurde mit zwölf Schlägen für »eigenmächtiges Wegnehmen von Gummi« bestraft.[44] Die meisten deutschen Kolonialbeamten und Militärs sahen in der Prügelstrafe das wirksamste »disziplinarische Zuchtmittel«, da die Söldner ihrer Meinung nach Arreststrafen »oft als kleine Ausspannung und Erholung« empfänden und »kleine Geldstrafen« nicht ernst nehmen würden.[45] Dass Prügel nicht nur Schmerzen bereiteten, sondern auch eine Demütigung darstellten, war den Kolonialherren durchaus bewusst. Deshalb durften Respektspersonen wie militärische Chargen, bei ihren Vorgesetzten beliebte ältere Soldaten und Dolmetscher nur in ganz seltenen Ausnahmefällen wie bei sinnloser Betrunkenheit im Dienst geschlagen werden. Vollstreckt wurde die Strafe in der Regel von afrikanischen Unteroffizieren.

Für die Durchführung der Prügel erließ das Gouvernement genaue Bestimmungen, um »unnötige« Grausamkeiten möglichst zu vermeiden. Der Delinquent musste vorher von einem Arzt untersucht werden. An Kranken durfte die Strafe nicht vollstreckt werden. Außerdem war streng darauf zu achten, dass nur die Gesäßteile von dem Züchtigungsinstrument getroffen wurden.[46] Wie unmenschlich diese Art der Strafe trotzdem war, beweist ein Gutachten des Generalarztes beim Kommando der »Schutztruppen«, Emil Steudel. Seiner Einschätzung nach war die Verwendung eines Tauendes »ganz besonders gefährlich«, da »die Spitze des Taues sehr leicht um die Rückenfläche des Körperteils, das getroffen werden soll, nach der Brustseite hinüberwippt«.[47] Die Folge davon konnte beispielsweise ein Riss der Leber sein, wie ein Soldat in Kamerun schmerzlich erfahren musste.[48] Die Prügelstrafe war keine deutsche Erfindung. Auch in den Kolonialarmeen anderer europäischer Staaten zählten körperliche Züchtigungen zu den erlaubten und häufig angewandten Strafen. Großbritannien zum Beispiel schaffte diese Form der Disziplinierung für seine afrikanischen Kolonialtruppen erst im Jahre 1946 ab.[49]

Für die meisten deutschen Offiziere und Unteroffiziere waren alle Afrikaner, auch die eigenen Söldner, Menschen zweiter Klasse. Dementsprechend geringschätzig verhielten sie sich gegenüber den afrikanischen Soldaten. Gouverneur von Puttkamer betrachtete ein derartiges Verhalten mit großer Sorge. Er fürchtete, dass die Soldaten die »verächtliche Behandlung, zu der leider deutsche Führer nicht selten zu neigen scheinen«, nicht vertragen würden und meutern könnten.[50] Deshalb riet er eindringlich, die Leute »mit ganz besonderer Liebe« zu behandeln und ihnen »das Gefühl für eine gewisse Standesehre« zu geben, damit sie sich gegenüber den übrigen Einheimischen als etwas Besseres fühlten. Vorgesetzte, die sich an diese Empfehlung hielten, wurden angeblich von den Söldnern geschätzt wie beispielsweise Hans Gruner. Bevor der Beamte seinen Heimaturlaub antrat, verabschiedete er sich noch von den Soldaten, die betrübt gewirkt hätten. Als Gruner ihnen erklärte, dass er wieder zu ihnen zurückkehren werde, »erhellte die Freude sogar das finstere Gesicht des schwarzen Unteroffiziers, das ich bis dahin noch nie hatte lächeln sehen«, so seine Wahrnehmung.[51] Unbeliebte Vorgesetzte bedachten die Söldner dagegen mit wenig schmeichelhaften Spitznamen. So hieß Feldwebel Julius von Piotrowski, Führer der Polizeitruppe von 1886 bis 1894, nur »ZoZo« [Ewe: Der, der viel haut – d. Verf.] bei ihnen.[52] Und Oberleutnant Hans-Georg von Doering wurde wegen seiner aufbrausenden Art von seinen Leuten »Dragon« [Englisch: Drache – d. Verf.] genannt.[53]

Verglichen mit einem ungelernten Tagelöhner erhielten die Söldner einen hohen Lohn. Anfangs verdiente ein einfacher Soldat ohne Unterschied des Dienstalters eine Mark pro Tag einschließlich der Sonn- und Feiertage, später im ersten Dienstjahr 50 Pfennig, ab 1910 60 Pfennig. Im zweiten Dienstjahr stieg der Sold auf 75 Pfennig am Tag, im dritten dann auf eine Mark.[54] Damit lag die Löhnung

Station Atakpame, rechts die Unterkünfte für die afrikanischen Söldner, Jahr nicht überliefert.

eines einfachen Soldaten doppelt so hoch wie der Lohn eines unqualifizierten Arbeiters. Auch Träger verdienten mit einem Gehalt von bis zu 22 Mark im Monat deutlich weniger.[55] Durch eine Beförderung konnte ein Söldner sein Einkommen noch beträchtlich steigern. Gefreite erhielten eine Tageslöhnung von 1,25 Mark, Unteroffiziere 1,50, Sergeanten 1,75 und Feldwebel, der höchste für einen Afrikaner zu erreichende Dienstgrad, sogar zwei Mark. Jede Lohnerhöhung wurde jedoch von guter Führung und zufriedenstellenden Schießleistungen abhängig gemacht. Bei dauerhaft schlechten Leistungen konnte die Versetzung in eine niedrigere Lohnklasse angeordnet werden.

Neben ihrem Gehalt hatten die afrikanischen Söldner Anspruch auf freie Unterkunft und kostenlose medizinische Behandlung für sich und ihre Familien.[56] Als zusätzliche Vergünstigung befreite das Gouvernement im Februar 1914 alle Soldaten und Polizisten von der 1907 eingeführten Kopfsteuer, um »durch diese Besserstellung« ihre Dienstfreudigkeit zu erhöhen.[57] Besonders verdienten Söldnern konnte sogar ein mehrtägiger Urlaub gewährt werden. Von ihrem Gehalt mussten die Männer nur die Verpflegung selbst bezahlen. Das galt allerdings nicht auf Expeditionen oder Dienstreisen. Während der Abwesenheit vom Standort übernahm der Arbeitgeber die Kosten für Nahrungsmittel. Zumeist erhielten die Söldner ein Verpflegungsgeld in Höhe von 25 Pfennig pro Tag oder Tauschwaren wie Salz, Messing oder Garn in verschiedenen Farben, sodass sie sich ihre Lebens- und Bedarfsmittel selbst von der einheimischen Bevölkerung kaufen konnten.[58]

Der überwiegende Teil der Soldaten war verheiratet nach afrikanischen Rechtsvorstellungen der Polygamie. Während die meisten Haussa ihre Frauen mitgebracht hatten, heirateten die anderen Ausländer einheimische Frauen, oft vom Volk der Ewe. In der Regel verdienten die Polizeisoldaten genug Geld, um den Brautpreis für mehrere Frauen aufbringen zu können. Dieser variierte von Ort zu Ort und richtete sich nach der jeweiligen Anzahl der dortigen unverheirateten Frauen, ihrem Alter und ihren eventuell vorhandenen besonderen Fähigkeiten.[59] Bei den Ewe beispielsweise konnte der Brautpreis bis zu 150 Mark betragen.[60] Je mehr Frauen ein Mann besaß, desto höher war sein Ansehen in der Gesellschaft. Die meisten Soldaten hatten zwei bis vier Frauen, einige Dienstgrade wie der Feldwebel Merry sogar bis zu sieben.[61] Ganz wenige Männer begnügten sich mit nur einer Frau. Angesichts ihres regelmäßigen Einkommens und ihres hohen Sozialprestiges waren Soldaten für viele Afrikanerinnen begehrte Heiratspartner. Verlor ein Söldner aber seinen sozialen Status, wie es dem Vizefeldwebel Quassi passierte, der wegen Erpressung und Vergewaltigung degradiert und aus der Truppe ausgestoßen wurde, war es nicht ungewöhnlich, dass sich die Frau scheiden ließ und einen anderen Soldaten heiratete.[62]

Über das Privatleben der afrikanischen Soldaten in Togo gibt es verhältnismäßig wenige Informationen. Abhilfe hätte hier sicher ein Dokumentarfilm geschaffen, den der Afrikaforscher und Regisseur Hans Schomburgk Anfang 1914 auf der Station Sansane-Mangu gedreht hatte. Schomburgk filmte die Polizeisoldaten nicht nur beim Exerzieren und ihrem täglichen Dienst, sondern machte auch Aufnahmen von ihrer Freizeit und ihrem Familienleben. Bei seiner Rückkehr nach Europa ließ Schomburgk das gesamte, während dieser Reise aufgenommene Filmmaterial mit Ausnahme des Dokumentarfilms »Im deutschen Sudan« in London in der Obhut seines britischen Kameramanns James Hodgson zurück. Dort wurde es angeblich nach Ausbruch des Ersten Weltkriegs beschlagnahmt und ist seitdem verschollen.[63]

Trotz des hohen Verdiensts kamen viele Männer mit ihrem Gehalt nicht aus, da der Sold häufig verspielt oder für Alkohol ausgegeben wurde. Sehr verbreitet waren Würfelspiele, bei denen es um Einsätze von bis zu drei Mark ging. Mancher Söldner verlor dabei innerhalb kurzer Zeit sein gesamtes Vermögen. Um trotzdem weiter spielen zu können, nahmen Spielwütige bei einem ansässigen Händler einen Kredit auf. Mancher Soldat drückte sich um die Zurückzahlung seiner Schulden, indem er sich über die Grenze in eine der benachbarten Kolonien absetzte, wo er vor seinen Gläubigern sicher war. Um die wohl nicht unerhebliche Zahl von verschuldeten Deserteuren zu reduzieren, erließ der Gouverneur schließlich eine Verordnung, dass der einheimischen Bevölkerung unter Androhung hoher Strafen verbot, einem afrikanischen Soldaten Geld zu leihen.[64]

Gering war dagegen die Zahl der Söldner, die wie der Unteroffizier Tschafalu »von der Einrichtung eines Sparkassenbuches Gebrauch« machten und einen Teil ihres Soldes für die Zeit nach ihrem Militärdienst sparten.[65] Dabei gab es für Soldaten, die aufgrund einer im Gefecht erhaltenen Verwundung zum Invaliden wurden oder durch eine Krankheit oder aus Altersgründen nicht mehr dienst-

Der Soldat Dewes mit Frau, Togo, Jahr unbekannt.

fähig waren, keine finanzielle Absicherung von Seiten ihres Arbeitgebers. Für den Militärdienst Untaugliche wurden sofort entlassen. Was aus ihnen wurde, war den Kolonialherren egal. Nur in Ausnahmefällen sorgte man dafür, dass jemand anderweitig beschäftigt wurde. So erhielt ein aus Liberia stammender Söldner vom Bezirksleiter das Amt eines Heilgehilfen, »da man ihn nicht der Not im fremden Land preisgeben wollte«.[66]

Um die Soldaten so lange wie möglich in der Truppe zu halten, führte das Gouvernement Anfang der 1890er Jahre eine Prämie für länger Dienende ein. Alle Söldner, die länger als drei Jahre in der Polizeitruppe blieben, erhielten eine vierteljährliche Zulage in Höhe von fünf Mark. Ab dem 1. Oktober 1898 wurde die Zulage gestaffelt. Nach dreijähriger Dienstzeit betrug sie nur noch 2,50 Mark, stieg aber alle drei Jahre um 2,50 Mark bis auf zehn Mark nach zwölf Jahren.[67] Die Maßnahme scheint Erfolg gehabt zu haben, wie eine Aufstellung der Dienstzeiten von afrikanischen Soldaten im Bezirk Sansane-Mangu aus dem Jahr 1914 vermuten lässt. Diese zeigt, dass über die Hälfte der 60 Söldner bereits länger als zehn Jahre beim Militär war. Einer befand sich im elften Dienstjahr, sechs dienten schon zwölf bis 13 Jahre, 17 Männer 14 bis 15 Jahre und 15 sogar 16 und mehr Jahre.[68]

Lange Zeit kümmerte sich die Kolonialmacht nicht um den Verbleib entlassener Söldner. Erst im Jahr 1910 folgte die Polizeitruppe dem Vorbild der französischen Kolonialtruppe in Westafrika und führte eine Reserve ein.[69] Sie setzte sich aus den ehrenvoll entlassenen Soldaten, die in der Kolonie ihren Wohnsitz hatten, aus »zuverlässigen« Einheimischen sowie aus den militärisch ausgebildeten »Häuptlingspolizisten«[70] zusammen. Jedes Jahr wurden die Reservisten zu einer etwa vierwöchigen Übung eingezogen, die sie bei der in ihrem Wohnbezirk stationierten Einheit ableisten mussten. Die Schauspielerin Meg Gehrts, die 1914 als Mitglied der Filmcrew um Schomburgk die jährliche Einberufung zufällig auf der Station Sansane-Mangu miterlebte, bemerkte mit Hochachtung, dass das übliche Pensum der Reservisten zehn Exerzierstunden täglich seien. Ihrer Meinung nach hätte kein europäischer Soldat derartiges ausgehalten.[71] Für die Kolonialmacht hatte die Schaffung der Reserve gleich mehrere Vorteile. Zum einen konnte sie weiterhin die an modernen Waffen ausgebildeten Afrikaner kontrollieren, zum anderen war sie in der Lage, die 560 Mann starke Polizeitruppe im Kriegsfall innerhalb kurzer Zeit zu verdoppeln.

Der Kriegsfall kam schneller als gedacht. Dank der einberufenen Reservisten konnte die Polizeitruppe nach Ausbruch des Ersten Weltkriegs auf mehr als 1000 Mann aufgestockt werden. Doch diesmal kämpften die Söldner nicht gegen waffentechnisch unterlegene Einheimische, sondern gegen Afrikaner, die wie sie von Europäern gedrillt und mit modernen Waffen ausgerüstet worden waren. Sehr schnell registrierten die Polizeisoldaten, dass ihre militärische Führung von der Situation überfordert war, und reagierten entsprechend. Als der dilettantisch durchgeführte Vorstoß einer Abteilung am 15. August 1914 bei Agbeluvhoe in einem Hinterhalt endete, zogen es viele Söldner vor, die Uniform auszuziehen, ihr Gewehr wegzuwerfen und im dichten Busch unterzutauchen, anstatt sich

Die Besatzung der Station Sansane-Mangu beim Exerzieren, um 1910.

sinnlos opfern zu lassen.[72] Auch in dem erfolgreicher verlaufenden Gefecht am Chra-Fluss einige Tage später verweigerten die Söldner den Befehl. Nachdem die noch aus 60 Deutschen und rund 500 Afrikanern bestehende Polizeitruppe es immerhin geschafft hatten, einen Angriff der alliierten Verbände zurückzuschlagen, weigerten sich die Männer standhaft, zum Gegenangriff anzutreten, den viele von ihnen wohl nicht überlebt hätten. »Nicht mit dem Kolben waren sie zu bewegen, anzugreifen«, beklagte sich ein deutscher Kriegsfreiwilliger, »und wir mussten erwarten, dass auch der Rest in der Nacht das Weite suchen würde.«[73]

Die zahlreichen Desertionen sollten für die loyal gebliebenen Söldner nicht ohne Folgen bleiben. Als der Befehlshaber der Polizeitruppe, Hans-Georg von Doering, am 25. August 1914 den Alliierten die bedingungslose Kapitulation der gesamten Kolonie anbot, bat er um eine menschliche Behandlung der deutschen Soldaten. Die noch bei der Truppe befindlichen Afrikaner erwähnte er mit keinem Wort. Ihr Schicksal war ihm offensichtlich gleichgültig.[74] Die unbekannte Zahl von Söldnern, die sich noch nicht in ihre Heimat abgesetzt hatte, kam zunächst in Kriegsgefangenschaft, aus der sie nach einigen Monaten entlassen wurde. Doch schon bald arbeiteten die ersten Männer wieder in ihrem alten Beruf. Im Mai 1915 stellte der neue Führer der 40 Mann starken Polizeitruppe im britisch besetzten Teil Togos erstmals Afrikaner ein, die bereits in der deutschen Polizeitruppe gedient hatten, und erreichte dadurch nach Ansicht des Gouverneurs der Goldküste, Hugh Clifford, einen erheblich höheren Grad an Effektivität und Disziplin als zuvor. Dafür nahm man in Kauf, dass die Soldaten – wie früher – zahlreiche »flagrante illegale Handlungen« gegenüber der Bevölkerung begingen.[75]

»Behufs Dekorierung von Schwarzen«
Auszeichnungen zweiter Klasse

Für einen Tag war der Afrikaner Chomba Wadi Hamit eine kleine Berühmtheit im Deutschen Reich.[1] 1888 hatte er sich von der Deutsch-Ostafrikanischen Gesellschaft als Askari anwerben lassen und es bald bis zum Unteroffizier gebracht. Bei den Kämpfen um die belagerte Hafenstadt Bagamoyo Anfang März 1889 tat sich Hamit nach Ansicht seiner Vorgesetzten »rühmlichst« hervor, weil er als Führer einer Patrouille einen zahlenmäßig weit überlegenen Gegner in die Flucht schlug und eigenhändig drei Gefangene machte. Auf Antrag der Marine verlieh Kaiser Wilhelm II. dem Afrikaner deshalb das Militärehrenzeichen 2. Klasse, eine Auszeichnung, mit der bisher nur deutsche Unteroffiziere und Mannschaften dekoriert worden waren. Konteradmiral Carl Deinhard persönlich überreichte ihm die Medaille vor versammelter Mannschaft. Damit war Chomba Wadi Hamit der erste »farbige« Söldner in deutschen Diensten, dem eine Tapferkeitsmedaille verliehen wurde. Mehreren Zeitungen in Deutschland war das Ereignis immerhin eine kleine Meldung wert.[2]

Der Unteroffizier Chomba Wadi Hamit mit dem Militärehrenzeichen 2. Klasse in Deutsch-Ostafrika, März 1889.

Die erste Verleihung des Militärehrenzeichens an einen »Farbigen« sollte jedoch gleichzeitig die letzte gewesen sein. Als Reichskommissar Hermann Wissmann im Sommer 1889 Reichskanzler Otto von Bismarck bat, ihm eine Anzahl von Medaillen zur Verfügung zu stellen, »behufs Dekorierung von Schwarzen als Belobigung für Tapferkeit und besondere Pflichttreue«, befürwortete Bismarck das Gesuch. »Nützlich! Ja«, lautete sein Kommentar am Rand des Schreibens.[3] Doch anstatt des Militärehrenzeichens ließ er 30 Exemplare der erst im Dezember 1888 eingeführten Kronenordenmedaille nach Deutsch-Ostafrika schicken, die eigentlich für »Unterbedienstete« wie Lakaien und

Der mit ägyptischen und deutschen Ehrenzeichen mehrfach dekorierte sudanesische Feldwebel Mohamed Achmed im Kreis seiner Frauen. Deutsch-Ostafrika, um 1909.

Kammerdiener »nichtpreußischer Hofhaltungen« sowie für ausländische Unterbeamte gedacht war. Wissmann bedankte sich »alleruntertänigst« für die Lieferung, forderte aber, den Auszeichnungen in Zukunft ein größeres Format zu geben, »da die unsrigen gegen die von England im Sudan verliehenen, in deren Besitz sich einzelne meiner Leute befinden, in den Augen der Neger etwas abfallen«.[4] Als die Zahl der zu dekorierenden Söldner zunahm, führte das Reichsmarineamt im Jahr 1892 spezielle, nur für die »farbigen« Angehörigen der Kolonialtruppe in Deutsch-Ostafrika bestimmte Tapferkeitsmedaillen ein. Da sich die Auszeichnungen für afrikanische Offiziere aus »disziplinarischen Gründen« in der Form von den an Unteroffiziere und Mannschaften verliehenen Ehrenzeichen unterscheiden sollten[5], bestimmte eine »Allerhöchste Verordnung«, dass Effendis, die afrikanischen Offiziere, die Kriegerverdienstmedaille 1. Klasse in Silber erhielten, während sich die übrigen Dienstgrade mit der ebenfalls silbernen, aber etwas kleineren Kriegerverdienstmedaille 2. Klasse begnügen mussten. Beide Medaillen wurden an einem schwarz-weißen Band getragen. Ausdrücklich betonte die Verordnung, dass die Medaillen nicht zum preußischen Ordenssystem gehörten.[6] Durch einen kaiserlichen Erlass vom 25. März 1893 durften Kriegerverdienstmedaillen »künftig auch an farbige

Offiziere und Mannschaften der Polizei- und Schutztruppen in den übrigen deutschen Schutzgebieten zur Verleihung gelangen«.[7] Soweit bekannt, wurden Ehrenzeichen allerdings nur an Söldner in den afrikanischen Kolonien verliehen. Um bereits dekorierte Soldaten erneut auszeichnen zu können, führte man Anfang Oktober 1895 eine Kriegerverdienstmedaille 1. und 2. Klasse in Gold ein.[8]

Vorschläge für Auszeichnungen konnten vom Befehlshaber der jeweiligen Kolonialtruppe beim Gouvernement eingereicht werden. Der Antrag enthielt den Namen des Vorgeschlagenen, seinen Rang, die Art des Ehrenzeichens sowie den Grund für den Vorschlag. Gouverneur und Reichskanzler mussten das Gesuch befürworten, bevor es dem Kaiser vorgelegt wurde. Die Namen von dekorierten Söldnern wurden hin und wieder in dem von der Kolonialabteilung herausgegebenen *Deutschen Kolonialblatt* veröffentlicht. So findet sich in einer Ausgabe aus dem Jahr 1896 die Meldung über die Verleihung der Kriegerverdienstmedaille 2. Klasse in Silber an den Sergeanten der Kameruner »Schutztruppe« Skeul sowie die Soldaten Fabissi, Siafa, Sia, Thomas und Makoro.[9] Glaubt man den Berichten deutscher Kolonialoffiziere, haben die Söldner »mit hohem Selbstbewusstsein« auf ihre Medaillen geblickt und diese »beständig« getragen.[10] Einmal verliehene Ehrenzeichen konnten aber auch wieder zurückgefordert werden, wie Ali Effendi erleben musste. Nachdem er zum wiederholten Mal wegen Dienstvergehen bestraft worden war, entzog der Kommandeur ihm seine Verdienstmedaille und übergab sie einem »würdigeren« Mann.[11]

Einige Soldaten wie der sudanesische Offizier Gaber Mohamed sammelten im Lauf ihrer Dienstzeit sogar mehrere Auszeichnungen an. Als er Anfang 1897 vom Kommando der »Schutztruppe« für die Kriegerverdienstmedaille 1. Klasse in Gold vorgeschlagen wurde, besaß der Effendi bereits die Kriegerverdienstmedaille 2. Klasse in Silber für seine Teilnahme an den Kämpfen in der Nähe von Bagamoyo am 8. Mai 1889, die Kriegerverdienstmedaille 1. Klasse in Silber für den Feldzug gegen die Hehe im Herbst 1894 sowie eine ägyptische Medaille für seine Beteiligung an der Schlacht bei Suakim im Jahr 1884.[12] Die Zahl der Dekorierten war beträchtlich. Zwischen 1888 und 1914 bekamen insgesamt 1491 »Farbige« eine Tapferkeitsmedaille ans Revers geheftet.[13] Und noch im April 1918 ermächtigte Kaiser Wilhelm II. den Kommandeur der Kolonialtruppe in Deutsch-Ostafrika, Paul von Lettow-Vorbeck, 25 Kriegerverdienstmedaillen 1. Klasse in Gold, 100 der 1. Klasse in Silber, 300 der 2. Klasse in Gold und 2000 der 2. Klasse in Silber an seine Askari zu verteilen.[14]

Nach dem Verlust der Kolonien blieben den »farbigen« Söldnern auch weiterhin die deutschen Auszeichnungen verwehrt. Als im Jahr 1936 der in Berlin lebende ehemalige Askari Mahjub bin Adam Mohamed das 1934 für alle Teilnehmer des Ersten Weltkriegs gestiftete Frontkämpferkreuz beantragte, war man sich in den zuständigen Ministerien unsicher, wie man mit dem Antrag umgehen sollte. Die Gegner argumentierten, dass schon während der deutschen Kolonialzeit »Farbige« nicht die für Europäer geschaffenen preußischen, sondern besondere Ehrenzeichen erhalten hätten. Deshalb sei es logisch, nun auch das Frontkämpferkreuz nur an Deutsche zu vergeben. Das Auswärtige Amt hatte dagegen keine Bedenken, dass Kreuz auch an frühere Söldner auszugeben. Allerdings sollte die Verleihung auf die in Deutschland lebenden Afrikaner beschränkt bleiben.[15] Der um seine Meinung gefragte Paul von Lettow-Vorbeck, der sich in seinen Memoiren gern als fürsorglicher »Vater der Askari« darstellte, gab schließlich den Ausschlag.[16] Er hielt eine Verleihung »für zu weitgehend und wegen der Folgen, die sowohl

Vorderseite einer Kriegerverdienstmedaille 2. Klasse in Silber für »farbige« Unteroffiziere und Mannschaften.

die Gewährung als auch die Ablehnung der zu erwartenden weiteren Anträge ehemaliger Askari haben würde, auch für nicht zweckmäßig«.[17] Mohameds Antrag wurde daraufhin abgelehnt. Der Sudanese wollte sich mit dieser Zurückweisung jedoch nicht abfinden. Nachdem auch eine erneute Eingabe abgeschmettert wurde, besorgte er sich das Verdienstkreuz einfach im Militariahandel.[18]

»Die ärgste Landplage«
Afrikanische Söldner in Kamerun

Den Kern der im Oktober 1891 gegründeten Polizeitruppe in Kamerun bildeten 15 Haussa, die nach der im gleichen Monat vollzogenen Verkleinerung der Polizeitruppe Togos entlassen worden waren.[1] Außer den Haussa stellte man noch 18 bis 20 unter den Gouvernementsarbeitern ausgewählte Kru ein, die aber schon kurze Zeit später wegen eines Mangels an Arbeitskräften wieder aus der Truppe entfernt wurden, sowie 21 der sogenannten Dahomey-Sklaven.[2] Die Zahl der ehemaligen Sklaven stieg bis zum Dezember 1893 auf 55. Anders, als es der Name vermuten lässt, stammten die Männer nicht zwangsläufig aus Dahomey, sondern kamen aus verschiedenen Ländern Westafrikas. Der Gefreite Alassa beispielsweise wurde im Hinterland von Togo geboren, bevor ihn Sklavenhändler verschleppten.[3] Im Gegensatz zu ihren Kameraden erhielten die ehemaligen Sklaven kein Gehalt, sondern mussten erst einmal das für sie gezahlte Geld abarbeiten. Das sorgte für eine zunehmende Unzufriedenheit unter den Männern, die schließlich im Dezember 1893 zu einer Meuterei führte.[4] Doch die Revolte scheiterte, und 47 der Meuterer wurden hingerichtet oder zu erneuten Zwangsarbeiten verurteilt.

Nun benötigte die Polizeitruppe dringend neue Soldaten, die man in Ägypten beschaffen wollte. Zur Durchführung der Anwerbung wurden Hauptmann Curt von Morgen und Leutnant Hans Dominik Anfang 1894 nach Kairo geschickt. Da sudanesische Soldaten im Ausland deutlich mehr als beim ägyptischen Militär verdienen konnten, meldeten sich zahlreiche Interessenten. Bevor die Männer jedoch den für eine Ausreise nötigen Auslandspass erhielten, mussten sie sich einer britisch-ägyptischen Kommission präsentieren, die die Jüngsten und Kräftigsten für die eigene Armee aussortierte. Trotzdem gelang es den beiden Offizieren, nach wenigen Wochen rund 90 Sudanesen anzuwerben, von denen bereits viele Erfahrungen als Soldaten in der britischen oder deutschen Kolonialarmee aufweisen konnten. Vereinzelt waren sogar ehemalige Anhänger des Mahdi, der seit 1881 einen »Heiligen Krieg« gegen das unter britischer Oberhoheit stehende Ägypten führte, unter den Freiwilligen.[5]

Die Sudanesen sollten neben den rund 50 ungefähr zur gleichen Zeit in Sierra Leone und Liberia angeworbenen Vai, in deutschen Quellen meist als »Wey-Jungen« bezeichnet, das zweite »landfremde« Element bilden. Auch die Vai hatten einen guten Ruf als Soldaten. Sie galten als »ungemein gelehrig« und »körperlich sehr gewandt«, was »die militärische Ausbildung sehr einfach und leicht« machte.[6] Nach Ansicht des Gouverneurs Eugen von Zimmerer war die Zusammenstel-

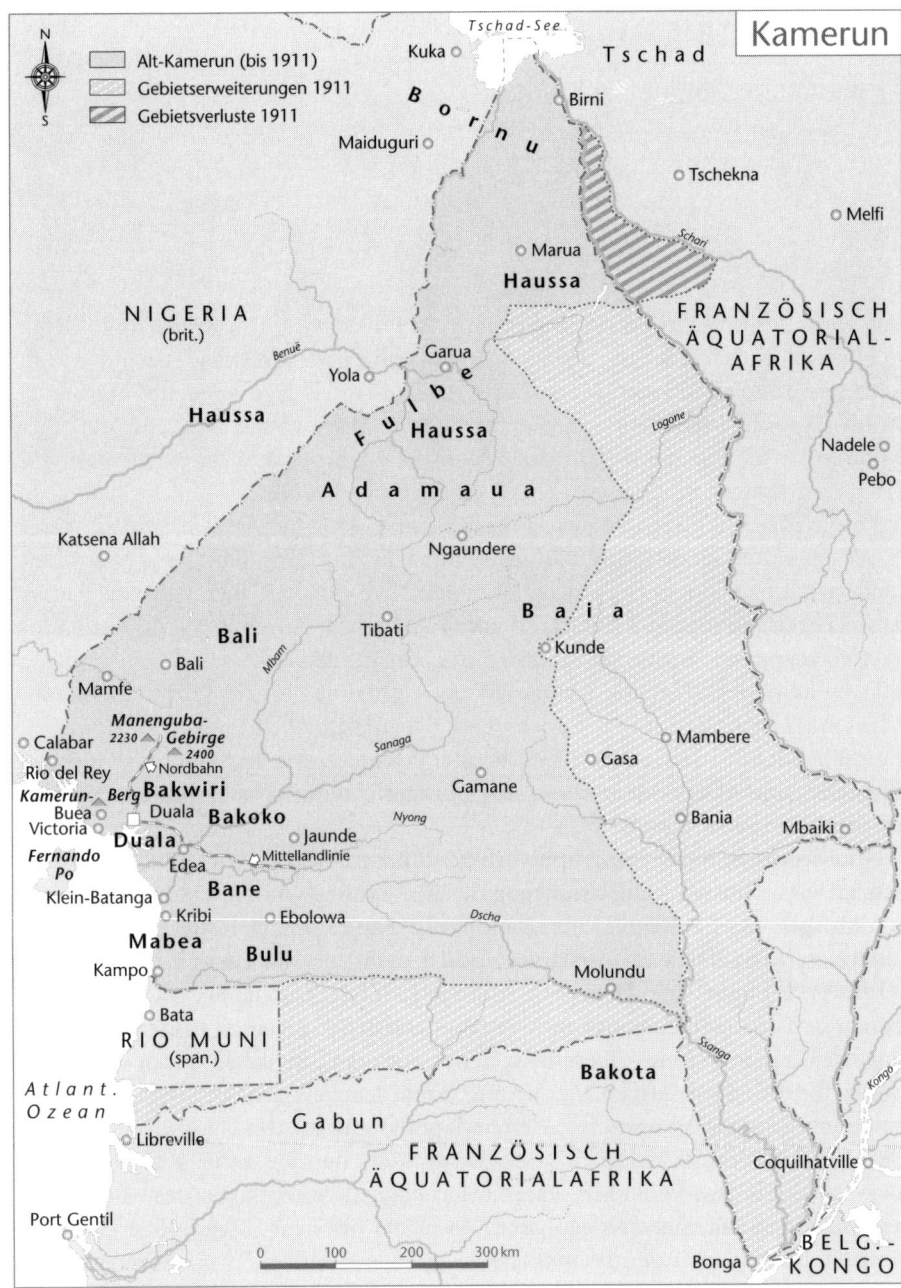

Kamerun

N

Alt-Kamerun (bis 1911)
Gebietserweiterungen 1911
Gebietsverluste 1911

Tschad-See.
Kuka ○   **T s c h a d**

B
o
r
n
u

Birni ○

Maiduguri ○   Tschekna ○

Marua ○   Melfi ○

Schari

Haussa

N I G E R I A
(brit.)

**F R A N Z Ö S I S C H
Ä Q U A T O R I A L -
A F R I K A**

Benue   Garua ○
Yola ○   **F**   **e**   Nadele ○
u   Pebo ○

Haussa   **l**   *Logone*
Haussa

b

A d a m a u a

Katsena Allah ○   Ngaundere ○

B a i a

Bali   Tibati ○
Bali ○   Kunde ○

Mbam

Mamfe ○

Manenguba-
2230 △ *Gebirge*
○ Calabar   △ 2400   Mambere ○
Rio del Rey   ○ Nordbahn   *Sanaga*   Gasa ○
Kamerun- *Berg* **Bakwiri**   Gamane ○
Buea ○   □ Duala   **Bakoko**   *Nyong*   Bania ○   Mbaiki ○
Victoria ○   **Duala**   Jaunde ○
Fernando   Edea   ◇ Mittellandlinie
Po   **Bane**
Klein-Batanga ○   ○ Kribi   ○ Ebolowa   *Dscha*

Mabea   **Bulu**
Kampo ○   Molundu ○

○ Bata
R I O M U N I
(span.)   **Bakota**   *Ssanga*

Atlant.
Ozean   **G a b u n**
○ Libreville   **F R A N Z Ö S I S C H**
Ä Q U A T O R I A L A F R I K A   Coquilhatville ○

Port Gentil ○
0   100   200   300 km

Bonga ○   **B E L G. -
K O N G O**

Die deutsche Kolonie Kamerun, 1914. Die verschiedenen Ethnien sind halbfett eingetragen.

43

In Liberia angeworbene Arbeiter vom Volk der Kru in Kamerun, um 1891.

lung der Kolonialtruppe aus diesen beiden Volksgruppen eine viel versprechende Kombination: »Die ernsten, kriegslistigen und absolut zuverlässigen Sudanesen werden überall den Stamm zu bilden haben, während die beweglichen Weys, welche mit dem westafrikanischen Busch und der Kampfesweise der Eingeborenen wohl vertraut sind, ein vorzügliches Ergänzungsmaterial bilden.«[7] Sehr schnell mussten die Verantwortlichen jedoch feststellen, dass die Sudanesen die hochgesteckten Erwartungen nicht erfüllten. In dem ungewohnten tropischen Klima erkrankten viele Männer schon bald an Malaria. Allein im Monat Juni befanden sich 24 Sudanesen mit Fieber in ärztlicher Behandlung. Zwei Kranke waren bereits gestorben. Auch sonst hatten sie Schwierigkeiten, »sich den veränderten Verhältnissen anzupassen«.[8] Vor allem die regelmäßige Beschaffung von bestimmten Nahrungsmitteln, wie frisches Fleisch, an das sie gewöhnt waren, ließ sich nicht durchführen. Bis September 1894 mussten bereits 19 Sudanesen auf eigenen Wunsch aus ihrem Kontrakt entlassen werden. Weitere Kündigungen folgten in den nächsten Monaten. Bis Mitte 1895 waren schließlich die meisten Sudanesen nach Ägypten zurückgebracht worden. Der Rücktransport verlief jedoch nicht problemlos. Viele Sudanesen weigerten sich, die Rückreise ohne ihre in Kamerun geheirateten Frauen anzutreten, die allerdings unter gar keinen Umständen auswandern wollten. Nur mit Mühe gelang es dem Gouverneur, ein Blutvergießen zu vermeiden und die Sudanesen zur Zurücklassung ihrer Frauen zu bewegen.[9] Immerhin 25 Sudanesen entschieden sich dafür, in Kamerun zu bleiben. Von ihnen dienten 1909 noch zwei bis drei in der Kolonialtruppe.[10]

In den nächsten Jahren rekrutierte die Kolonialtruppe ihren Ersatz vor allem in der britischen Kolonie Nigeria. So warb der deutsche Konsul in Lagos im August 1894 einige Dutzend Yoruba und Haussa an.[11] Zwei Jahre später beobachtete die Krankenschwester Johanna Wittum, wie »einige dreißig Lagosleute [Yoruba – d. Verf.] nebst Frauen« an Bord des Dampfers *Marie Woermann* genommen wurden, »um als Rekruten der Schutztruppe von Kamerun einverleibt zu werden«.[12] Doch die Zahl der Männer, die sich in Nigeria verpflichten ließen, nahm von Jahr zu Jahr ab, da dort aufgrund des wirtschaftlichen Aufschwungs ein großer Bedarf an Arbeitskräften herrschte. Hauptanwerbegebiet für »landfremde« Söldner wurde nun die unabhängige Republik Liberia, deren »Hauptausfuhrprodukt« traditionell Wanderarbeiter waren. Zwar versuchte die liberianische Regierung, die Verwendung ihrer Untertanen als Soldaten nach Möglichkeit zu verhin-

Der Muslim Mboari (links) ließ sich Anfang der 1890er Jahre in Lagos für die »Schutztruppe« anwerben. Neben ihm steht Unteroffizier Ssanga, Kamerun, um 1914.

dern, doch auf das kleine Land konnte politischer Druck leichter ausgeübt werden. Als Gouverneur Puttkamer im Januar 1898 an Bord des Schulschiffs S.M.S. *Nixe* nach Liberia reiste, um dort die für eine Verstärkung der »Schutztruppe« nötigen Rekruten zu beschaffen, war die liberianische Regierung seiner Einschätzung nach wohl nur »unter [dem] Druck der Kanonen des Kriegsschiffes bereit«, die Anwerbung »ohne jede Beschränkung« zu gestatten.[13] Allein 1898 holten die Deutschen über 350 Kru und Vai, von denen rund 100 in die Kolonialtruppe von Kamerun eingereiht wurden, während der Rest auf verschiedenen Pflanzungen arbeiten sollte.[14] Allerdings wurden auch in Liberia Anwerbungen zunehmend schwieriger. Im Jahr 1905, als bereits in allen benachbarten Kolonien ein striktes Anwerbeverbot herrschte, gelang es dem Gouvernement zwar noch, 50 Männer für die »Schutztruppe« zu beschaffen. Die liberianische Regierung erlaubte die Mitnahme jedoch nur, weil die Anwerbekommission die Angeworbenen wahrheitswidrig als »Arbeiter« deklarierte. Da es absehbar war, dass derartige Täuschungen nicht immer funktionieren würden, riet der deutsche Konsul in Monrovia dem Kameruner Gouverneur, bei zukünftigen Rekrutierungen keine Erlaubnis der liberianischen Regierung mehr einzuholen, sondern diese heimlich über das Konsulat vorzunehmen.[15] Weitere Rekruten kamen aus der deutschen Kolonie Togo. Im Lauf der Jahre fanden mehrere Anwerbungen von Togolesen statt, die als »ungemein fleißig und leicht zu lenken« galten.[16] Die größte Aktion fand im Jahr 1900 statt, als rund 250 Männer als Rekruten nach Kamerun verschifft wurden.[17]

Zur gleichen Zeit entwickelten die Befehlshaber der »Schutztruppe« ein hohes Maß an Phantasie und krimineller Energie, um auch auf anderen Wegen an ausländische Söldner zu gelangen. Im Jahr 1900 schickte der Kommandeur beispielsweise den sprachkundigen Leutnant Martin Sandrock zu Verhandlungen über die Lieferung von Rekruten in den benachbarten Kongo-Freistaat und nach Portugiesisch-Westafrika. Ohne das Ergebnis der Gespräche abzuwarten, warb er nebenher heimlich Einheimische für den Militärdienst an, und obwohl dies »viel Scherereien mit sich brachte«, gelang es ihm, der Kolonialtruppe »eine bedeutende Verstärkung zuzuführen«.[18] Ebenfalls nicht legal waren Anwerbeversuche an Bord deutscher Schiffe, die auf ihrer Fahrt einen Hafen in Kamerun anliefen. Mindestens einmal überredeten Offiziere der »Schutztruppe« mehrere aus Nigeria und Sierra Leone stammende Afrikaner, die in Lagos lebende Angehörige besuchen wollten oder sich nach Ablauf ihrer Arbeitsverträge auf der Heimreise befanden, ihren Dampfer zu verlassen und in deutsche Dienste zu treten.[19]

Die »Schutztruppe« kannte auch keine Bedenken, Straftäter aus anderen Kolonien einzustellen. Feldwebel Jabule zum Beispiel war als junger Mann aus Nigeria nach Kamerun geflüchtet, weil ihn ein britisches Gericht seiner Meinung nach zu Unrecht bestraft hatte.[20] Besonders gern wurden Deserteure aus anderen Kolonialarmeen genommen, denn diese besaßen meist schon langjährige Erfahrungen als Soldaten. Im März 1905 überschritt fast die gesamte aus Senegalesen bestehende Besatzung der französischen Militärstation Kunde die Grenze und bat um Einstellung in die »Schutztruppe«. Mit ihrer Desertion wollten sie einer ihnen drohenden Bestrafung entgehen. Da sie schon seit 20 Monaten keinen Sold mehr erhalten hätten, seien sie gezwungen gewesen, einige während eines Feldzugs gemachte Gefangene an Sklavenhändler zu verkaufen, um an Geld zu kommen. Auch die ehemaligen französischen Söldner erhielten umgehend eine Anstellung in der »Schutztruppe«.[21]

Aufgrund der Schwierigkeiten bei der Beschaffung von Ausländern sahen sich die deutschen Befehlshaber gezwungen, auch im eigenen Land Männer für den Militärdienst anzuwerben. Obwohl der Afrikaforscher Eugen Zintgraff schon 1893 in einer Denkschrift an den Reichskanzler die vortrefflichen militärischen Eigenschaften der Bali, ein im Westen des Landes lebendes Volk, hervorgehoben und ihre Einstellung in die damalige Polizeitruppe angeregt hatte, lehnte das Gouvernement zunächst jede Verwendung von Einheimischen als Soldaten ab.[22] Erst 1898 erlaubte der Gouverneur die Anwerbung von Männern aus der Kolonie, wobei aber »mit großer Vorsicht verfahren und für die richtige Mischung und Verwendung« gesorgt werden sollte.[23] Der Anteil der Kameruner durfte auf keinen Fall mehr als die Hälfte betragen. Darüber hinaus waren sie nach Möglichkeit nicht in ihrem Heimatbezirk zu verwenden.

Die erste einheimische Ethnie, die Rekruten stellte, waren die Ewondo, damals als Jaunde bezeichnet. Mitte Juli 1898 wurden die ersten 60 von ihnen in die Trup-

Kapelle der »Kaiserlichen Schutztruppe«, darunter einzelne Musiker vom Volk der Duala, mit Kapellmeister Paul Hentschel in der Mitte, Duala, um 1905.

pe eingereiht. Ganz bewusst wählte man dabei vor allem die Söhne von Chiefs und Männer aus angesehenen Familien aus, »um von vornherein das Ansehen des Standes im Land zu heben«.[24] Bald folgten weitere Volksgruppen. Nach der Unterwerfung des Ebolowa-Bezirks im Süden Kameruns im Jahr 1902 meldeten sich die ersten 30 Bulu freiwillig zum Militärdienst. Später traten auch Dume aus dem Südosten der Kolonie sowie Dschung, Bamenda und Bali, Angehörige der im Grasland lebenden Völker, in größerer Zahl in die Kolonialtruppe ein.[25] Die an der Küste lebenden Ethnien wie die Duala, Malimba und Batanga waren dagegen kaum beim Militär vertreten. Lediglich als Spielleute oder Musiksoldaten fanden einige Duala Verwendung.[26]

Anfangs standen viele Einheimische einem Dienst in der Truppe misstrauisch gegenüber. Deshalb scheiterte die im Jahr 1900 angestrebte Verstärkung um 100 Mann »an der Unmöglichkeit, die Mannschaften dazu im Lande aufzutreiben«.[27] Aufgrund dieser Schwierigkeiten gab es zwischenzeitlich sogar Überlegungen, die Anwerbung durch »eine Pflicht- oder Zwangsgestellung« zu ersetzen, was aber nie in die Tat umgesetzt wurde.[28]

Mit der fortschreitenden Eroberung Kameruns verbesserte sich die Situation. Zunehmend ersetzten einheimische Söldner die immer schwieriger zu beschaffenden »Landfremden«. 1909 waren schon zwei Drittel der Soldaten in der »Schutztruppe« Einheimische. Um die Zahl der fremden Söldner wieder auf 50 Prozent zu bringen, plante der Kommandeur der »Schutztruppe« im gleichen

Jahr einen Austausch von Rekruten mit Deutsch-Ostafrika. Hierfür sollte der Reichstag in Berlin 25 000 Mark bewilligen. Doch die Parlamentarier versagten dem Antrag in seltener Einmütigkeit die Zustimmung. Während der national-liberale Abgeordnete Wilhelm Arning Unruhen unter den Angehörigen fürchte-te, wenn ein Soldat von seinem Einsatz im Ausland nicht mehr nach Hause zu-rückkehrte, hatte der Zentrums-Abgeordnete Matthias Erzberger vor allem aus »sanitären Gesichtspunkten« Bedenken gegen das Projekt.[29] Er sorgte sich, dass die aus einer anderen Klimazone stammenden Männer Krankheiten einschlep-pen könnten.

Nach dem Scheitern des Antrags stellte die Kolonialtruppe versuchsweise eine Reihe von in Kamerun lebenden Vute ein, und »zwar nicht nur wegen des kräf-tigen Körperbaus, sondern weil sie in den übrigen Bezirken als landfremd gal-ten«.[30] Sie konnten jedoch die Erwartungen, wie es im amtlichen Jahresbericht heißt, »aufgrund ihrer geringen geistigen Regsamkeit und ihrer Empfindlichkeit gegen raues Klima« nicht erfüllen.[31] So sank der Anteil der Ausländer trotz aller Bemühungen des Gouvernements immer weiter. Im Juli 1914 betrug er nur noch rund 13 Prozent.[32] Deshalb unternahm das Kommando der »Schutztruppe« einen neuen Anlauf, den bereits einmal abgelehnten Austausch mit Deutsch-Ostafrika durchzudrücken. Geplant war, 50 kamerunische Soldaten für einige Jahre nach Ostafrika zu schicken. Dafür sollten 50 Askari nach Kamerun kommen. Aller-dings waren einige Kolonialoffiziere skeptisch, ob sich das Vorhaben selbst nach Bereitstellung der nötigen Finanzmittel überhaupt umsetzen ließe. Eine Umfrage bei allen Kompanien, wie viele Soldaten sich zum Dienst in Deutsch-Ostafrika bereit erklären würden, hatte nämlich für Ernüchterung gesorgt. Nur neun Afri-kaner meldeten sich freiwillig. Von diesen waren mehrere bereits vorbestraft und kamen daher für einen Austausch nicht in Betracht. Trotz aller Schwierigkeiten hielt das Kommando aber an seinen Plänen fest, im nächsten Jahr »den Aus-tausch zu bewerkstelligen«.[33] Der Ausbruch des Ersten Weltkriegs machte jedoch alle weiteren Überlegungen überflüssig.

Im Ausland wurden neue Rekruten zumeist durch einheimische Agenten be-schafft, die für jeden Mann, der sich verpflichtete, eine Prämie kassierten. In eini-gen Fällen wurde das Geld den Rekruten später vom Sold abgezogen.[34] In Ka-merun erfolgte eine Anwerbung häufig mit Hilfe befreundeter Chiefs, die junge Männer zum Eintritt in die Truppe überredeten oder zwangen. Auch sie werden dafür eine Belohnung erhalten haben. Darüber hinaus hatte jeder Afrikaner, der sich für den Soldatenberuf interessierte, die Möglichkeit, sich aus eigener Initia-tive beim Garnisonskommando in Duala zu melden. Dort wurde der Bewerber zunächst von einem deutschen Militärarzt auf seine Tauglichkeit untersucht. Hat-te der Mann die Gesundheitsprüfung bestanden, stellte ihn das Kommando als Rekrut ein und überwies ihn zur Grundausbildung an die Stammkompanie.

Zunächst stellte die Kolonialmacht jeden gesunden Interessenten in die Trup-pe ein, 1913 verschärfte sie jedoch die Kriterien. Von nun an verlangte sie eine »gute Führung«, die anhand der auf den Stationen geführten Strafregister über-prüft werden konnte, sowie die Vorlage eines höchstens einen Monat alten, von

Afrikaner bei der Schießausbildung in Kamerun, Jahr nicht überliefert.

der Heimatbehörde ausgestellten Ausweises. Dieser Ausweis musste den vollständigen Namen des Mannes, sein Alter, seine Nationalität, den Wohnort, den Namen des »Häuptlings«, dem er unterstand, sowie etwaige Bemerkungen über sein Vorleben enthalten.[35]

Die Motive, warum sich Männer zum Dienst in der Armee meldeten, waren sehr verschieden. Ein Kameruner erinnerte sich in einem Gespräch mit der Afrikanistin Stefanie Michels daran, dass sein Vater nur Soldat geworden sei, weil er das Brautgeld für seine Verlobte aufbringen wollte.[36] Auch für einen anderen Afrikaner, der seinen Lebensunterhalt bisher als Jäger verdient hatte, war eine Frau der Grund für seinen Eintritt in die Armee. Der Mann hatte schon seit längerem ein Verhältnis mit der Gattin eines Soldaten. Um sich leichter mit ihr treffen zu können, meldete er sich zur Armee und ließ sich an den Standort seiner Geliebten versetzen.[37] Andere reizte dagegen die Macht, die sie als Angehörige eines Staatsorgans besitzen würden.[38] Manchen wie den Haussa Eliasu aus Bauchi in Nigeria zwang die pure Not in die Armee. Während der für einen Muslim obligatorischen Pilgerreise nach Mekka verlor Eliasu seine Eltern. Um nicht zu verhungern, trat er in Uganda in die britische Kolonialarmee ein. Als er aus Krankheitsgründen entlassen wurde, wanderte er in den belgischen Kongo und ließ sich dort wieder als Soldat anwerben. Wegen einer Gewalttätigkeit gegenüber einem Afrikaner wurde er zu einer zweijährigen Haftstrafe verurteilt. Nachdem er diese abgebüßt hatte, wollte Eliasu nach Nigeria zurückkehren. Seine Ersparnisse reichten allerdings nur bis Duala in Kamerun. Dort trat er in die

Dolmetscher Schwamme (im Vordergrund) auf dem Hof der Station Lolodorf in Westkamerun, um 1907.

»Schutztruppe« ein, um genügend Geld für die Rückkehr in seine Heimat zu verdienen.[39]

Die Ausbildung eines Rekruten in der Stammkompanie dauerte in der Regel drei Monate. Die Einführung in seinen neuen Beruf erfolgte durch afrikanische Unteroffiziere und Gefreite. Dabei wurde darauf geachtet, dass die Ausbilder nur Leute beaufsichtigten, deren Sprache sie zumindest verstanden, wenn auch nicht völlig beherrschten.[40] Trotzdem ließ sich nicht vermeiden, dass die Ausbildung der Rekruten durch die Sprachbarrieren sehr erschwert wurde. Vormittags standen zwei Stunden Exerzieren auf dem Dienstplan, nachmittags dann noch einmal zwei. Während der Mittagshitze ruhte die Ausbildung.[41] Auch der Umgang mit dem Gewehr wurde intensiv geübt. Sinn des stumpfsinnigen Drills war es, den Rekruten zum »rücksichtlose[n] Gehorsam« zu erziehen, damit er seinem Vorgesetzten in jeder Situation »instinktiv« folgte.[42] Glaubt man den Aussagen deutscher Kolonialoffiziere, machte das Exerzieren den Söldnern Spaß. So will Hauptmann Dominik beobachtet haben, wie Vai-Rekruten noch nach Dienstschluss »das Gelernte gleichsam im Spiel gemeinsam wiederholten«. Nicht auszuschließen ist jedoch, dass sich die Männer einfach nur über den eintönigen Drill lustig machten, zumal auch die Rollen der deutschen Vorgesetzten von Afrikanern übernommen wurden, wobei sie jeden »trefflich in seinen kleinen Eigenheiten und Schwächen nachahmten«.[43]

Alle Befehle wurden auf Deutsch gegeben, Erklärungen in Pidgin-Englisch, der Verkehrssprache in Westafrika, die alle deutschen und afrikanischen Solda-

Mebenga m'Ebono alias Martin Paul Samba (* um 1875, † 1914)

Mebenga m'Ebono wurde um 1875 in dem kleinen im Süden von Kamerun gelegenen Dorf Metoutou-Engong geboren.[1] Der zum Volk der Bulu gehörende Junge wuchs nach dem Tod seiner Eltern zunächst bei einem Onkel auf. Dieser schickte ihn 1885 nach Kribi in die Obhut des Händlers Banoho Issamba, wo M'Ebono schnell zum Liebling der dort lebenden Deutschen wurde. 1889 trat er in die Dienste des Afrikaforschers und Offiziers Curt von Morgen, den er auf seinen beiden Expeditionen durch Kamerun begleitete. »Aus Anerkennung für seine mir auf beiden Reisen erwiesene Treue« als Diener nahm Morgen den Waisenjungen im Juni 1891 mit nach Deutschland. In dem kleinen Ort Kladow in der Nähe von Berlin erhielt M'Ebono Unterricht beim Dorfpfarrer. Bereits nach vier Monaten konnte er »ganz geläufig« Deutsch lesen, schreiben und sprechen. Am 18. November 1891 ließ

Porträt von Martin Paul Samba in deutscher Uniform, aufgenommen in Berlin zwischen 1892 und 1894.

sich der Afrikaner taufen und führte von nun an den Namen Martin Paul Zampa (heute gebräuchliche Schreibweise Samba).

1892 trat Samba als Soldat in das traditionsreiche Berliner Garde-Füsilier-Regiment ein. Schon nach einem halben Jahr wurde er zum Unteroffizier befördert, bald darauf zum Sergeanten. Im Januar 1894 kehrte Samba nach Kamerun zurück, »um in der dortigen Polizeitruppe Verwendung zu finden«.[2] Der inzwischen zum Feldwebel ernannte Bulu beteiligte sich an der Ausbildung afrikanischer Rekruten und nahm an zahlreichen Kämpfen teil. Die Schilderung seiner während eines Gefechts erlittenen Verwundung wurde 1895 sogar in mehreren deutschen Zeitungen abgedruckt.[3] Seine Vorgesetzten charakterisierten ihn als »ordentlich«, »zuverlässig« und als einen »ganz ausgezeichneten Soldaten«.[4] Im Januar 1899 musste Samba seinen Abschied einreichen, da er aufgrund seines Rheumatismus nicht mehr dienstfähig war.[5]

Er fand eine Anstellung als Kaufmann bei der Firma Randad & Stein in Ebolowa. Samba heiratete und pflegte einen europäischen Lebensstil. Von anderen Afrikanern wurde der als wohlhabend Geltende zunächst wegen seiner Loyalität zur Kolonialmacht gemieden. Nach und nach änderte sich jedoch seine Einstellung gegenüber den Deutschen. Verantwortlich hierfür war wohl die Furcht, dass die Kolonialmacht die Jaunde [heutiger Name Ewondo –

d. Verf.] den Bulu vorziehen würde und Letztere dadurch Nachteile erleiden könnten. Deshalb begann Samba 1912 mit den Vorbereitungen für einen militärischen Schlag gegen die Kolonialherren. Er verbündete sich mit anderen einflussreichen Männern aus dem Süden. Unterstützung fand Samba auch bei dem Duala-Chief Rudolf Manga Bell. Außerdem ließ er Bulu-Krieger militärisch ausbilden und versuchte, so viele Waffen und Munition wie möglich zu beschaffen. Doch die Aufstandspläne wurden entdeckt – wie, ist in der Forschung umstritten – und Samba verhaftet. Ein Kriegsgericht verurteilte ihn zum Tode wegen Hochverrats. Am 8. August 1914 wurde der ehemalige Söldner hingerichtet. Martin Paul Samba gilt heute in Kamerun als Nationalheld.

1 Zum Folgenden siehe vor allem Zeller / Michels: Kamerunischer Nationalheld, S. 237–242.
2 DKBl, 5 (1894), S. 44.
3 Schötz: Nach 40 Jahren, S. 47 f. Leider ließ sich keiner der Artikel ausfindig machen.
4 Puttkamer: Gouverneursjahre in Kamerun, S. 88.
5 Dominik: Kamerun, S. 284.

ten lernen mussten. Da nur wenige Kolonialoffiziere afrikanische Sprachen wie Fulbe, Haussa oder Jaunde beherrschten, war das Pidgin die einzige Verständigungsmöglichkeit. Söldner, die Deutsch sprachen, waren selten. In der Regel hatten sie es wie der Feldwebel Mebenga m'Ebono alias Martin Paul Samba oder der Dolmetscher Schwamme während eines längeren Aufenthalts in Deutschland gelernt. Soldaten mit Sprachkenntnissen konnten schneller als andere in Vertrauensstellungen gelangen. Um die Zahl der Deutsch sprechenden Unteroffiziere zu erhöhen, machte der vor seiner Versetzung nach Deutschland stehende Dominik 1906 den Vorschlag, sechs junge Afrikaner für ein bis anderthalb Jahre mit in die Heimat zu nehmen.[44] Dort sollten sie dann unter seiner Aufsicht Deutsch, Schreiben und Rechnen lernen sowie eine militärische Ausbildung erhalten. Ob der Vorschlag in die Tat umgesetzt wurde, ist aus den erhalten gebliebenen Quellen nicht ersichtlich.

Im März 1913 plante der Gouverneur, das abwertend als »Neger-Englisch« bezeichnete Pidgin im täglichen Dienst allmählich durch Deutsch zu ersetzen. Deshalb wies er alle deutschen Beamten und Militärpersonen an, »bei jeder sich bietenden Gelegenheit« die afrikanischen Regierungsangestellten »in der Anwendung der deutschen Sprache durch geeignete Belehrung zu fördern«.[45] Große Erfolge konnten allerdings nicht mehr erreicht werden. Die Nachteile der jahrelangen Verwendung des Pidgin-Englisch im Dienst zeigten sich während des Ersten Weltkriegs. Schon bald stellte man fest, dass »bei der Erstattung von Meldungen das Pidgin-Englisch keine ausreichenden Ausdrucksmöglichkeiten für genaue militärische Angaben besaß«.[46]

Jeder Rekrut verpflichtete sich zunächst für zwei Jahre, nach 1906 für fünf Jahre.[47] Mit den im Ausland angeworbenen Soldaten wurden teilweise individuelle Dienstzeiten vereinbart. Wem es beim Militär gefiel, konnte seinen Kontrakt

Unteroffiziere und Gefreite der Station Jaunde, um 1900. Von links nach rechts: die Unteroffiziere Makorro und Saln, Sanitäts-Sergeant Kneisel, Unteroffizier Fa, Gefreiter Siaker, Oberleutnant Dominik, die Gefreiten Tauwest, Massei, Kabbar, Dansoso, Mummo, Kakibobbi und Hansen, Unteroffizier Jonny.

immer wieder verlängern. Als die Zahl der einheimischen Soldaten immer größer wurde, dachte die Kolonialverwaltung über die Einführung von Belohnungen und Anreizen nach, um möglichst viele dieser Männer zur Verlängerung ihres Vertrags zu bewegen. Hintergrund der Aktion war die Angst, dass sich militärisch ausgebildete ehemalige Soldaten möglicherweise an Aufständen gegen die Kolonialherren beteiligen könnten. Deshalb führte man 1912 monatliche Zulagen für längere Dienstzeiten ein. Im sechsten und siebten Dienstjahr hatte ein Söldner Anspruch auf fünf Mark Zulage im Monat, im achten und neunten Jahr auf acht Mark, im zehnten und elften auf zehn Mark und ab dem zwölften Dienstjahr auf 15 Mark.[48] Ob das Ziel, »die Soldaten bis zur Grenze ihrer Diensttauglichkeit in der Truppe zu halten«, damit erreicht wurde, lässt sich mangels entsprechender Statistiken nicht sagen.[49] Zumindest von einigen Männern ist bekannt, dass sie ihr halbes Leben beim Militär verbrachten. Einer von ihnen war der Soldat Woermann, der bereits 1891 in die Kolonialtruppe eintrat. Noch 1913 diente er im Rang eines Feldwebels bei der in Bumo stationierten 12. Kompanie.[50]

Durch die Zulage konnte ein Söldner seinen ohnehin schon üppigen Lohn noch erhöhen. Während der Monatslohn eines Arbeiters zwischen zehn und zwölf Mark betrug, verdiente ein einfacher Soldat 20 Mark im Monat, und nach eineinhalbjähriger Dienstzeit erhöhte sich sein Gehalt auf 30 Mark. Männer, die ein Musikinstrument spielen konnten, erhielten dann 33 Mark. Einem Gefreiten standen 35 Mark monatlich zu, einem Unteroffizier 50, einem Sergeanten 60 und einem Feldwebel 80 Mark.[51] Im Gegensatz zur Kolonialtruppe in Deutsch-Ostafrika oder zur französischen Kolonialarmee gab es den Rang des Offiziers für »Farbige« in Kamerun nicht, weil man ihnen generell die geistigen Fähigkeiten hierfür absprach.[52] Das versuchten die Alliierten während des Ersten Weltkriegs auszunutzen und versprachen bewährten Unteroffizieren Offiziersstellen, wenn sie überliefen.[53] Wohl als Reaktion auf dieses Angebot soll der seit den 1890er Jahren in der »Schutztruppe« befindliche Feldwebel Mboari (manchmal auch Boari oder Buari geschrieben) als einziger Afrikaner 1915 zum Offizier befördert worden sein.[54] Der Englisch, Französisch, Fullah, Haussa, Jaunde und Bangala sprechende Mboari war auch der einzige Söldner in ganz Kamerun, der ein Maschinengewehr bedienen durfte.[55]

Aufgrund ihres relativen Reichtums waren die Söldner ein wichtiger Wirtschaftsfaktor im Land. An allen Standorten der Schutz- und Polizeitruppe ließen sich nach kurzer Zeit zahlreiche Händler nieder, die von der Konsumfreudigkeit der Soldaten profitieren wollten. Durch ihre Einkäufe pumpten die Soldaten Geld in den Wirtschaftskreislauf und sorgten mit dafür, dass sich die von der Kolonialmacht eingeführte Währung als Zahlungsmittel im Land immer weiter verbreitete. So beobachtete Paul Königs, Leiter der Militärstation Bongor, wie seine afrikanischen Untergebenen von ihrem Gehalt Glasperlen und Stoffe für ihre Frauen bei Haussa-Händlern erwarben.[56] Die Händler wiederum kauften Königs mit ihren Einnahmen das auf der Station befindliche Vieh ab, das die Einheimischen als Steuer abzuliefern hatten.

Viel Geld gaben Söldner für Alkohol aus. Vor allem die Sudanesen, denen als Muslime der Genuss von berauschenden Getränken eigentlich verboten war, tranken derartige Mengen Branntwein, dass der Dienst darunter litt und das Gouvernement sich gezwungen sah, einzugreifen.[57] Deshalb erließ der Gouverneur am 24. Mai 1894 eine Bekanntmachung, die allen Bewohnern der Dualadörfer Tokoto, Jossdorf, Belldorf und Akwadorf strengstens verbot, alkoholische Getränke an Söldner zu verkaufen. Bei Zuwiderhandlung drohten Freiheitsstrafen von bis zu drei Monaten, Geldstrafen bis zu 300 Mark sowie körperliche Züchtigung.[58] Erst 1907 wurde das Verbot etwas gelockert. Von nun an war der Verkauf von Alkohol an einheimische Soldaten erlaubt, wenn der Käufer die schriftliche Erlaubnis eines deutschen Offiziers oder Beamten vorweisen konnte.[59] Große Summen investierten Söldner auch in Glücksspiele, bei denen mancher sich hoch verschuldete. Sergeant Alheri beispielsweise hatte innerhalb kurzer Zeit 800 Mark Spielschulden angehäuft. Vorgesetzte schritten gegen diese »Spielwut« nicht ein, solange die Männer »propere Arbeit« ablieferten.[60] Während des Ersten Weltkriegs versuchte die Kolonialmacht von der Verschuldung zu profitieren, indem sie den Verschuldeten für besonders gefährliche Einsätze wie Botengänge durch die feindlichen Linien anbot, ihre Spielschulden zu bezahlen.[61]

Der tägliche Dienst eines afrikanischen Soldaten in seiner Garnison begann morgens um fünf Uhr mit dem Wecken der Männer durch ein Trompetensignal.[62] Um 5.45 Uhr war Antreten. Von sechs bis neun Uhr stand Exerzieren oder

Badende Söldner in Deutsch-Ostafrika, Datum unbekannt.

Schießen auf dem Dienstplan. Danach folgte Arbeitsdienst, der aus Gewehrreinigen, Saubermachen der Baracken oder ähnlichen Tätigkeiten bestehen konnte. Von zwölf bis 14 Uhr war Mittagspause. Verheiratete Soldaten gingen in ihre Unterkünfte und wurden dort von ihren Ehefrauen bekocht. Die wenigen unverheirateten Männer ließen sich gegen Bezahlung von Frauen anderer Soldaten mitverpflegen. Von 14 bis 18.30 Uhr wurde wieder exerziert oder erneut Arbeitsdienst verrichtet. Dann hatten die Söldner Feierabend, den viele erst einmal zu einem ausgiebigen Bad nutzten. In ihrer Freizeit trugen die Männer zumeist nicht ihre Uniform, sondern eher »landesübliche Tracht«.[63] Abends saß man am Feuer beim Essen zusammen, unterhielt sich oder tanzte. Dabei blieben die verschiedenen Volksgruppen häufig unter sich. So beobachtete ein Kolonialoffizier, dass die muslimischen Sudanesen nur mit den ebenfalls muslimischen Haussa einen »kameradschaftlichen Verkehr« pflegten, während sie auf ihre Vai-Kameraden mit »einer souveränen Verachtung« herabsahen.[64] Um 21 Uhr blies der Trompeter den Zapfenstreich, und alle mussten ein letztes Mal antreten. Ein Offizier verlas die Namen der Soldaten, um zu überprüfen, ob niemand fehlte. Dann gingen die Unverheirateten zum Schlafen in ihre Baracken, die Verheirateten zu ihren Familien ins Soldatendorf.

Häufig waren Soldaten aber auf Unternehmungen im Lande unterwegs, um »Unbotmäßigkeiten und Ungehorsam zu brechen, [...] Morde an Europäern zu sühnen, Militärstationen zu errichten, zu verstärken und durch das soldatische Aufgebot der Bevölkerung zu zeigen, wer der Herr im Lande war«.[65] Allein zwischen 1899 und 1912 unternahm die »Schutztruppe« 146 größere Feldzüge gegen die einheimische Bevölkerung.[66] Obwohl diese Expeditionen immer wieder Opfer unter den afrikanischen Soldaten forderten – von Oktober 1900 bis März 1911 fielen mindestens 147 Männer – und teilweise sehr anstrengend sein konnten, waren sie bei den meisten recht beliebt.[67] Motivierend wirkte dabei die Aussicht auf Beute, denn den Söldnern wurde in der Regel erlaubt, eroberte Ortschaften zu plündern. Darüber hinaus konnten die tapfersten Männer darauf hoffen, eine während eines Feldzugs gefangen genommene Frau als Geschenk zu erhalten. Um die Teilnehmer einer Expedition bei Laune zu halten, unternahm der Arbeitgeber große Anstrengungen, ihnen das Leben so angenehm wie möglich zu machen. So sorgte er für die unentgeltliche Beschaffung von Lebensmitteln, des Öfteren auch von Tabak und Alkohol.[68] Außerdem war es den Söldnern gestattet, ihre Ehefrauen und jugendlichen Diener auf Feldzüge mitzunehmen, so dass sie selbst unterwegs ein relativ komfortables Leben führen konnten.

In den zahlreichen Kämpfen mit der einheimischen Bevölkerung kam es häufig zu Gräueltaten. Immer wieder massakrierten Söldner verwundete Gegner und verstümmelten Gefallene. Gefördert wurde diese brutale Kriegsführung dadurch, dass die Kriege meist von kleinen Abteilungen unter der Leitung von afrikanischen Unteroffizieren geführt wurden. Als Beweis für einen erfolgreich durchgeführten Auftrag ließen sich deutsche Vorgesetzte abgeschnittene Gliedmaße, zumeist den Kopf, der getöteten Gegner zeigen. Dabei kamen teilweise stattliche Zahlen zusammen. Dem Führer einer 1900 im Cross-River-Gebiet durchgeführten »Strafexpedition« wurden insgesamt 82 Köpfe von den ausgesandten Patrouillen präsentiert.[69] Angesichts der nicht enden wollenden Kritik verbot Gouverneur von Puttkamer am 13. April 1903 auf Anweisung des Oberkommandos der »Schutztruppen« allen Offizieren ausdrücklich, sich »abgeschnittene Gliedmaßen zwecks Feststellung der Zahl der im Kampf gefallenen Gegner durch die Soldaten vorzeigen zu lassen«.[70] Doch in der Praxis änderte sich kaum etwas. Deutsche Vorgesetzte konnten oder wollten das Verbot ihren Untergebenen gegenüber nicht durchsetzen. Noch während des Ersten Weltkriegs kam es vor, dass gefallenen britischen Offizieren der Kopf abgeschnitten wurde.[71]

Auch in Friedenszeiten, sofern man bei einer Kolonialherrschaft überhaupt davon sprechen kann, behandelten viele Söldner die einheimische Bevölkerung schlecht. »Jeder Soldat«, beobachtete der Offizier Ludwig von der Leyen, »betrachtete einen Neger in Zivil […] als einen Buschnigger schlimmster Sorte, auch wenn er es vor 14 Tagen selbst gewesen war.«[72] Im Gefühl seiner vermeintlichen Überlegenheit und Unantastbarkeit quälte mancher die Menschen in seiner Umgebung bis aufs Blut. Aufstellungen über die Zahl der Straftaten sind nicht bekannt, aber Vergewaltigungen und Misshandlungen waren wohl eher die Regel als die Ausnahme, ebenso Diebstahl und Erpressung. Häufig schickte ein Soldat auch seinen jugendlichen Diener auf Beutezug, um im Fall einer Anklage selbst nicht belangt werden zu können. Beurlaubte Soldaten verübten so viele Übergriffe, dass sich der Gouverneur gezwungen sah, weniger Urlaubsgesuche zu bewilligen und den Urlaubern während ihrer Abwesenheit von der Truppe das

Tragen von Uniform und Waffen zu verbieten.[73] Kolonialoffiziere reagierten nicht immer konsequent, wenn sie von Straftaten ihrer Soldaten erfuhren. Oft bestraften sie die Söldner nicht oder nur halbherzig, repräsentierten diese doch in ihren Augen »die Autorität der Weißen« im Land.[74] Für Missionare, die nicht selten Augenzeugen derartiger Verbrechen wurden, waren denn auch die Söldner die »ärgste Landplage, die größten Räuber, die frechste, unverschämteste, schädlichste Sorte von Menschen«.[75]

Obwohl die afrikanischen Söldner in der Bevölkerung gefürchtet und verhasst waren, wurden sie gleichzeitig bewundert und respektiert. Aufgrund ihrer Macht und ihres Reichtums gehörten sie zur neuen Elite im Land und waren bevorzugte Heirats- und Geschäftspartner. Die ganze Ambivalenz

Soldat mit Frau und jugendlichem Diener in Buea zwischen 1895 und 1905.

in der Haltung Einheimischer gegenüber den Soldaten kommt sehr gut in einem Lied zum Ausdruck, das heute noch im Cross-River-Gebiet gesungen wird. Es handelt von dem Söldner Ojong Ayifen, der gemeinsam mit einigen Kameraden auf dem Weg in sein Heimatdorf war. Als die Dorfbewohner das Herannahen der gefürchteten Soldaten bemerkten, versuchten sie, sich zu verstecken. Unter den Flüchtenden befand sich auch die Ehefrau Ayifens. Er rief ihr zu, dass sie keine Angst zu haben brauche, doch sie erkannte ihren Mann nicht. Erst nach einer Weile realisierte sie, dass sie vor den Soldaten nicht weglaufen müsse, da ihr Gatte einer von ihnen war.[76]

Wie in Togo wurden auch in Kamerun die afrikanischen Soldaten schon für vergleichsweise kleine Vergehen geschlagen. Ein Strafenverzeichnis für die Soldaten und Träger einer Expedition unter Leitung von Hauptmann von Besser listet allein im Monat Juni 1900 29 geprügelte Männer auf.[77] Ein aus Sierra Leone stammender Soldat erhielt beispielsweise 25 Hiebe, weil er ohne Befehl in den Busch geschossen hatte, ein anderer ebenfalls 25 Schläge wegen unverschämten Benehmens gegenüber einem Vorgesetzten. Zwei Vai-Soldaten wurden wegen Nachlässigkeit im Dienst mit 15 Hieben bestraft. Dabei lag die Höhe der Strafe allein im Ermessen des Vorgesetzten. So konnte es passieren, dass zwei Söldner für das gleiche Fehlverhalten mit unterschiedlichem Strafmaß bedacht wurden. Die Sudanesen Abdallah Bringi und Mursal Sal beispielsweise hatten im betrunkenen Zustand »Ausschweifungen« begangen.[78] Dafür wurde Abdallah mit 25 Hieben bestraft, der jüngere Mursal kam dagegen mit zehn Schlägen davon.

Seit 1896 durfte die Prügelstrafe nur noch unter Ausschluss der Öffentlichkeit vollzogen werden. Der Verurteilte musste sich mit entblößtem Gesäß über eine halb eingegrabene Tonne oder einen Holzblock legen.[79] Nieren, Oberschenkel und Genitalien sollten nach Möglichkeit durch Decken oder Kleidungsstücke geschützt werden. Dann band man die Hände und Füße des Mannes an Pflöcken fest oder ließ sie von anderen Söldnern festhalten, um heftige Bewegungen des Körpers zu verhindern. Die Schläge mit einem anderthalb bis zweieinhalb Zentimeter dicken Tau erfolgten auf die Pobacken und den oberen Teil der Oberschenkel. Ein Tau galt manchem Kolonialbeamten »als das humanere Instrument«, weil es weniger Hautverletzungen verursachte als die in Deutsch-Ostafrika verwendete Flusspferdpeitsche.[80] Dafür schädigte der Schlag mit einem Tau schneller innere Organe wie beispielsweise die Leber, was in Kamerun zu mehreren plötzlichen Todesfällen nach körperlichen Züchtigungen führte.[81]

Deutsche Beamte und Offiziere, die das erste Mal beim Vollzug einer Prügelstrafe zuschauten, waren häufig »stark beeindruckt, ja angewidert« von dem Schauspiel.[82] Trotzdem teilten sie in der Mehrzahl die Meinung von Hans Dominik, dass eine aus Afrikanern bestehende Söldnertruppe ohne Schläge nicht zu disziplinieren sei, da diese Menschen im Gegensatz zu deutschen Soldaten angeblich über kein »Ehrgefühl« verfügten, an das man appellieren könne.[83] Andere deutsche Zeitgenossen waren da ganz anderer Meinung: Der »sehr tüchtige« in Deutsch-Ostafrika dienende afrikanische Gefreite August beispielsweise wurde von seinem Vorgesetzten vor versammelter Kompanie zu Unrecht als Feigling beschimpft. Am nächsten Tag desertierte er, denn, so ein deutscher Augenzeuge verständnisvoll, »auch der Schwarze besitzt Ehrgefühl«.[84] Kurz nach Ausbruch des Ersten Weltkriegs entschloss sich das Gouvernement für viele überraschend, die Prügelstrafe ganz abzuschaffen. In einer Bekanntmachung vom 8. August 1914 teilte Gouverneur Karl Ebermaier allen afrikanischen Soldaten und Regierungsangestellten mit, dass die Prügelstrafe in Zukunft »in Fortfall« käme. Wer den Deutschen treu diene, solle »auch mehr und mehr wie ein Deutscher behandelt werden«.[85]

Über das Schicksal entlassener Söldner machte sich in den Anfangsjahren niemand in der Kolonialtruppe Gedanken. Die zunächst durchweg aus dem Ausland stammenden Männer kehrten nach Ablauf ihres Arbeitsvertrags zumeist in ihre Heimat zurück und waren damit aus dem Blickfeld der Kolonialmacht verschwunden. Das änderte sich auch nicht, als immer mehr Kameruner in die »Schutztruppe« eintraten. Nur langsam setzte sich die Erkenntnis durch, dass von den militärischen Fähigkeiten ehemaliger Söldner eine Gefahr für die Kolonialherrschaft ausgehen könnte. Deshalb strebte das Gouvernement eine größere Kontrolle der Entlassenen an.[86] Von nun an mussten bei der Schutz- und Polizeitruppe Listen geführt werden, in denen alle zur Entlassung kommenden Männer einzutragen waren. Bei der ersten Feststellung im Jahr 1909 wurden 409 entlassene Soldaten gemeldet. Nach Schätzungen des Kommandos der »Schutztruppe« hätten es aber bis zu 2000 sein müssen. Deshalb sollte am 1. Januar 1915 eine Meldepflicht für alle ehemaligen Soldaten bei den zuständigen Verwal-

Drei deutsche Soldaten, unter ihnen Oberleutnant Hans Surén (2. von links), sowie der afrikanische Gefreite Gadibe beim Bau von Handgranaten in Garua, Dezember 1914.

tungsbehörden ihres Wohnbezirks eingeführt werden. Der Ausbruch des Ersten Weltkriegs verhinderte die Umsetzung dieser Verordnung.[87]

Anders als ihre Kollegen in der französischen Kolonialarmee hatten entlassene Söldner in Kamerun selbst nach langjähriger Dienstzeit keine Pensionszahlungen zu erwarten. Deshalb waren Afrikaner, die aus gesundheitlichen Gründen nicht mehr als Soldat arbeiten konnten, gezwungen, sich andere Verdienstmöglichkeiten zu suchen. Eine Alternative boten deutsche Firmen, die bevorzugt ehemalige Soldaten einstellten. So fand der wegen Rheumatismus aus dem Dienst geschiedene Feldwebel Samba eine Anstellung als Kaufmann bei der Firma Randad & Stein. Auch die Gesellschaft Nord-West-Kamerun rekrutierte die bewaffneten Begleitmannschaften für ihre Warentransporte vor allem aus ehemaligen Soldaten.[88] Andere Männer kehrten wieder in ihr Heimatdorf zurück und lebten vom Ackerbau oder von der Viehzucht.

Die einheimische Bevölkerung reagierte unterschiedlich auf die Rückkehrer. In vielen Regionen galten selbst ehemalige Soldaten, insbesondere aufgrund ihrer während der Militärzeit erworbenen Kenntnisse, noch als Respektspersonen. So wurden in einem im Cross-River-Gebiet liegenden Dorf alle wichtigen Besucher nicht im Haus des Chiefs untergebracht, sondern beim ehemaligen Soldaten Eban Ncha einquartiert, weil er der einzige Mann im ganzen Ort war, der sich in Englisch und Deutsch verständigen konnte.[89] Und noch lange nach Ende der deutschen Kolonialzeit wurden verstorbene Veteranen in ihren deutschen Uniformen beerdigt, aus Respekt und Zeichen ihres großen Prestiges.[90] Feldwebel Samba machte dagegen andere Erfahrungen. In einem auf Deutsch geschriebenen Brief beklagte er sich einige Jahre nach seiner Entlassung aus der Kolonialtruppe, er »habe keine gute Freundschaft hier in Afrika«.[91] Ständig würden seine afrikanischen Nachbarn ihn auf der Station Ebolowa Dinge bezichtigen, die er nicht begangen habe, um ihm zu schaden.

Bei Ausbruch des Ersten Weltkriegs wurden alle noch diensttauglichen ehemaligen Söldner wieder zu den Fahnen gerufen. Allein im Bezirk Jaunde meldeten sich bis Anfang September 1914 rund 300 Männer zumeist freiwillig zum Dienst. Weitere 250 Reservisten kamen aus den beiden anderen Bezirken, die bisher die meisten Soldaten gestellt hatten, nämlich aus Ebolowa und Bamenda.[92] Gemeinsam mit den aktiven Soldaten und den zahlreichen neu eingestellten Rekruten kämpften sie fast anderthalb Jahre lang gegen die belgischen, britischen und französischen Kolonialstreitkräfte. Eine der zahlreichen neuen Erfahrungen, die der Krieg mit sich brachte, war die Aussicht, in Gefangenschaft zu geraten, wovor viele Söldner große Angst hatten. Sie fürchteten, von dem Gegner getötet oder als Sklaven verkauft zu werden. Deshalb verweigerten afrikanische Soldaten immer wieder den Gehorsam, wenn ihr Vorgesetzter kapitulieren wollte, und versuchten stattdessen, sich auf eigene Faust zu den deutschen Linien oder in die Heimat durchzuschlagen.[93]

Möglicherweise trugen die zahlreichen Befehlsverweigerungen mit dazu bei, dass die »Schutztruppe« nach Verbrauch der Munition nicht kapitulierte, sondern sich im neutralen Spanisch-Guinea (Rio Muni) internieren ließ. Begleitet wurden die rund 1140 Deutschen von 5900 afrikanischen Soldaten mit ihren 5000 Frauen und 4000 Kindern. Die spanischen Behörden waren mit der Verpflegung dieser Menschenmassen überfordert und wollten die Söldner mitsamt ihrem Anhang möglichst schnell nach Kamerun abschieben. Als Gouverneur Ebermaier von den spanischen Plänen erfuhr, bat er das Auswärtige Amt »dringend«, dagegen vorzugehen. Er war überzeugt davon, dass die meisten Söldner sofort nach ihrer Rückkehr in britische oder französische Dienste eintreten und ohne Skrupel gegen ihren ehemaligen Arbeitgeber kämpfen würden. Um zu verhindern, dass den Alliierten auf diese Weise eine »enorme militärische Kraft« zufließe, müsse eine Abschiebung mit allen Mitteln verhindert werden, was auch gelang.[94] So mussten die Afrikaner gegen ihren Willen bis 1919 in Spanisch-Guinea bleiben, während die meisten Deutschen bereits im März 1916 nach Spanien gebracht wurden, wo sie bis zum Kriegsende interniert worden sind.

»Eingeborene Soldaten«
Hilfstruppen in Deutsch-Südwestafrika

Offiziell waren die 1888 von der Deutschen Kolonialgesellschaft für Südwest-afrika mit den afrikanischen Soldaten gemachten Erfahrungen nicht gerade viel versprechend gewesen. Schon nach kurzer Zeit hatten zwei der Söldner genug vom Soldatenberuf und desertierten, nachdem sie »wegen groben Dienstverge-hens« von ihren deutschen Vorgesetzten verprügelt worden waren.[1] Die restli-chen acht Afrikaner galten als »unbotmäßig und unbrauchbar«, sollen »keine Disziplin« besessen haben und »meist betrunken gewesen« sein.[2] Intern musste man allerdings einräumen, dass hierfür auch das »wenig würdige Benehmen« des deutschen Rahmenpersonals verantwortlich war.[3] Deshalb schloss man für die Zukunft eine Verwendung von Afrikanern nicht kategorisch aus, obwohl in Deutsch-Südwestafrika aufgrund des für Europäer gut verträglichen Klimas zu-nächst ausschließlich deutsche Soldaten stationiert wurden. Bereits im Etatjahr 1890/91 wurden 21 900 Mark für den Unterhalt von 40 noch einzustellenden Afrikanern bereitgestellt.[4] Das war dem Reichskommissar Curt von François indes zu wenig. Für einen geplanten Unterwerfungsfeldzug gegen den Nama-Chief Hendrik Witbooi wollte er mindestens 100 Baster, Herero, Damara und San als Soldaten sowie 66 weitere Angehörige dieser Völker als Wagenpersonal anwerben. Doch da kurz vor Beginn des Kriegszugs 1893 noch eine größere Zahl deutscher Soldaten in der Kolonie eintraf, verzichtete der Reichskommissar auf die Verwendung von Afrikanern.

Konkrete Schritte zur Anwerbung von Einheimischen wurden erst Mitte der 1890er Jahre eingeleitet. Im März 1895 fragte die Kolonialabteilung beim Gou-verneur Theodor Leutwein an, ob es nicht möglich sei, wenigstens einen Teil der mittlerweile 550 deutschen Soldaten durch Afrikaner ersetzen. Die Kolonial-abteilung erhoffte sich dadurch die Einsparung einer größeren Summe.[5] Auch Leutwein hatte sich schon Gedanken über die Verwendung von Einheimischen in der »Schutztruppe« gemacht. Anders als die Kolonialabteilung hielt er dies aber nicht bloß »vom finanziellen, sondern auch vom politischen und militärischen Standpunkt aus für durchaus wünschenswert«. Denn mit ihrer Einstellung, so hoffte der Gouverneur, werde sich »der Gegensatz zwischen Eingeborenen und uns insofern« verringern, »als wir allmählich aufhören werden, als fremde Er-oberer zu erscheinen«.[6] Zudem hätten die in Deutsch-Südwestafrika geborenen Soldaten seiner Meinung nach den Vorteil, dass sie Land und Leute besser ken-nen würden und weitaus bedürfnisloser seien. Allerdings glaubte er, dass Afrika-ner nicht so diszipliniert und zuverlässig seien wie deutsche Soldaten.

Die Kolonie Deutsch-Südwestafrika, 1914. Die verschiedenen Ethnien sind halbfett eingetragen.

Trotz dieser Bedenken erteilte Leutwein im Mai 1895 allen Distriktchefs und Kompanieführern die Erlaubnis, geeignete Einheimische nach Rücksprache mit deren Chiefs einzustellen und militärisch auszubilden. Ihre Zahl sei »vorläufig in engste[n] Grenzen zu halten«. Ausdrücklich betonte der Gouverneur, dass angeworbene Afrikaner auch wirklich als Soldaten und nicht bloß als Arbeiter verwendet werden sollten.[7] Viele Kolonialoffiziere standen allerdings einer Verwendung von Einheimischen in der »Schutztruppe« skeptisch gegenüber. Vor allem befürchteten sie, »dass ausgebildete Eingeborene bei Kriegsausbruch zu ihren Stammesgenossen übergehen und dann mit den bei uns erhaltenen Fertigkeiten (möglicherweise auch Waffen) uns selbst gefährlich werden könnten«.[8]

Porträt eines Unteroffiziers von der Volksgruppe der Nama, Deutsch-Südwestafrika, um 1898.

Um dieses Risiko zu minimieren, schlugen einige Offiziere vor, afrikanische Soldaten nur in weit von ihren Wohnorten entfernt liegenden Distrikten einzusetzen. Leutwein konnte zwar die Bedenken der Militärs nachvollziehen, lehnte aber eine Versetzung in andere Bezirke kategorisch ab. Er wollte jede Form von Zwang vermeiden.

Die besten Soldaten würden nach Ansicht Leutweins die Nama abgeben, vor allem die Männer von Hendrik Witbooi, gegen die die deutschen Soldaten bereits 1893/94 kämpfen mussten. Grundsätzlich geeignet für den Militärdienst waren für den Gouverneur auch die Baster. Weniger brauchbar schienen ihm Herero, Betschuanen, Damara und San, die er und viele andere seiner Zeitgenossen als »Buschmänner« bezeichneten, zu sein. Allerdings zeigten erste Gespräche mit Hendrik Witbooi, dass dieser eine Anwerbung unter seinen Leuten nicht unterstützen würde.[9] Auch Hermanus van Wyk, Chief der Rehobother Baster, widersetzte sich den deutschen Wünschen. Trotz heftigen Drängens war er nur zum Abschluss eines Wehrvertrags bereit. In diesem verpflichtete er sich am 26. Juli 1895, im ersten Jahr 40 Mann, in jedem weiteren Jahr 20 Mann für eine militärische Ausbildung bei der »Schutztruppe« zu stellen. Die Ausbildungszeit im ersten Jahr betrug sechs Wochen, die jährlichen Wiederholungsübungen dauerten zwei bis vier Wochen. Ausgebildete Baster waren für die Dauer von zwölf Jahren wehrpflichtig. Für sie bestand eine Art Milizsystem. Im Kriegsfall mussten sie sich unverzüglich bei der nächsten Ortspolizeibehörde melden. Baster, die sich im Kampf auszeichneten, sollten zu Vorgesetzten ernannt werden können. Fiel ein Mann im Krieg, hatten die Angehörigen Anspruch auf Versorgungszah-

Afrikanische Soldaten der 2. Feldkompanie, Deutsch-Südwestafrika, um 1903.

lungen von der deutschen Regierung.[10] Leutwein hoffte mit diesem Vertrag die Grundlage dafür geschaffen zu haben, »dass die Bastards später direkt als Soldaten bei uns eintreten«.[11]

Zu dieser Zeit dienten bereits einige Baster als reguläre Soldaten in der »Schutztruppe«. Zwölf von ihnen erlebten während des Khauas-Feldzugs im Frühjahr 1896 ihren ersten Kampfeinsatz. Nach Meinung ihrer Vorgesetzten bewährten sich die Männer dabei »in jeder Hinsicht«.[12] Ein »Unterschied zwischen ihnen und unseren Soldaten« sei kaum aufgetreten. Alles in allem war die Bereitschaft von Afrikanern, sich als Soldaten zu verpflichten, aber eher gering. Viele Männer waren nicht zur »Aufgabe ihrer bisherigen Ungebundenheit« bereit, so die Einschätzung Leutweins, oder standen dem Militärdienst misstrauisch gegenüber und vermuteten »allerlei Schlimmes dahinter«.[13] Abschreckend wirkte auch, dass afrikanische Rekruten von deutschen Soldaten häufig schlecht behandelt wurden. In einem Rundschreiben an alle Bezirkschefs klagte Leutwein, »dass aus je kleineren Verhältnissen« die Unteroffiziere und Mannschaften stammten, sie um so häufiger hier »den Herren« spielten. »An Stelle von christlicher Geduld und wohldurchdachter Erziehungsmethoden« pflegten bei ihnen »Schroffheit und Rohheit zu treten«.[14]

So blieben Afrikaner beim Militär in Deutsch-Südwestafrika immer in der Minderheit. Obwohl Leutwein in einer Instruktion festlegte, dass die »Schutztruppe« bis zur Hälfte aus Einheimischen bestehen durfte, wurde dieses Verhältnis nie erreicht.[15] 1899 beispielsweise betrug die Zahl der afrikanischen Soldaten 119

64

Eidesformel für christliche Nama-Soldaten aus dem Jahr 1897

Am 26. Mai 1897 meldete Ludwig von Estorff, Bezirkshauptmann von Outjo, nach Windhuk: »In Franzfontein habe ich ferner eine Anzahl junger Hottentotten [Nama – d. Verf.] als Soldaten zunächst auf ein Jahr angeworben (15) und unter Beisein des Volkes mit Feierlichkeit in der Kirche den Fahneneid schwören lassen. Die Formel des Eides liegt bei. Ich betrachte diesen Vorgang als die Einleitung des Wehrvertrages, welcher uns die nötigen eingeborenen Soldaten in der Zukunft liefern wird.« Der Fahneneid lautete: »Ich schwöre einen Eid zu Gott dem Allmächtigen und Allwissenden, dass ich ein getreuer Soldat will sein dem Deutschen Kaiser Wilhelm II, meinem Allergnädigsten Herrn. Ich will ihm treu sein in allen Vorfällen, in Kriegs- und in Friedenszeiten und an jedem Ort. Seinen Nutzen und sein Bestes will ich fördern, Schaden aber und Nachteil will ich von ihm abwenden. Ich will ihm treu sein bis in den Tod. So will ich treu sein dem Landeshauptmann, seinem Stellvertreter. Ich will gehorsam sein meinen Vorgesetzten und ihre Befehle genau befolgen. Ich will mich so betragen, wie es einem rechtschaffenden, tapferen, ehrliebenden Soldaten gebührt. So wahr mir Gott helfe, durch Jesus Christus zur Seligkeit.« Der Eid fand Leutweins Zustimmung: »Den von Hauptmann von Estorff eingeführten Fahneneid finde ich bei Christen ganz zweckentsprechend. Schon die Feierlichkeit macht auf Eingeborene einen anregenden Eindruck. Ich werde Ermittlung über die Nützlichkeit von dessen Einführung auch bei unseren übrigen eingeborenen Soldaten anstellen.«

(Aus: Estorff: Wanderungen und Kämpfe, S. 69 f.)

gegenüber 713 Deutschen.[16] Bis zum Januar 1904 stieg sie auf 132,[17] die mehr oder weniger gleichmäßig auf die vorhandenen Kompanien verteilt waren. So bestand die Abteilung von Ludwig von Estorff am 11. März 1904 aus 282 deutschen und 34 afrikanischen Soldaten.[18] Allerdings dienten die Einheimischen nicht immer als »wirkliche Soldaten«, so wie es Leutwein angeordnet hatte. Eine Aufschlüsselung der Verwendung von 125 Afrikanern, die sich 1901 bei der Truppe befanden, zeigt, dass 25 als Polizisten, 50 als Soldaten und weitere 50 als Arbeiter oder Wagentreiber eingesetzt wurden.[19]

»Eingeborene Soldaten«, so der offiziell verwendete Begriff für die Männer, verpflichteten sich zunächst für ein Jahr. Auf Wunsch konnten sie ihre Dienstzeit immer wieder verlängern. Nach ihrem Eintritt in die Kolonialtruppe erfolgte eine mehrwöchige Ausbildung in der jeweiligen Kompanie. Dort lernten die Rekruten zu exerzieren und mit einem modernen Gewehr umzugehen. Zusätzlich erhielten sie eine Unterweisung als Treiber von Wagengespannen, da Ochsenwagen das wichtigste Transportmittel im Land waren. Afrikaner trugen die gleiche Uniform wie die deutschen Soldaten. Für ihre Arbeit stand ihnen eine monatliche Soldzahlung zu, die je nach Dienstalter zwischen 17 und 25 Mark betrug. Außerdem hatten die Männer Anspruch auf kostenlose Lebensmittel. In ihren Einheiten

Porträt eines unbekannten Soldaten in Deutsch-Südwestafrika, um 1904.

wurden sie vor allem für die Aufklärung, den Nachrichtendienst sowie als Führer eingesetzt. Soldaten, die ihren Kontrakt nicht einhielten und desertierten, ließ der Gouverneur per Steckbrief suchen.[20]

Details über den Alltag afrikanischer Soldaten in Deutsch-Südwestafrika sind äußerst rar. Eine der wenigen Beschreibungen ist von dem Journalisten Franz Seiner überliefert, der 1903 die Kolonie bereiste. Am Waterberg traf er Wilhelm Kalib, der in der einzigen im Land vorhandenen Gebirgsbatterie diente. Aufgrund des Namens vermutete der Journalist, dass Kalib wohl zum Volk der Damara gehörte. Zu Seiners großem Erstaunen sprach der Afrikaner nicht nur hervorragend burisch, »sondern vermochte sich sogar in deutscher Sprache auszudrücken und warf namentlich mit militärischen Redensarten geläufig umher«.[21] Kalib arbeitete bereits seit vier Jahren als Soldat und fühlte sich nach eigener Aussage sehr wohl beim Militär.

Nach Ausbruch des Herero-Nama-Kriegs im Januar 1904 durften alle Kompanien und Batterien Afrikaner über den Etat einstellen. Innerhalb weniger Wochen wurden 290 Mann angeworben.[22] Besonders Damara, die wegen ihrer Sprach- und Landeskenntnisse geschätzt wurden und mit den Herero verfeindet waren, traten in großer Zahl in die »Schutztruppe« ein.[23] Nicht alle verwendete man als Soldaten. Ein Teil arbeitete auch als Polizisten und Gefangenenaufseher. Die in der Kolonialtruppe dienenden Herero stürzte der Krieg in einen Loyalitätskonflikt. Einige desertierten, um nicht gegen ihr eigenes Volk kämpfen zu müssen, andere »aus Furcht«, wie Gouverneur Leutwein vermutete, dass sie von den Deutschen »für das Verhalten ihrer Stammesgenossen zur Verantwortung gezogen würden«.[24] Viele Deserteure schlossen sich den Aufständischen an. Es gab aber auch Herero wie die Polizisten im Distrikt Grootfontein, die in der Truppe blieben und weiterhin die Kolonialmacht unterstützten.

Trotz der Loyalität der meisten afrikanischen Soldaten steigerten die vereinzelten Desertionen das Misstrauen der deutschen Militärs gegenüber den Einheimischen. So quartierte der Kommandant von Otjimbingwe die zu seiner Abteilung gehörenden afrikanischen Soldaten in einem kleinen Gebäude vor den Befestigungen ein, um »diese Burschen immer im Auge« behalten zu können.[25] Das Misstrauen ging schließlich so weit, dass Generalleutnant Lothar von Trotha, der Leutwein als Kommandeur der »Schutztruppe« abgelöst hatte, vor der

Afrikanische Soldaten bewachen gefangen genommene Herero, Deutsch-Südwestafrika, 1904/05.

entscheidenden Schlacht am Waterberg in einer Direktive »die Verwendung aller eingeborenen Soldaten mit Ausnahme der Witbois und Bastards für den Tag des Angriffs in vorderster Front« ausdrücklich verbot. Diese waren stattdessen »bei der II. Staffel der Verpflegungsfahrzeuge unter strenger Beobachtung zu halten«.[26]

Obwohl sich mancher Afrikaner wie beispielsweise der Soldat Stoffel Matton, der unter Lebensgefahr Verwundete aus der Gefechtslinie trug, im Dienst bewährt hatte[27], beschloss das Gouvernement nach dem Ende des Herero-Nama-Kriegs, in Zukunft auf den Einsatz von Einheimischen als Soldaten ganz zu verzichten. Die bis 1914 regelmäßig im Etat auftauchenden Mittel für Afrikaner in der »Schutztruppe« waren nur zum Unterhalt von Arbeitern, Treibern, Fahrern und Offiziersburschen bestimmt. Auch die in der 1907 gebildeten Landespolizei angestellten afrikanischen »Polizeidiener« erhielten keine militärische Ausbildung mehr und waren bis auf ein Seitengewehr unbewaffnet. Nur in Ausnahmefällen durften sie eine Pistole mit sich führen. Die »Polizeidiener« arbeiteten vor allem als Boten, als Führer von Patrouillen und Aufseher von Zwangsarbeitern. Ihre Zahl stieg bis 1914 auf 370 an.[28]

Eine Ausnahme bildete die Besatzung der im Caprivi-Zipfel gelegenen Residentur Schuckmannsburg. Da die klimatischen Bedingungen den Einsatz von deutschen Soldaten nicht ratsam erscheinen ließen, warb Hauptmann Kurt Streitwolf im August 1909 15 Matulela, Matabele, Basuto und Masubier, die teilweise aus

Schießausbildung der in Schuckmannsburg im Caprivi-Zipfel stationierten Polizeisoldaten, um 1912.

den benachbarten britischen Besitzungen Betschuanaland und Nordrhodesien stammten, für den Dienst als Polizeisoldaten an.[29] Die neuen Rekruten erhielten auf dem Hof der Residentur »die Anfangsbegriffe des deutschen Drills« beigebracht und lernten innerhalb von 14 Tagen, ein Gewehr zu bedienen.[30] Ihr Tagesablauf war streng geregelt. Um 6.30 Uhr war Wecken, von acht bis zehn Uhr wurde »stramm exerziert«, danach mussten sie zwei Stunden Arbeitsdienst leisten.[31] Nach der Mittagspause übten die Männer von 14 bis 16 Uhr Schießen, Gewehrreinigen und Reiten, von 16 bis 18 Uhr übernahmen sie noch einmal den Arbeitsdienst. Erst danach hatten sie Feierabend. Trotz des anstrengenden Dienstes sollen die Polizeisoldaten »eifrig« und »willig« gewesen sein.[32] 1912 wurde ihre Stärke auf zwölf reduziert.[33] Sie waren für einige Jahre die einzigen Afrikaner in ganz Deutsch-Südwestafrika, die offiziell ein Gewehr tragen durften.

Erst nach dem Ausbruch des Ersten Weltkriegs griffen die Deutschen wieder auf afrikanische Soldaten zurück. Sie sollten für Ruhe und Ordnung unter der einheimischen Bevölkerung sorgen und so deutsche Soldaten für den Kampf an der Front freimachen. Als Erste rief der Kommandeur der »Schutztruppe« am 7. August 1914 alle wehrpflichtigen Baster zu den Waffen, um aus ihnen eine berittene Abteilung zu formieren. 181 Männer meldeten sich widerstrebend zum Dienst, da sie nicht gegen die angreifenden südafrikanischen Truppen kämpfen wollten. 150 von ihnen wurden für tauglich befunden und mussten sich im Reiten und Schießen ausbilden lassen. Als die Baster schließlich Ende Dezember zur Bewachung von südafrikanischen Kriegsgefangenen eingesetzt werden soll-

Die Kamerunkompanie auf Reitochsen in Windhuk, 1914.

ten, kam es zu heftigen Protesten, weil es ihrer Meinung nach den getroffenen Vereinbarungen widersprach, gegen Weiße eingesetzt zu werden. Da sich die Deutschen aber nicht von ihren Plänen abbringen ließen, begannen die Baster mit passivem Widerstand. Sie versahen ihren Dienst zunehmend lustloser und baten ihre Vorgesetzten ständig um Urlaub. Bald darauf desertierten die ersten Soldaten. Im April 1915 schließlich eskalierte der Konflikt. Als sich die Baster-Kompanie weigerte, den deutschen Truppen beim Rückzug in den Norden der Kolonie zu folgen, versuchten die Deutschen, alle Soldaten zu entwaffnen. Dabei wurden zwei Baster, die sich der Entwaffnung angeblich durch Flucht entziehen wollten, »niedergeschossen«. Aus diesem Vorfall entwickelte sich ein regelrechter Krieg, in dem die deutschen Soldaten dem Befehl zum »rücksichtslosen Vorgehen« folgten.[34]

Eine weitere aus afrikanischen Söldnern bestehende Einheit war die am 26. Oktober 1914 ins Leben gerufene »Kamerunkompanie«. Sie bestand – neben einigen aus Liberia stammenden Hafenarbeitern – aus 49 ehemaligen Söldnern der Kameruner »Schutztruppe«, die im Juli 1909 aus Unzufriedenheit über die Lebensbedingungen an ihrem Stationierungsort gemeutert hatten. Zur Strafe waren sie im April 1910 mitsamt ihren Familien auf Lebenszeit nach Südwestafrika verbannt worden, wo sie bis 1914 für das Gouvernement Zwangsarbeit leisten mussten. Um sie für ihren Einsatz als Söldner zu motivieren, versprach der Gouverneur ihnen, dass sie bei gutem Verhalten nach Kriegsende in ihre Heimat zurückkehren dürften. Die Afrikaner wurden uniformiert, bewaffnet und mit Reitochsen aus-

Mbadamassi (* um 1883, † ?)

Der Haussa Mbadamassi wurde Anfang der 1880er Jahre in der britischen Kolonie Nigeria geboren.[1] Seine Kindheit verbrachte er in Lagos. Dort schickten ihn seine Eltern auf eine Schule der Berliner Mission, wo er Lesen und Schreiben lernte. Auch Deutsch stand auf dem Stundenplan, was er bald wohl mehr oder weniger fließend sprach. Während sein Bruder Mbarui seinen Lebensunterhalt zunächst als Händler verdiente, zog es Mbadamassi nach seiner Schulzeit zum Militär. Im Jahr 1901 ließ er sich für das Southern Nigeria Regiment anwerben und wurde nach Calabar im Südosten des Landes versetzt. Nach drei Jahren erhielt Mbadamassi erstmals Urlaub, den er bei seinen Eltern verleben wollte. Um eine zeitraubende und anstrengende Reise über Land zu vermeiden, bestieg er einen Dampfer der Woermann-Linie, der ihn nach Lagos bringen sollte.

Auf seiner Fahrt lief das Schiff einen Hafen in der deutschen Kolonie Kamerun an. Dort stieg ein deutscher Offizier an Bord, um nach neuen Rekruten für die »Kaiserliche Schutztruppe« Ausschau zu halten. Nach Mbadamassis eigenen Angaben wurde er gegen seinen Willen von Bord geführt und in eine deutsche Uniform gesteckt. Seinen Aussagen darf jedoch misstraut werden, da sie kurz nach seiner Gefangennahme gegenüber britischen Nachrichtenoffizieren im Jahr 1915 gemacht wurden. Wahrscheinlicher ist, dass der Haussa wegen der höheren Verdienstmöglichkeiten den Arbeitgeber wechselte. Den britischen Offizieren gegenüber war es sicher nicht ratsam zuzugeben, dass er freiwillig die Uniform gewechselt hatte, also quasi desertiert war.

Sehr schnell lebte er sich in der neuen Umgebung ein, wobei ihm seine Deutschkenntnisse sicher von Vorteil waren. Schon bald heiratete er eine Einheimische mit dem Namen Njaja. In Kamerun gefiel es Mbadamassi anscheinend so gut, dass er seinen Bruder bewegen konnte, ebenfalls als Soldat in die »Schutztruppe« einzutreten. Im Gegensatz zu anderen Söldnern sparte der Haussa einen Teil seines Solds. Nach sechsjähriger Dienstzeit hatte er auf einer Bank in Duala ein Guthaben von immerhin rund 500 Mark angehäuft. Weitere 60 Mark verwaltete sein Bruder für ihn.

Einen Teil seiner Dienstzeit verbrachte er bei der in Banyo stationierten 4. Kompanie. Im Juli 1909 gehörte Mbadamassi zu einer Gruppe von 57 Soldaten, die mit der schlechten Behandlung durch ihre deutschen Vorgesetzten und den Lebensbedingungen vor Ort unzufrieden waren. Deshalb machten sie sich eigenmächtig auf den Weg nach Soppo, um sich beim Kommandeur der »Schutztruppe« zu beschweren. Bevor die Männer den Ort erreichen konnten, wurden sie von anderen Söldnern aufgehalten und entwaffnet. Wegen »Meuterei« verbannte man den größten Teil von ihnen mitsamt ihren Frauen und Kindern auf Lebenszeit nach Deutsch-Südwestafrika, wo sie im April 1910 eintrafen.

Hier mussten die Männer Zwangsarbeit für das Gouvernement leisten. Während Unverheiratete zum Kohlenschippen auf deutschen Kriegs- und Handelsschiffen eingeteilt wurden, kam Mbadamassi zunächst in ein Depot nach Swakopmund. Anfang 1914 versetzte man ihn nach Kolmanskuppe, wo er im Büro des Quartiermeisters beschäftigt wurde.

Neben freier Verpflegung erhielt Mbadamassi ganze zehn Pfennig pro Arbeitstag. Sein Arbeitsdienst endete mit dem Ausbruch des Ersten Weltkriegs. Um deutsche Soldaten für den Fronteinsatz frei zu machen, bewaffnete das Gouvernement die ehemaligen Söldner im Oktober 1914 und setzte sie zur Bewachung von südafrikanischen Kriegsgefangenen, afrikanischen Zwangsarbeitern und kriegswichtigen Farmen ein. Bei Kriegsende im Juli 1915 geriet Mbadamassi zusammen mit 40 weiteren früheren Meuterern bei Grootfontein in südafrikanische Gefangenschaft, die er zunächst im Internierungslager von Aus verbrachte, wo er mit seinen Leidensgenossen die Latrinen der gefangenen deutschen Soldaten säubern musste. Erst im Oktober 1917 durften Mbadamassi und seine Frau das Land verlassen. Ein Dampfer brachte sie in die britische Kolonie Sierra Leone. Dort verliert sich ihre Spur.

1 Zum Folgenden Gewald: Mbadamassi of Lagos, S. 3–21.

gestattet. Zunächst verlegte man die Einheit in den Norden der Kolonie, wo die Söldner afrikanische Zwangsarbeiter bewachen mussten. Ab Mitte Februar 1915 waren sie dann mit der Reparatur der durch Regengüsse zerstörten Nordsüdbahn beschäftigt. Da man aufgrund der sich stetig verschlechternden Kriegslage an der Zuverlässigkeit der Männer zweifelte, wurde die Kompanie am 24. März aufgelöst. Die Liberianer wurden einem »Grasschneideposten« in Tsumis zugeteilt, die ehemaligen Kameruner Söldner dem »Kulturkommando« in Klein-Nabas unterstellt, wo sie zur Bewachung von südafrikanischen Gefangenen verwendet wurden. Nach der Kapitulation der deutschen Truppen gerieten die Afrikaner in Kriegsgefangenschaft, aus der sie erst 1917 entlassen wurden und in ihre Heimat zurückkehren durften.[35]

Jenseits des Treue-Mythos
Die Askari in Deutsch-Ostafrika

Mit den 1889 eingestellten Sudanesen und Shangaan schien Reichskommissar Hermann Wissmann eine gute Wahl getroffen zu haben. Besonders mit den Sudanesen waren die Deutschen sehr zufrieden. Keine andere Volksgruppe wurde von deutschen Kolonialoffizieren einhellig so positiv beurteilt wie sie. So lobte Leutnant Wilhelm Wolfrum die sudanesischen Söldner 1890 in einem Brief als »ganz famose Burschen«.[1] Sie gingen »ins Feuer wie zum Exerzieren«, seien »hart gegen Anstrengungen und Entbehrungen, keine schlechten Schützen im Allgemeinen und treu wie Gold«. Auch offiziell galt der Sudanese als der »geeignetste Soldat« für die ostafrikanischen Verhältnisse.[2] Dabei waren die »Sudanesen« keine homogene Volksgruppe, wie der Name vermuten lässt, sondern bestanden aus einer Vielzahl von vor allem im Süden des heutigen Sudan lebenden Ethnien. Teilweise subsumierten die Deutschen unter dem »Sammelnamen Sudanesen« aber auch Araber, Türken, Kurden, Äthiopier, Somali und Albaner.[3]

Um auch in Zukunft Sudanesen für die Kolonialtruppe zu erhalten, war die deutsche Regierung sogar zu politischen Zugeständnissen bereit. So stellte Konsul Arthur von Brauer der ägyptischen Regierung den Abschluss eines Handelsvertrags in Aussicht, wenn sie die Erlaubnis zu einer erneuten Anwerbung geben würde.[4] Im Laufe der Jahre wurde es jedoch zunehmend schwieriger, die Genehmigung für eine neue Rekrutierung zu bekommen. Da auch die anglo-ägyptische Armee sowie die King's African Rifles in Britisch-Ostafrika einen großen Bedarf an sudanesischen Soldaten hatten, durfte Deutschland immer weniger Männer anwerben. 1904 wurden Anwerbungen schließlich ganz verboten. Deshalb bat Deutschland die befreundete italienische Regierung, Sudanesen in der am Roten Meer gelegenen Kolonie Eritrea rekrutieren zu dürfen. Doch weil auch Italien großen Bedarf an einheimischen Männern für die eigene Kolonialarmee hatte, durften hier ebenfalls nur wenige Rekruten angeworben werden. Da immer weniger Ersatz für die ausscheidenden Sudanesen gefunden werden konnte, nahm ihre Zahl nach einem Höchststand von rund 1000 im April 1895 kontinuierlich ab. 1905 befanden sich noch 400 sudanesische Askari in der Kolonialtruppe, 1909 waren es rund 200.

Auch die in Portugiesisch-Ostafrika angeworbenen Shangaan bewährten sich nach Meinung des Reichskommissars Wissmann »durch ihren Mut, ihre Ausdauer und Fähigkeit, dem ostafrikanischen Klima zu widerstehen«, in »hohem Grade«.[5] Deshalb wollte die »Schutztruppe« im Dezember 1891 weitere Shangaan einstellen, um die rund 300 seit Mai 1889 gestorbenen Männer zu ersetzen.

Deutsch-Ostafrika

UGANDA
(brit. Protektorat)

Mengo ○ ○ Entebbe

Port Florence ○

BRITISCH-OSTAFRIKA

Edward-See

Viktoria-See

○ Bukoba

Kiwu-See

Ukerewe

Ruanda

○ Mwanza

Natron-See

Sabaki

Ussumbwa

Ussukuma

Dschagga *Kilimandscharo* 6010 ▲ ○ Moschi

○ Usumbura

Njarasa-See

○ Aruscha

Urundi

Nyamwezi

○ Kinjangiri

Usambara

Wilhelmstal ○

○ Mombasa

Kigoma

○ Tabora

Udjiji

Ostafrikanische Zentralbahn

○ Kilimatinde

○ Tanga

Pemba

Sansibar

○ Mpapua

Wami

○ Sansibar

Bagamoyo ○

Kilossa ○

○ Morogoro

□ Daressalam

Usagara

Usaramo

Mafia

Tanganyika-See

BELGISCH-KONGO

Usangu

○ Iringa

Ruaha

Hehe

Rufiji

Matumbi-Berge ▲

○ Kilwa

○ Bismarckburg

○ Mahenge

Meru-See

○ Kahmgwisi

○ Neu-Langenburg

Bena

○ Alt-Langenburg

Lindi ○

Pangwa

Wiedhafen ○

○ Kionga

Bangweolo-See

○ Songea

Ngoni

Rovuma

NORDRHODESIEN
(brit.)

Nyassa-See

PORTUGIESISCH-OSTAFRIKA
(Mosambik)

NYASSA-LAND
(brit.)

0   100   200   300 km

Die Kolonie Deutsch Ostafrika, 1914. Die verschiedenen Ethnien sind halbfett eingetragen

Sudanesische Söldner nach Dienstschluss vor ihrer Unterkunft, Deutsch-Ostafrika, Jahr unbekannt.

Doch die Anwerbekommission musste ohne einen einzigen neuen Rekruten den Heimweg antreten, da es sich in Portugiesisch-Ostafrika herumgesprochen hatte, wie gefährlich der Militärdienst war. Junge Shangaan zog es daher vermehrt in die Goldgruben und Diamantenminen von Transvaal, wo sie ebenfalls gut verdienen konnten.[6] Auch die Bemühungen der »Schutztruppe«, die 230 noch in der Kolonialtruppe befindlichen Shangaan zu einer Verlängerung ihres Vertrags zu bewegen, blieben erfolglos. Als ihre Forderungen nach finanzieller Gleichstellung mit den Sudanesen und Nachholung von Shangaan-Frauen nicht erfüllt wurden, verließen im Herbst 1892 fast alle Männer Deutsch-Ostafrika.[7] 1896 gab es nur noch 23 Shangaan unter den Söldnern.

Nachdem Versuche mit Arabern, die bis dahin als Soldaten im Dienst eines indischen Sultans gestanden hatten, Abessiniern und Südseeinsulanern gescheitert waren, sank der Anteil ausländischer Söldner in der Truppe kontinuierlich. Um überhaupt noch an einige der begehrten »Landfremden« zu kommen, bediente sich die »Schutztruppe« sogar illegaler Methoden. 1907 beauftragte das Kommando einheimische Agenten und Händler, in Britisch-Ostafrika »geheime Anwerbungen« auf eigene Kosten und Gefahr vorzunehmen.[8] Derartige Aktionen konnten allerdings nicht verhindern, dass Ausländer – Sudanesen, Somali, Abessinier, Manyema, Baganda und Bemba – im Jahr 1914 nur noch 27,5 Prozent der Askari stellten.[9] Aufgrund der Schwierigkeiten bei der Beschaffung von ausländischen Söldnern musste die Kolonialtruppe notgedrungen mehr und mehr

Askari üben in der in Uhehe gelegenen Militärstation Iringa das »Eskaladieren«, das Ersteigen von Mauern, zwischen 1907 und 1914.

Rekruten in der Kolonie selbst anwerben. Die meisten Soldaten stellten die im Landesinneren wohnenden Ethnien der Ngoni, Sukuma und Nyamwezi sowie die Swahili von der Küste. Vor allem die Nyamwezi und Sukuma waren schon seit Mitte des 19. Jahrhunderts gewöhnt, ihre Arbeitskraft gegen Bezahlung als Träger anzubieten. Um zu verhindern, dass die Ostafrikaner mit der einheimischen Bevölkerung gemeinsame Sache machen konnten, wurden sie nach Möglichkeit in einem anderen Bezirk stationiert. Doch nicht alle Volksgruppen ließen sich für den Militärdienst begeistern. Während es die erst 1898 endgültig unterworfenen Hehe ablehnten, für den Soldatenberuf ihre Heimat zu verlassen, konnte sich das als besonders »kriegerisch« geltende Nomadenvolk der Massai nicht an den streng reglementierten Alltag in einer Garnison gewöhnen und wollte sich nicht der militärischen Disziplin einer fremden Kolonialmacht unterordnen.[10]

Obwohl die überwiegende Zahl der Askari Afrikaner waren, herrschte zwischen den verschiedenen Ethnien kein Gemeinschaftsgefühl. 1889/90 versuchte Reichskommissar Wissmann, die vorhandenen Kompanien aus Sudanesen und Shangaan zu mischen. Doch die Mentalitäten beider Völker waren zu verschieden und machten eine gute Zusammenarbeit oder auch nur ein kameradschaftliches Zusammenleben unmöglich. Häufige Prügeleien zwischen beiden Volksgruppen führten dazu, dass der Versuch schon bald aufgegeben wurde.[11] Eine Anweisung verbot in Zukunft strengstens eine Vermischung von Sudanesen und Shangaan. Selbst bei vorübergehenden gemeinsamen Arbeitseinsätzen waren sie »stets

Kleist Sykes (* 1894, † 1949)

Kleist Sykes wurde 1894 in der ostafrikanischen Hafenstadt Pangani geboren.[1] Sein Vater Sykes Mbuwan war einer der 1889 in Portugiesisch-Ostafrika angeworbenen Shangaan-Söldner, seine Mutter eine Nyaturu aus dem heutigen Zentraltansania. Nach dem Tod seines Vaters – er ertrank 1894 während des Feldzugs gegen die Hehe bei der Überquerung des Flusses Ruaha – heiratete die Mutter einen anderen Shangaan. Die Erziehung Sykes übernahm daraufhin sein Onkel Plantan Effendi.[2] Im Alter von fünf Jahren schickte Plantan ihn zur Schule nach Daressalam, wo er Lesen und Schreiben lernte. Nach Beendigung der Schule trat Sykes am 13. November 1906 auf Wunsch seines Onkels als Signalschüler in die »Schutztruppe« ein.

Porträt von Plantan Effendi, dem Onkel von Kleist Sykes, als junger Unteroffizier, Deutsch-Ostafrika, um 1891.

Den Ausbruch des Ersten Weltkriegs erlebte er in einer im Norden der Kolonie stationierten Einheit. Im Dezember 1915 wurde der junge Mann für seine Teilnahme an den Kämpfen gegen englandfreundliche Araber bei Mwele Ndogo zum Gefreiten befördert. Bald darauf erkrankte er und verbrachte zwei Monate in einem Krankenhaus. Im Juni 1916 wurde Sykes erneut krankgeschrieben. Obwohl er für den Militärdienst eigentlich nicht mehr tauglich war, musste er weiterkämpfen, da es der »Schutztruppe« an Soldaten mangelte. 1917 geriet Sykes in Mahenge in belgische Kriegsgefangenschaft. Seine angegriffene Gesundheit bewahrte ihn davor, zu körperlichen Arbeiten herangezogen zu werden. Bereits Ende 1917 durfte er nach Hause zurückkehren. Über seine Erlebnisse in der »Schutztruppe« während des Ersten Weltkriegs führte Kleist Sykes Tagebuch, das sich in Familienbesitz befindet und bisher von der Forschung noch nicht ausgewertet werden konnte.

In den ersten Monaten nach seiner Rückkehr war er ohne Arbeit und lebte von dem Geld, das er als Askari verdient hatte. Erst im April 1918 fand Sykes eine Stelle als Schreibkraft bei der britischen Eisenbahnverwaltung in Daressalam. 1923 heiratete er die 13-jährige Mruguru Musa und wurde Vater von vier Söhnen. Neben seiner Arbeit begann Sykes sich politisch zu engagieren. 1929 gehörte er zu den Mitbegründern der Tanganyika African Association (TAA), einer Organisation für afrikanische Beamte im britischen Kolonialdienst, die sich sehr schnell zu einem sozialen und kulturellen Diskussionsforum für die einheimischen Eliten in den Städten entwickelte. Aus der TAA entstand 1954 die Unabhängigkeitsbewegung TANU. 1934 beteiligte sich Sykes auch an der Gründung der Tanganyika

Muslim Association. Darüber hinaus engagierte er sich in der Eisenbahner-Gewerkschaft. 1942 verließ Sykes aus gesundheitlichen Gründen seinen Arbeitgeber und machte sich als Kaufmann selbständig. Sieben Jahre später, am 23. Mai 1949, starb er. Heute erinnert eine Straße in Daressalam an Kleist Sykes.

1 Zum Folgenden vgl. Sykes Buruku: The Townsman, S. 95–114 und Said: The Life and Times of Adulwahid Sykes.
2 Plantan Effendi gehörte zu den ersten 1889 in Portugiesisch-Ostafrika angeworbenen Shangaan-Söldnern. Angeblich war er ein Bruder des Matable-Chiefs Lobengula. Zunächst als Dolmetscher eingesetzt, beförderten ihn die Deutschen wegen seiner »Tüchtigkeit« schon bald zum Offizier. Obwohl er ein Ausländer war, gewann der in Daressalam lebende Plantan auch innerhalb der lokalen afrikanischen Gesellschaft an Ansehen und Einfluss. Plantan konvertierte zum Islam und lernte Arabisch. Er blieb bis zu seinem Tod am 11. Dezember 1914 im Dienst der Kolonialtruppe. Vgl u. a. Pesek: Koloniale Herrschaft in Deutsch-Ostafrika, S. 321.

gesondert zu rangieren, unterzubringen und zum Dienst zu kommandieren«.[12] Nach dem Ausscheiden der Shangaan aus dem Militärdienst und der kontinuierlich steigenden Zahl von Einheimischen in der Truppe gab man aber das Prinzip der »Stammeskompanien« auf. Von nun an füllte man die Lücken in den Reihen der Sudanesenkompanien mit Einheimischen auf. Während die Sudanesen untereinander zusammenhielten und eine Art von Kameradschaftsgefühl füreinander empfanden, sahen sie auf ihre ostafrikanischen Kollegen mit Verachtung herab. »Die Sudanesen halten sich für besser als die anderen Stämme«, beobachtete die Frau eines Kolonialoffiziers, »und wollen nicht mit zu den Negern gerechnet werden.«[13] Mancher Ostafrikaner versuchte dagegen, den Sudanesen möglichst ähnlich zu sein, indem er einige Brocken Arabisch lernte und sich Schmucknarben im Gesicht zulegte, um so von dem hohen Sozialprestige der Sudanesen zu profitieren.[14]

Wie in Togo und Kamerun waren viele Söldner Muslime. Die meisten deutschen Kolonialoffiziere glaubten, dass muslimische Soldaten durch die Befolgung der religiösen Vorschriften bereits an eine gewisse Disziplin gewöhnt seien, was die Ausbildung und die Führung der Männer erleichtere. Da der Koran zudem den Genuss von Alkohol, Ausschreitungen aller Art, Unreinlichkeit, Grausamkeiten gegenüber Menschen und Tieren verbot, war der Islam in ihren Augen die »militärischste« Religion.[15] Voraussetzung für eine gute Zusammenarbeit mit den Muslimen war jedoch, dass die religiösen Gebräuche der Männer unbedingt respektiert wurden. Deshalb erlaubte es die Kolonialmacht, dass Tiere vor dem Schlachten geschächtet wurden. Außerdem hatten an den religiösen Feiertagen Id-il-Fitr, dem Ende des Ramadan, und Id-el-Haji, dem Opferfest, alle muslimischen Askari am ersten Tag dienstfrei, an den zweiten und dritten Tagen brauchten sie nur zum Appell erscheinen.[16] Als ein sudanesischer Soldat Anfang der 1890er Jahre in Bagamoyo Amok lief und auf jeden Christen schoss, überließen es die anwesenden Deutschen einem muslimischen Offizier, den Mann zu erschießen, um eine Verletzung religiöser Gefühle auf jeden Fall zu vermeiden.[17] 1889 hatte Hermann Wissmann sogar mehrere muslimische Geistliche aus Ägypten mitgebracht, damit die Sudanesen auch in der Ferne ihren Glauben praktizieren konnten.

Doch die Imame wurden schon nach kurzer Zeit wieder zurückgeschickt, weil man feststellte, dass bei den Sudanesen »nicht das geringste Bedürfnis nach religiöser Betätigung vorhanden« war.[18] Nur wenige Männer, zumeist Offiziere, beteten regelmäßig. Das änderte sich jedoch nach der Niederschlagung der Maji-Maji-Bewegung im Jahr 1907. Kolonialbeamte und Offiziere registrierten dann, dass muslimische Söldner vermehrt den Bau von Moscheen im Land finanzierten oder bereits vorhandene besuchten, die vorgeschriebenen Gebete einhielten und trotz des anstrengenden Dienstes halbe Nächte in der Moschee verbrachten. Darüber hinaus opferten sie bereitwillig Teile ihres Lohns, um es den durch das Land ziehenden Walimu [Kiswahili: Lehrer, Volksgeistliche – d. Verf.] zu schenken oder es für Kollekten zur »Unterstützung des Glaubens« zu spenden.[19] Mit der zunehmenden Religiosität muslimischer Askari wurden sie zu bevorzugten Adressaten für Agitationen, die sich gegen die Kolonialmacht richteten. Ein erster diesbezüglicher Versuch erfolgte im Sommer 1908. Im Süden der Kolonie kursierten in arabischer Sprache verfasste Briefe, die alle Muslime zum Kampf gegen die Kolonialherrschaft aufriefen. Die Existenz der sogenannten Mekkabriefe wurde den Behörden erst bekannt, als der aus Uganda stammende Gefreite Ali einen der Agitatoren anzeigte, weil dieser seine Frau vergewaltigt hatte. In Lindi sorgte der Aufruf für »starke Bewegung« unter den muslimischen Askari, die nur durch einen sudanesischen Feldwebel »gedämpft« werden konnte, der »die angekränkelten Gedanken der Askari wieder in ruhigere Bahnen« lenkte.[20] Einige Monate später kam es zu einem weiteren Versuch, muslimische Söldner gegen ihren Arbeitgeber aufzuhetzen. In einer religiösen Versammlung versuchte der arabische Sherif Salim bin Mohamed einige Unteroffiziere der Garnison von Daressalam davon zu überzeugen, dass ein Mann, der für die »Ungläubigen« arbeitete, nicht ins Paradies kommen würde. Ein Unteroffizier meldete den Vorfall seinen Vorgesetzten, die den Geistlichen verhaften ließen.[21] Doch ganz ohne Folgen blieb die antichristliche Propaganda nicht. Im Februar 1909 registrierte der Leiter der Militärstation Iringa erstaunt, dass erstmals einige kurz vor ihrer Beförderung stehende Soldaten den Dienst quittierten. Ihren Wunsch begründeten sie damit, dass jede Dienstleistung für einen Europäer als sündhaft angesehen werde.[22]

Neben den muslimischen Askari gab es eine große Zahl von Anhängern verschiedener Naturreligionen in der Truppe. Viele dieser in deutschen Akten als »Heiden« bezeichneten Soldaten konvertierten aber im Verlauf ihrer Dienstzeit zum Islam. Mit dem Wechsel der Religion konnten die Männer ihr Sozialprestige erhöhen, da Muslime als »kultivierter« galten.[23] Hinzu kam, dass viele Frauen in der Kolonie mit einem unbeschnittenen Mann »nichts zu tun haben wollten«.[24] Der Übertritt zum Islam wurde von der »Schutztruppe« nicht behindert. Zwar mussten sich Askari die Erlaubnis ihres Kompaniechefs einholen, wenn sie sich beschneiden lassen wollten, ein Kommandobefehl bestimmte aber, dass die Erlaubnis den Leuten »grundsätzlich« zu erteilen sei.[25] Um Gesundheitsschäden

Askari beim Appell, Deutsch-Ostafrika, zwischen 1907 und 1914.

zu vermeiden, durfte dieser Eingriff nur von einem deutschen Militärarzt vorgenommen werden.

Die Dominanz muslimischer Askari beim Militär wurde vor allem von den katholischen Missionaren im Land heftig kritisiert. Die katholische Zentrums-Partei brachte das Thema mehrmals im Reichstag in Berlin zur Sprache. So beklagte der Abgeordnete Matthias Erzberger am 16. Januar 1906 in seiner Rede, dass seinen Informationen zufolge ein afrikanischer Christ nur aufgrund seiner Religionszugehörigkeit nicht als Askari eingestellt worden sei. Außerdem würden zum Christentum übergetretene Afrikaner von muslimischen Söldnern als »Kreuzkopf« und »Weihwassermichel« beschimpft, ohne dass die deutschen Vorgesetzten hiergegen eingeschritten wären.[26] Selbst christliche Askari wurden wegen ihrer Religionszugehörigkeit von ihren muslimischen Kollegen beleidigt. So wurde der als kleiner Junge getaufte Leopold Surror von seinen sudanesischen Landsleuten als »abtrünniger Christenhund« verunglimpft.[27] Um die Zahl der christlichen Soldaten langfristig zu erhöhen, forderte Erzberger in einer Kommissionsberatung über den Reichshaushaltsetat am 26. Februar 1908, bei Anwerbungen für die Kolonialtruppe nach Möglichkeit nur noch Christen zu nehmen.[28]

Derartige Forderungen stießen bei den Kolonialoffizieren allerdings auf wenig Gegenliebe. Wie Hauptmann Rudolf von Hirsch hatten die meisten Militärs keine hohe Meinung von christlichen Söldnern. In einem Brief an seine Eltern und Geschwister berichtete der Offizier, dass er persönlich nur schlechte Erfahrungen mit Christen gemacht habe. Drei getaufte Askari aus seiner Kompanie seien desertiert, wieder eingefangen worden und müssten jetzt eine mehrjährige Kettenhaft verbüßen. Ein Vierter säße wegen diverser Vergehen meist in Arrest.[29] Deshalb sahen die Offiziere es auch nicht gern, wenn Missionare versuchten, Askari zum Christentum zu bekehren. Ihrer Meinung nach war ein Söldner, sobald er Christ geworden war, wie ausgewechselt, weil er von da an Probleme »mit Heirat und Scheidung und mit seinen Frauen« habe.[30]

Um den Kritikern ein wenig entgegenzukommen, gestattete das Militär aber allen christlichen Soldaten, an Sonntagen und kirchlichen Feiertagen Gottesdienste, Beichte und Abendmahl zu besuchen. Der Dienst an diesen Tagen beschränkte sich auf die Teilnahme an einem Appell. Als in der deutschen Presse und im Reichstag weiterhin die geringe Zahl von Christen in der Kolonialtruppe beklagt wurde, wies Gouverneur Heinrich Schnee im Juli 1913 alle Kompanien und Abteilungen der Polizei- und »Schutztruppe« an, Statistiken über die Religionszugehörigkeit der Askari anzufertigen.[31] Dabei zeigte sich, wie gering die Zahl der Christen beim Militär immer noch war. Während es in der »Schutztruppe« 1748 Muslime, 737 Animisten und nur 113 Christen gab, waren es in der Polizeitruppe 1640 Muslime, 291 Animisten und 117 Christen. Der Gouverneur versuchte für die geringe Zahl an christlichen Askari die Missionen verantwortlich zu machen, weil diese angeblich ihre Schäfchen »wegen der Gefahr der Apostasie [Lateinisch: Kirchenaustritt – d. Verf.] nur ungern aus ihrer Einflusssphäre entlassen« würden.[32]

In ihren Anfangsjahren war die Kolonialtruppe ein Auffangbecken für die Außenseiter der Gesellschaft wie ehemalige Sklaven, Abenteurer, Straftäter und Waisen, denen der Militärdienst die Chance auf ein regelmäßiges Einkommen und einen sozialen Aufstieg bot. Anfangs erlangten Sklaven, die sich zum Militärdienst meldeten, automatisch ihre Freiheit.[33] Später, das Jahr ist nicht bekannt, verbot das Kommando der »Schutztruppe« die Einstellung von Sklaven. Stellte sich nachträglich heraus, dass ein eingestellter Rekrut vorher ein Sklave gewesen war, musste er sofort entlassen werden oder sich freikaufen.[34] Von der Möglichkeit des Freikaufens wurde wohl rege Gebrauch gemacht. Der 1893 oder 1894 in die »Schutztruppe« eingetretene ehemalige Sklave Juma bezahlte seiner früheren Besitzerin ein Lösegeld in Höhe von 60 Rupien, umgerechnet ungefähr 75 Mark, die er sich von seinem Sold gespart hatte, und war damit ein freier Mann.[35] Einzelne Männer beim Militär wie Ali Moçambique waren regelrechte Abenteurertypen. Der Sohn einer Haremsfrau verdiente seinen Lebensunterhalt zunächst als Haremswächter, Jäger, Fischer und Richter. Nach dem Tod seines letzten Verwandten zog es ihn hinaus in die Welt. Als Trägerführer lernte Moçambique zunächst weite Teile Afrikas kennen. Dann heuerte er als Kohlentrimmer auf einem französischen Frachtschiff an. Eine Zeitlang lebte er in Paris und Marseille, bevor er nach Deutsch-Ostafrika, in seine Heimat, zurückkehrte und Soldat wurde.[36] Mancher ertappte Straftäter zog den Dienst in der Armee einer Gefängnisstrafe vor. Der Gefreite Mariani wurde bei einer verbotenen Elefantenjagd erwischt. Vor die Wahl gestellt, eine Reihe von Jahren in Kettenhaft zu

Soldatenfrauen bereiten das Essen für ihre Männer vor, Deutsch-Ostafrika, Datum unbekannt.

verbringen oder Soldat zu werden, wählte er Letzteres.[37] Allerdings gab es in den 1890er Jahren beim Militär auch Askari aus angesehenen Familien. Chief Mitinginya von Ussongo beispielsweise schickte seine beiden Söhne Kumbo und Wumba für mehrere Jahre zum Militärdienst, um Einblicke in die europäische Kriegsführung zu gewinnen.[38] Nach der Jahrhundertwende kamen neue Rekruten mehr und mehr aus dem Umfeld der »Schutztruppe«. Zu ihnen gehörten die Söhne der Askari, ihre jugendlichen Diener, die sogenannten Boys, und die Kompanieträger. Sie waren mit dem Militärleben bereits vertraut, hatten erste Formen von Disziplin verinnerlicht und wenig bis gar keine Verbindungen mehr zu ihren Landsleuten.[39]

Nicht alle Soldaten traten freiwillig in die Kolonialtruppe ein. Mancher Chief, der für jeden Rekruten ein Kopfgeld vom Gouvernement erhielt, wird bei zu geringer Bewerberzahl seine Untertanen sicher auch zum Militärdienst gedrängt haben. Waren auf freiwilligem Weg nicht genügend Soldaten zu erhalten, wandte

Vollstreckung der Prügelstrafe durch einen afrikanischen Unteroffizier in Deutsch-Ostafrika, um 1914.

die »Schutztruppe«, wie andere Kolonialarmeen auch, Gewalt an. Vor allem in Kriegszeiten wurden Presskommandos losgeschickt, die unterwegs jeden einigermaßen tauglichen Mann einfingen, wie es der Askari Kathebu Aguliko am eigenen Leib erlebte.[40] Soldaten, die nicht beim Militär bleiben wollten, versuchten alles, um der Armee zu entkommen. Viele Unzufriedene desertierten bei der ersten sich bietenden Gelegenheit und kehrten nach Hause zurück. Manchmal blieben von 50 neu eingestellten Rekruten nach vier Wochen nur fünf übrig.[41] Während vor 1914 Desertionen aber weitgehend ungefährlich waren und bei einem Scheitern »nur« eine Prügelstrafe drohte, mussten wieder eingefangene Deserteure im Ersten Weltkrieg mit der Todesstrafe rechnen. Um Nachahmer abzuschrecken, wurden mehrfach entlaufene Askari durch den Strang hingerichtet oder vor ein Erschießungskommando gestellt. Eine ungefährlichere Möglichkeit, die Kolonialtruppe zu verlassen, war die Vortäuschung von Krankheiten. So rieben sich manche Rekruten jeden Tag Pfeffer in die Augen. Die Deutschen, die diesen Trick nicht kannten, entließen die Männer dann nach einigen Tagen wegen Augenleiden.[42]

Neue Rekruten mussten beim Eintritt in die Kolonialtruppe einen Namen angeben, unter dem sie in den Kompanielisten geführt werden wollten. Vor allem die Shangaan hatten aber Spaß daran, ihren Namen ständig zu wechseln. Einer nannte sich zunächst Kasambolla und einen Monat später Jotoka. Besonders beliebt war der Name Tom, den es gleich mehrmals unter den Shangaan gab. Zunächst versuchte die »Schutztruppe« noch, die ständigen Namensänderun-

Askari beim Lesen der Zeitung *Kiongozi*, die in Kiswahili von der deutschen Kolonialmacht herausgegeben wurde, Deutsch-Ostafrika, um 1914.

gen in den Listen zu aktualisieren. Als schließlich die Verwirrung zu groß wurde, durften die Askari den einmal gewählten Namen während ihrer Dienstzeit nicht mehr ändern.[43] Um Verwechslungen bei Namensgleichheit auszuschließen, führte man darüber hinaus nummerierte Erkennungsmarken ein, die jeder Soldat ständig bei sich tragen musste. Die in Ägypten und Eritrea angeworbenen Söldner behielten in der Regel ihre arabischen Namen bei, die sie zumeist erst in der Sklaverei erhalten hatten. Viele waren das Eigentum muslimischer Besitzer gewesen und mussten zum Islam übertreten. So wurde ein aus Abessinien stammender Galla namens Madar von seinem arabischen Herrn in Omar bin Sayid umgetauft.[44] Typische Namen von Sudanesen waren Mohamed Achmed, Said Ali oder Abdallah Rambal. Auch die Deutsch-Ostafrikaner, die zum Islam konvertierten, nahmen häufig arabische Namen an. So findet man Nyamwezi und Swahili unter den Soldaten, die Abdallah oder Ibrahim hießen. Andere Einheimische gaben ihren Geburtsnamen beim Eintritt in die Armee auf und wählten einen, der in Beziehung zu ihrem neuen Beruf stand. Die Namen wurden nahezu ausschließlich aus der Kiswahili-Sprache entlehnt. Ein Umstand, der die weite und erfolgreiche Verbreitung dieser Sprache verdeutlicht. Einer nannte sich von nun an Baruti (Pulver), ein anderer Bunduki (Flinte). Auch Risasi (Patrone) oder Fataki (Zündhütchen) kamen vor. Im Privatleben legten sich die Männer teilweise noch einen zweiten Namen zu. Deutsche Vorgesetzte amüsierten sich häufig über die Namen der Askari. Namen wie Penda kula (er isst gern), Kidevu (Der Bärtige) oder Tumbo (Bauch) sorgten bei ihnen für Heiterkeit.[45]

Dafür machten sich die Söldner gern über die Schwächen ihrer deutschen Offiziere und Unteroffiziere lustig. Die Eigenheiten der Europäer waren ein beliebtes Gesprächsthema unter den Askari, wie Hauptmann Heinrich Fonck beobachten konnte. Manchmal ahmte ein Soldat den Betreffenden zur allgemeinen Belustigung »in oft vorzüglicher Weise« nach.[46] Deutsche, die durch charakteristische Äußerlichkeiten oder bestimmte Gewohnheiten auffielen, erhielten von den afrikanischen Soldaten auch nicht besonders schmeichelhafte Spitznamen. Ein Feldwebel, der immer wie aus dem Ei gepellt angezogen war und eine gewisse Eitelkeit erkennen ließ, hieß Sungura mardardi (eitler Hase), ein anderer Bwana Dareksao, weil er jeden »Sünder« mit dem deutschen Schimpfwort »Drecksau« bedachte. Hauptmann Graf, ein großer Anhänger der Prügelstrafe, hatte den Spitznamen Bwana chamse w'eschrini (Herr fünfundzwanzig), Leutnant Wilhelm Schreiner wurde Bwana mitimene (Herr dicke Bäume) genannt, weil er im Gefecht immer den dicksten Baum als Deckung wählte.[47] Vorgesetzte, die den Askari durch ihre Tapferkeit imponierten, wurden dagegen in selbst getexteten Liedern besungen, die auf Tanzabenden und auf dem Marsch zum Besten gegeben wurden.[48]

Zwischen den Askari und ihren deutschen Vorgesetzten herrschte eine strikte Rassentrennung. Schwarze und Weiße wohnten in weit voneinander entfernt liegenden Unterkünften, erhielten unterschiedliche Verpflegung und verkehrten nur dienstlich miteinander. Ein kameradschaftliches Verhältnis bestand nicht.[49] Manchmal wurden jedoch Kontakte ganz anderer Art offenbar: So versuchten einzelne Kolonialoffiziere, Askari zu homosexuellen Handlungen zu drängen. Im Mai 1895 beispielsweise bat der betrunkene Militärarzt Leo Preuß den Wachthabenden sudanesischen Unteroffizier Abdullah Amin, ihn auf sein Zimmer zu begleiten und mit ihm zu schlafen. Amin lehnte entrüstet ab und meldete den Vorfall seinem Vorgesetzten. Aufgrund der Beschwerde musste der Kompanieführer August Leue eine Untersuchung einleiten. Da er die Aussage des Afrikaners allein wegen dessen Hautfarbe als fragwürdig einstufte, bat er den Kommandeur »gehorsamst«, von einer Verfolgung der eigentlichen Klagesache Abstand zu nehmen, plädierte jedoch für eine Versetzung des Arztes auf eine andere Station und eine geringfügige Bestrafung.[50] Auch der Kommandeur wollte keine Anklage erheben, weil der Versuch des Vergehens gegen Paragraph 175 nicht strafbar war. Allerdings sah er sich außerstande, Preuß in der »Schutztruppe« zu behalten, »da dergleichen Gerüchte [...] wie ein Lauffeuer durch alle Stationen gehen«.[51] Schon im Oktober musste der Sanitätsoffizier die Heimreise antreten. Ein weiterer Fall ereignete sich 1907 in Liwale. Dort hatte Leutnant Georg Sibberns »Verkehr mit den Askari gehabt«.[52] Als der Vorfall bekannt wurde, holte

Askari beim Glücksspiel, Deutsch-Ostafrika, um 1914.

das Kommando Sibberns umgehend zur Küste und zwang ihn, seinen Abschied zu nehmen.

Für ihre Arbeit wurden die Söldner außerordentlich gut bezahlt. Ein aus der Kolonie stammender Mannschaftssoldat verdiente rund 25 Mark im Monat, Sudanesen zwischen 37 und 42 Mark.[53] Im Vergleich zu anderen Berufsgruppen im Land zählten die Askari zu den Spitzenverdienern. Träger erhielten nur einen Lohn von 15 Mark, Plantagenarbeiter zwischen vier und 19 Mark und bei Europäern angestellte Diener ebenfalls bis zu 19 Mark. Auch die afrikanischen Söldner in den Kolonialarmeen der Nachbarstaaten verdienten deutlich weniger. Während ein Sudanese in Britisch-Ostafrika monatlich 19 Mark bekam, standen einem einheimischen Askari dort nur rund zehn zu.[54] Die gute Bezahlung der deutschen Söldner sprach sich in ganz Ost- und Zentralafrika herum. Immer wieder überschritten Soldaten der Nachbararmeen einzeln oder in Gruppen die Grenze und baten um Aufnahme in die »Schutztruppe«. Allein aus Britisch-Ostafrika kamen angeblich innerhalb von anderthalb Jahren über 100 Mann.[55]

Anfangs erhielten nur die an der Küste stationierten Askari ihren Sold in bar. Auf den Stationen im Landesinneren dagegen wurde das Gehalt viele Jahre lang mit Tauschartikeln bezahlt, was die Abrechnung schwierig machte und häufig für Unzufriedenheit unter den Söldnern sorgte. So konnte die monatliche Gehaltszahlung eines Soldaten aus »1–2 Päckchen Tabak, 1 Päckchen Zigarettenpapier, 2 Tassen rote, 1 Tasse blaue Perlen, 1 Stange Seife, 2 Armlängen weißen, 2 Armlängen blauen Stoff, 2 Weibertücher, 2 Pfund Salz, 1 Ziege, 1 Pfund Draht usw.« bestehen.[56] Erst im Jahr 1904 entlohnte man auch den letzten Söldner auf dem entlegensten Posten mit Geld.

Das hohe Einkommen der Söldner führte dazu, dass sich im Umfeld der Kolonialtruppe zahlreiche Einheimische niederließen, die von deren Kaufkraft profitieren wollten. Händler sorgten dafür, dass die Askari ihre Konsumwünsche erfüllen konnten. Viel Geld gaben die Soldaten für Kleidung aus, da sie in ihrer Freizeit nicht verpflichtet waren, Uniform zu tragen.[57] Sehr begehrt waren auch Alkoholika und Drogen wie Opium, Hanf oder Haschisch, obwohl der Verkauf derartiger Genussmittel an Söldner vom Gouvernement schon bald verboten wurde.[58] Auch Formen von Prostitution entwickelten sich. In jeder Garnison gab es Frauen, die ein deutscher Offizier als »Soldatenliebchen« bezeichnete.[59] Sie stellten sich unverheirateten Askari zur Verfügung, die zur Teilnahme an einem Feldzug abkommandiert waren. Während der Expedition kochten die Frauen für den Soldaten, trugen dessen Ausrüstung und standen für sexuelle Kontakte zur Verfügung. Dafür wurden sie verpflegt und möglicherweise auch bezahlt. Mit der Rückkehr zum Standort endete das eheähnliche Verhältnis in der Regel, und die Frau suchte sich einen neuen Söldner. Andere Frauen besserten ihr schmales Einkommen auf, indem sie Durchreisenden Geschlechtsverkehr gegen Bezahlung anboten. So beobachtete der deutsche Geograf Hans Meyer, wie sich während seiner Forschungsreise zum Kilimandscharo Massai-Frauen »mit schamlosen Gebärden an die Zelte der Soldaten und Träger drängten, um sich etwas zu ›verdienen‹«.[60]

Neben ihrem Lohn hatten alle Söldner sowie deren rechtmäßige Frauen und eheliche Kinder Anspruch auf freie Unterkunft »nach Maßgabe der örtlichen Verhältnisse«.[61] Die in den Küstenstädten stationierten Askari waren alle in Kasernen, die teils aus Stein und Kalk, teils aus Holz und Lehm errichtet worden waren, untergebracht. Diese Kasernen setzten sich in der Regel aus mehreren einstöckigen Gebäuden mit Veranden zusammen, die um einen großen Platz gruppiert waren. Der Fußboden der Unterkünfte bestand aus festgestampftem Lehm, die Dächer aus Wellblech, Gras oder Palmblätter. Die rund zehn Quadratmeter großen Zimmer beherbergten entweder zwei unverheiratete Askari oder einen verheirateten Söldner mit seiner Familie. Die Gestaltung der Räume überließ man den Bewohnern. Die Einrichtung war meist recht spartanisch und bestand nur aus mehreren Betten sowie einigen Baumwollstoffen und Bildern als Dekoration. In der Mitte des Kasernenhofs befand sich ein gegen Sonne und Regen geschützter Kochplatz, wo die Soldatenfrauen das Essen für ihre Gatten zubereiten konnten. Im Landesinneren dagegen lebten die Soldaten vielfach in einzelnen in der Nähe der Stationen gelegenen Hütten, die die sogenannten Askari-Dörfer bildeten. Die Unterbringung in kleinen Häusern hatte den Vorteil, dass die nicht seltenen Streitereien zwischen den einzelnen Familien vermieden wurden, geschlossene Kasernenbauten verhinderten dagegen die nächtlichen Ausflüge der Söldner, bei denen sie sich wohl auch Alkoholika verschaffen wollten. Allgemein galt die Regel, die Askari in ihren Wohnungen nicht zu stören und ihr Familienleben als Privatsache zu betrachten, denn Einmischungen von

Eingang zur Kaserne der 5. Kompanie in Daressalam, nach 1900.

deutschen Vorgesetzten wurden nicht gern gesehen. Nicht immer hielten sich die Kolonialoffiziere daran. Im August 1906 ließ Leutnant Correck den Askari Sallimu »gründlich verhauen« und dessen Frau an die Kette legen, weil er das Kind Sallimus in einem ziemlich verwahrlosten Zustand vorgefunden hatte.[62]

Offiziell durfte jeder Soldat nur eine Frau haben, Polygamie war ihnen verboten. Die meisten Askari hielten sich jedoch nicht daran und gaben ihre Nebenfrauen als Besuch oder als Verwandte aus. Viele ausländische Soldaten nahmen sich einheimische Frauen, was von den Vorgesetzten begrüßt wurde, weil es die Männer zwang, Kiswahili, die Verkehrssprache in Ostafrika, zu lernen. Für eine Heirat erhielten Söldner in der Regel drei bis vier Tage dienstfrei. Vor allem in den 1890er Jahren kauften sich Askari häufig Sklavinnen, die damit frei wurden und von den Behörden einen Freibrief ausgestellt bekamen. Die Freikaufsumme für Sklavinnen betrug zwischen 37 und 100 Mark, in Einzelfällen waren aber auch zwischen 187 und 225 Mark zu bezahlen. Auf Wunsch konnte der Söldner festschreiben lassen, dass die freigekaufte Frau die für sie ausgegebene Summe durch eine entsprechend lange »Dienstzeit« abarbeiten musste. Ehen, bei denen Geld für die Frau bezahlt wurde, hielten meist auch länger als freiwillig geschlossene, die oft sehr schnell wieder aufgelöst wurden, sobald das Eheleben dem Paar zu anstrengend wurde. Bei Scheidungen entschied der deutsche Vorgesetzte über das Los der Kinder, die in den meisten Fällen dem Vater zugesprochen wurden. Eine von ihrem Gatten geschiedene Soldatenfrau hatte unverzüglich die gemeinsame Wohnung zu verlassen. Ausländer, die nach ihrer Entlassung nicht in Deutsch-Ostafrika bleiben wollten, verkauften in der Regel ihre Frauen vor der Heimreise.[63]

Waren die Söldner wegen ihres verhältnismäßig großen Reichtums und ihrer sozialen Stellung einerseits begehrte Heirats- und Geschäftspartner, wurden sie andererseits aufgrund zahlreicher Übergriffe und Brutalitäten von der Bevölkerung gehasst. In den schriftlichen und mündlichen Quellen finden sich viele Beschreibungen der von Askari begangenen Verbrechen, die von Diebstahl und Erpressung über Vergewaltigung bis hin zu Misshandlungen und Mord reichten. Um nur einige Beispiele zu nennen: Askari der Station Moschi zwangen die in der Umgebung lebenden Chiefs, sie regelmäßig mit Milch zu versorgen. Andere Bewohner mussten unentgeltlich die den Soldaten gehörenden Maisfelder bearbeiten.[64] In Ruanda vergewaltigten Askari der Grenzkommission innerhalb kurzer Zeit mehrere Frauen. Außerdem stahlen sie eine Ziege, zerstörten mutwillig fremdes Eigentum, trieben unerlaubt Handel und entführten gewaltsam ein kleines Mädchen.[65] In Kilimatinde musste Sultan Mombo mit ansehen, wie der Söldner Johan einen wieder eingefangenen Sträfling ohne Grund niederschoss und ihm den Kopf abschnitt.[66] Die Kolonialmacht versuchte, der zahllosen Übergriffe Herr zu werden, weil sie das Vertrauen der Bevölkerung in die neue Ordnung untergrub. Deshalb wurden den Söldnern für Verbrechen immer wieder schwere Strafen angedroht.[67] Trotz vieler Verurteilungen gelang es aber nicht, die Zahl der Straftaten nennenswert zu reduzieren. Mitverantwortlich hierfür war das Verhalten vieler Kolonialoffiziere, die den Beschwerden von Afrikanern prinzipiell keinen Glauben schenkten. Andere brachten für die Handlungen ihrer Söldner ein gewisses Maß an Verständnis auf. Sie verharmlosten die Übergriffe als »Dummheiten« und »lose Streiche« und führten sie auf den »Kraftüberschuss« zurück, für den das friedliche Garnisonsleben verantwortlich war.[68] Da diese Soldaten aber häufig die tapfersten im Kampf waren, weigerten sich die Offiziere, die Straftäter zu verurteilen.

Jedes Jahr verließen zwischen 100 und 200 Soldaten die Kolonialtruppe wieder. Entlassungen erfolgten auf eigenen Wunsch, weil die Dienstverpflichtung abgelaufen war oder auf Anweisung des Arbeitgebers wegen Dienstuntauglichkeit oder schlechter Führung. Das weitere Schicksal ehemaliger Söldner war der Kolonialmacht anfangs egal. Pensionszahlungen für Entlassene waren nicht vorgesehen. Nur Sudanesen, die auf die ihnen zustehende kostenlose Heimbeförderung verzichteten und in der Kolonie bleiben wollten, erhielten eine einmalige Unterstützung in Höhe von 187 Mark. Dafür mussten sie sich in der Nähe einer Regierungsstation oder entlang der Karawanenstraßen ansiedeln. Viele Sudanesen bauten sich mit dem Geld eine Existenz als Viehhändler auf. Sie kauften im Inneren der Kolonie Groß- und Kleinvieh von den Einheimischen und verkauften es mit Gewinn an der Küste. Andere betrieben Ackerbau und bekamen dafür Land und Saatgut von der Verwaltung gestellt. Einzelne fanden auch eine Anstellung im Regierungsdienst als Leuchtturmwärter oder als Akida, das heißt als lokaler, meist ortsfremder Verwaltungsbeamter, dem mehrere Ortschaften unterstanden.[69]

Ein Askari verabschiedet sich von seiner Familie, Deutsch-Ostafrika, Datum nicht überliefert. (Die Szene ist sehr wahrscheinlich gestellt.)

Erst nach dem Ende des Maji-Maji-Kriegs erfolgte ein Umdenken bei den Verantwortlichen. Grund hierfür war die Sorge, dass sich die in Mwanza und in Tabora lebenden ehemaligen Söldner der Widerstandsbewegung anschließen und »voraussichtlich die Führung übernehmen« würden. Das befürchtete Szenario trat zwar nicht ein, doch das Kommando der »Schutztruppe« kam zu der Überzeugung, entlasse Askari in Zukunft durch kleine Vergünstigungen zufriedenzustellen. Deshalb schlug der Kommandeur im Juni 1907 vor, nicht nur den Sudanesen, sondern allen Ausscheidenden entweder einen kleinen Geldbetrag oder einige Stücke Vieh zu schenken. Außerdem sollten sie in den ersten Jahren nach ihrer Entlassung von allen Steuern befreit werden. Askari mit einer Dienstzeit von mindesten zwölf Jahren war darüber hinaus eine Stelle beim Gouvernement als Waldwärter, Viehaufseher, Zollbeamter oder Streckenaufseher zu garantieren.[70] Das Gouvernement hielt den Vorschlag aber nicht für finanzierbar. Stattdessen führte es regelmäßige Pensionszahlungen an nicht mehr arbeitsfähige ehemalige Söldner ein. Die hierfür notwendigen Finanzmittel bewilligte der Reichstag Anfang 1909.

Anrecht auf eine Pension hatten nur Männer, die in der Kolonie lebten und körperlich nicht mehr in der Lage waren, für ihren Unterhalt zu sorgen. Anträgen musste ein ärztliches Attest beigefügt sein. Offiziere durften bis zu zehn Mark monatlich erhalten, alle übrigen Ränge bis zu sechs Mark. Die Zahlungen waren jedes Jahr neu zu bewilligen, sollten jedoch nur verweigert werden, »wenn

Betätigung feindlicher Gesinnung gegen die Regierung vorliegt«.[71] Bevorzugt bedacht wurden Leute, die im Krieg invalide geworden waren. »Friedensinvaliden« mussten mindestens 15 Jahre in der Armee gewesen sein, um überhaupt Aussicht auf eine Bewilligung der Pensionszahlungen zu haben. Der Empfangsberechtigte brauchte nicht persönlich sein Geld bei der Kompanie oder der Verwaltungsbehörde abzuholen. Allerdings war erwünscht, dass er sich wenigstens einmal im Jahr auf der Station zeigte. 1912 wurde der Kreis der Pensionsberechtigten ausgeweitet. Der Passus »soweit sie nicht imstande sind, den Unterhalt zu erwerben« wurde gestrichen. Darüber hinaus wurden alle »Friedensinvaliden« ohne Rücksicht auf die Länge ihrer Dienstzeit pensionsberechtigt, wenn sie ihre Invalidität im Dienst erlitten hatten und sie mehr als 50 Prozent in ihrer Erwerbsfähigkeit beschränkt waren.[72]

Damit war das Kommando der »Schutztruppe« aber noch nicht zufrieden. Auch die übrigen Entlassenen, die keine finanzielle Zuwendung erhielten und somit nicht mehr an die deutsche Kolonialmacht gebunden waren, sollten besser kontrolliert werden können. Deshalb führte man 1910 militärische Übungen für Veteranen ein. Jeder noch dienstfähige Askari sollte, sofern er zu Hause abkömmlich war, einmal jährlich zu einer mindestens 14-tägigen Übung eingezogen werden können, die er nach Möglichkeit bei einer in der Nähe seines Wohnsitzes stationierten Kompanie der »Schutztruppe« abzuleisten hatte. Während dieser Zeit erhielt er eine Bezahlung, die sich an seinem früheren Gehalt orientierte. Zudem konnte einem Übenden die Befreiung von der Kopfsteuer bewilligt werden. Als Gegenleistung verpflichtete sich der Reservist, sich im Falle eines Krieges unverzüglich bei der nächsten Dienststelle zu melden und wieder in die Truppe einzutreten. Um einen Überblick zu haben, wie viele ehemalige Askari überhaupt im Land lebten, fertigten alle Kompanien und Bezirksämter Listen über die in ihrem Bereich wohnenden Männer an. 1911 waren rund 940 Ehemalige registriert, von denen etwa 400 im Bezirk Tabora und 225 im Bezirk Mwanza lebten. Als der Gouverneur von Kamerun seinen Kollegen Heinrich Schnee um einen Erfahrungsbericht bat, da er ebenfalls regelmäßige Waffenübungen einführen wollte, zog dieser ein positives Fazit. Der Zweck dieser Übungen, »durch Erhaltung des Korpsgeistes die ehemaligen Askaris an die Truppe zu fesseln, um für den Kriegsfall einen möglichst großen Teil der alten Askaris in den Reihen der Truppen zu haben, scheint erreicht zu werden«.[73]

Viele Söldner bezahlten ihre Berufswahl mit dem Leben oder ihrer Gesundheit. Die offizielle Verlustliste der »Schutztruppe« verzeichnet von Mai 1889 bis Juni 1910 insgesamt 565 gefallene, 67 den Strapazen erlegene, 393 verwundete und neun vermisste Askari.[74] Gefallene wurden nach Möglichkeit an Ort und Stelle mit militärischen Ehren bestattet. In Ermangelung von Särgen hüllte man sie in Decken und deckte sie mit Zweigen zu, bevor das Grab zugeschüttet wurde.[75] Zahlreiche weitere Männer starben an Krankheiten. Trotz einer im Vergleich zur einheimischen Bevölkerung verhältnismäßig guten Gesundheitsversorgung, die neben regelmäßigen Impfungen und der kostenlose Abgabe von Medikamenten auch die Behandlung durch deutsche Militärärzte umfasste, fielen allein von Mai

Afrikanische Soldaten bei einer Gefechtsübung, Deutsch-Ostafrika, um 1914.

1889 bis April 1891 über 160 Askari den verschiedensten Krankheiten, vor allem Malaria und Ruhr, zum Opfer. Über die genaue Anzahl der durch Krankheiten Dahingerafften gibt es keine Aufstellung. Zwischen 1893 und 1898 gab es jedoch jedes Jahr durchschnittlich 40 Todesfälle zu beklagen. Diese nüchternen Zahlen lassen auch nicht annähernd erahnen, welches Leid Krieg für die Betroffenen bedeutete. Eine vage Vorstellung davon vermittelt ein Brief des Hauptmanns Rudolf von Hirsch. Aus Langeweile besuchte er einen schwer verwundeten Askari im Lazarett, der im Kampf mit Maji-Maji-Kriegern sechs Speerstiche, davon drei in den Bauch, erhalten hatte. Erschüttert schrieb er an seine Eltern: »Dem armen Kerl ist hinten in der 25 cm langen Rückenwunde, die den Mastdarm frei legte, letzterer gerissen, sobald er sich aus dieser Wunde entlud. Nun wird ihm dieser Darm täglich zusammengenäht, bis er des anderen Tags wieder gerissen ist. Das geht nun schon, solange ich hier bin. Es gibt Schmerzen und Kümmernisse, Leiden und Ekel so furchtbar großer, entsetzlicher Art, wovon sich der normale Mitteleuropäer am warmen Herd zu Hause nichts träumen lässt.«[76]

Große Verluste erlitten die Askari auch während des Ersten Weltkriegs. Rund 5000 Söldner fielen in den zahlreichen Kämpfen zwischen 1914 und 1918 oder starben an Krankheiten.[77] Dabei hatten ihre Vorgesetzten zu Beginn des Krieges arge Zweifel, ob sich die Männer überhaupt gegen einen gleichwertig bewaffneten Gegner einsetzen ließen. Zur Überraschung aller beeindruckte die Askari aber selbst der Einsatz modernster, ihnen bislang unbekannter Waffentechnik wie Flugzeuge oder gepanzerte Fahrzeuge kaum.[78] Eine der wichtigsten Erfahrungen für die Soldaten in diesem Krieg war die ausdrückliche Erlaubnis, Weiße töten zu dürfen, die jeder Afrikaner bis dahin als ein höher stehendes, absolut unantastbares Wesen behandeln musste. Anfangs bereitete dies vielen Männern noch Schwierigkeiten. Im September 1914 wurden die Askari der 4. und 13. Feldkompanie vor einem Einsatz von ihren Vorgesetzten eindringlich ermahnt, auch auf Weiße zu schießen, weil viele Söldner dies in den letzten Gefechten trotz wiederholter Aufforderung nicht gewagt hatten.[79] Nicht nur die Askari Deutsch-Ostafrikas hatten solche Probleme: Unteroffizier Eleija-Kimu von den britischen King's African Rifles plagten Gewissensbisse, nachdem er einen Deutschen getötet hatte. Eleija-Kimu litt unter Schlafstörungen, deren Ursache er sich nicht erklären konnte, da ihn der Tod von Afrikanern bislang völlig gleichgültig ließ.[80] Die Erfahrung, dass Weiße genauso verwundbar waren wie Afrikaner, führte dazu, dass das Selbstvertrauen der Askari im Verlauf der Kämpfe stieg und sie sich den Kolonialherren zunehmend ebenbürtig und gleichberechtigt fühlten. Diese Entwicklung entging auch den Verantwortlichen in der Kolonialtruppe nicht. So heißt es in einem Bericht eines Kolonialoffiziers aus dem Jahr 1918: »Bei der Wiederbesetzung der Kolonie ist von der Möglichkeit auszugehen, dass infolge des Krieges die Eingeborenen sich ihrer Kraft erst bewusst geworden sind, dass von der ›schwarzen Gefahr‹ jetzt erst wirklich geredet werden kann.«[81]

Noch während des Krieges versuchten die Deutschen, die von ihnen so nicht erwartete Loyalität der Söldner propagandistisch auszuschlachten. Schon im Herbst 1915 wurde die angebliche Treue der Askari als Argument gegen den von britischer Seite geäußerten Vorwurf angeführt, Deutschland habe es nie verstanden, indigene Völker richtig zu behandeln.[82] Kolonialbefürworter griffen das Schlagwort vom »treuen Askari« nach Kriegsende auf und nutzten es intensiv in ihrem Kampf um die Rückgabe der durch einen entsprechenden Beschluss im Versailler Vertrag verlorenen Kolonien. Der während der Weimarer Republik entstandene »Askari-Mythos« wird teilweise heute noch kolportiert.[83] Ignoriert wird dabei, dass nur ein Teil der Söldner bis zum Kriegsende loyal blieb. Von den rund 15 000 bis 18 000 Afrikanern, die während des Ersten Weltkriegs in Deutsch-Ostafrika dienten, desertierten laut deutschen Quellen immerhin 2847 Askari.[84] Unter den insgesamt 4510 Vermissten befanden sich sicher auch noch viele Fahnenflüchtige. Zudem ließ sich ein Großteil der 4275 in Gefangenschaft geratenen Söldner für die belgische und britische Kolonialarmee anwerben und kämpfte ohne Skrupel gegen ihren einstigen Arbeitgeber. Das sind nichtunerhebliche Zahlen von »Untreuen«, wenn man bedenkt, dass ein Deserteur alle erdienten Ersparnisse verlor und die Deutschen mit drakonischen Strafen versuchten, »ihre« Askari von einer Desertion oder einem Uniformwechsel abzuhalten. Mehrere wieder eingefangene Deserteure wurden zur Abschreckung am nächsten Baum aufgeknüpft oder vor ein Erschießungskommando gestellt.[85] Dass viele Askari es trotz großer Entbehrungen bis zum Schluss in der »Schutztruppe« aushielten, war eine rein persönliche Entscheidung, die von mehreren Faktoren wie ausreichender Verpflegung, Aussicht auf Beute oder Anwesenheit der Familie abhing. Ein Bekenntnis zur deutschen Kolonialmacht war es sicher nicht.

Eine Art von Streik
Meutereien afrikanischer Söldner

Meutereien waren eine Form des Protests von Söldnern, wenn sich der Dienstherr nicht an seine Verpflichtungen hielt, wie die erste überlieferte Meuterei in Deutsch-Ostafrika zeigte. Im Juni 1892 unternahm Leutnant Tom von Prince mit seiner in Kilossa stationierten Kompanie eine »Strafexpedition« gegen einige Hehe-Dörfer, obwohl die ihm unterstellten Soldaten vom Volk der Shangaan immer wieder darauf drängten, nach Hause geschickt zu werden, da ihre dreijährige Dienstverpflichtung bereits abgelaufen war.[1] Ihre Entlassung wurde aber wegen eines akuten Mangels an neuen Rekruten immer wieder hinausgezögert. Als die Shangaan unterwegs das Ziel der Mission erfuhren, weigerten sie sich weiterzumarschieren. Die Männer sahen nicht ein, warum sie jetzt noch an einer so gefährlichen Unternehmung teilnehmen sollten. Nachdem Drohungen und Prügel die Streikenden nicht zum Einlenken bewegen konnten, ließ Prince die anwesenden 70 sudanesischen Söldner auf die Meuterer anlegen, die daraufhin ihre Gewehre wegwarfen und flüchteten. Unter diesen Umständen war an eine Fortsetzung des Feldzugs nicht zu denken. Erst nach und nach fanden sich die Shangaan wieder in Kilossa ein. Dort erklärten sie noch einmal nachdrücklich, »nicht mehr fechten zu wollen, weil sie sich nicht mehr als Soldaten betrachteten«. Diese Meuterei endete glimpflich für die Männer: Bestraft wurden sie nicht. Als endlich die Ablösung für die Männer auf der Station eintraf, wurden sie zur Küste gebracht und von dort in ihre Heimat verschifft.[2]

Auch eine dauerhaft schlechte Behandlung durch den Vorgesetzten konnte eine Meuterei auslösen. Im Oktober 1894 verweigerte die nur aus Sudanesen bestehende 6. Kompanie auf dem Rückmarsch von einem Feldzug den Befehl. Ihrem verdutzten Kompanieführer Paul Fromm erklärten die Männer, dass er ihnen »zu streng« sei und sie ohne ihn nach Daressalam marschieren wollten, um vom Gouverneur einen anderen Chef zu erbitten.[3] Fromm, der bis dahin allen Ernstes geglaubt hatte, bei seinen Untergebenen beliebt zu sein, wusste sich nicht anders zu helfen, als den Befehl über seine Truppe abzugeben und allein an die Küste zurückzukehren.[4] Die Meuterer marschierten ebenfalls dorthin. Gouverneur Friedrich von Schele empfing die Kompanie außerhalb der Stadt und erlaubte einigen Männern, ihm ihre Klagen vorzutragen. Die Beschwerden der Sudanesen

Die Kompanieführer Paul Fromm (links) und
Albert von Schrenck von Notzing (rechts) mit
Friedrich von Schele, Deutsch-Ostafrika, 1894.

wurden weitgehend von Sergeant Weinberger bestätigt. Er gab zu, dass die Soldaten im Vergleich zu anderen Kompanien häufiger geprügelt worden seien. Außerdem habe Fromm »das Standesbewusstsein der Leute einmal dadurch verletzt«, dass er einen zu einigen Monaten Kettenhaft verurteilten Askari »mit gemeinen Verbrechern zusammenschließen ließ«.[5] Die Aussage Weinbergers bewog Schele, den Wunsch der Männer zu erfüllen. Sie erhielten einen neuen Kompanieführer, während Hauptmann Fromm nicht etwa seinen Dienst quittieren musste, sondern das Kommando über eine andere Kompanie bekam. Auf eine Bestrafung der Meuterer wollte der Gouverneur in diesem Fall ausnahmsweise verzichten. Nur »einige als Hetzer und Haupträdelsführer bekannte Persönlichkeiten« wurden im Februar 1895, als sich die Gemüter wieder etwas beruhigt hatten, entlassen und nach Ägypten befördert.[6]

Doch nur einige Monate später meuterten auch die Sudanesen der in Mpapua stationierten 3. Kompanie. Über den Ausbruch und den Verlauf dieser Revolte ist nichts überliefert. Diesmal reagierte der Gouverneur jedoch mit ganzer Härte. Er ließ einen sudanesischen Unteroffizier und vier Askari vor ein Kriegsgericht stellen, das die Männer wegen Meuterei zum Tode durch Erschießen verurteilte. Am 4. August 1895 wurde das Urteil vollstreckt.[7] Die Ursachen für die beiden Meutereien lagen für den Kommandeur der »Schutztruppe«, Lothar von Trotha, auf der Hand: »unrichtige Behandlung der Soldaten, Oberflächlichkeit in Kenntnis von Charakteren und das Fehlen des unumgänglichen Bindemittels, des tüchtigen schwarzen Offiziers«.[8]

Die einzige Meuterei in der deutschen Kolonialgeschichte, die mit Waffengewalt niedergeschlagen werden musste, war der Aufstand der sogenannten Dahomey-Soldaten im Dezember 1893 in Kamerun. Die Männer gehörten zu den 370 Sklavinnen und Sklaven, die Hauptmann Karl von Gravenreuth im Sommer 1891 König Behanzin von Dahomey abgekauft hatte. Die Sklaven mussten sich in einem Vertrag verpflichten, fünf Jahre lang als Soldat, Träger oder Farmarbeiter für das Gouvernement von Kamerun zu arbeiten. Lohn hatten sie anfangs nicht zu erwarten, da sie erst einmal die für ihre »Befreiung« bezahlten 320 Mark abarbeiten sollten. 55 der ehemaligen Sklaven wies man der im Oktober 1891 geschaffenen Polizeitruppe zu. Sehr schnell erwarben sich die Männer den Ruf, besonders tüchtige Soldaten zu sein.[9] Doch ihr neuer Arbeitgeber würdigte ihren Eifer nicht. So mussten die Männer alle während eines Feldzugs gegen das Volk der Abo geplünderten Gegenstände an das Gouvernement abliefern. Zudem erhielten sie schon für kleinste Unachtsamkeiten Prügel, während ihre besoldeten Kollegen bei gleichen Dienstvergehen häufig mit Geldstrafen davonkamen. Deshalb ließ der Soldat Mamadu I. am 6. März 1893 durch den Duala Alfred Bell ein Schreiben in deutscher Sprache aufsetzen, in dem er den stellvertretenden Gouverneur Heinrich Leist um ein Taschengeld für sich und seine Kollegen bat. Leist reagierte auf die in seinen Augen unverschämte Bitte mit einer Kürzung der Verpflegungsrationen für alle Dahomey.

Die ehemaligen Sklaven begegneten diesem Affront mit passivem Widerstand. Die deutschen Vorgesetzten mussten registrieren, dass die bis dahin ordentlichen und sauberen Soldaten ihre Uniform vernachlässigten. Auch ihren Dienst versahen die Männer sichtlich unmotivierter. Anweisungen erfüllten sie nur widerwillig und erst nach mehrfacher Ermahnung. Das Gouvernement versuchte, die schlechte Stimmung unter den Männern »durch unentgeltliche Gewähr von Weibern« zu verbessern.[10] Außerdem schlug der neue Führer der Polizeitruppe, Oberleutnant Haering, vor, 33 Dahomey einen Monatslohn von drei bzw. fünf Mark zu bewilligen, um durch dieses kleine Zugeständnis die Unzufriedenheit ein wenig zu mildern. Leist genehmigte jedoch nur die Zahlung einer geringeren Summe an 14 Männer, da die finanziellen Verhältnisse in der Kolonie angeblich keine höheren Ausgaben zuließen. Den Dahomey reichte das Entgegenkommen ihres Arbeitgebers nicht. Als den vollständig angetretenen Männern erstmals ihr Sold ausbezahlt werden sollte, machten sie sich über die geringe Summe lustig. Sie warfen das Geld auf einen Haufen und bestimmten einen Soldaten, den Lohn wieder zurückzubringen. Dieser weigerte sich aber aus Angst, bestraft zu werden. Den Höhepunkt erreichte die Auseinandersetzung, als Leist mehrere Ehefrauen der Dahomey, die nicht zur Arbeit erschienen waren, vor den Augen ihrer Männer auspeitschen ließ.

Damit hatte die Kolonialmacht den Bogen überspannt. Am Abend des 15. Dezember brachen 47 Dahomey, unterstützt von 43 Frauen, die Waffenkammer auf und nahmen 600 Gewehre, fast die gesamten Munitionsvorräte sowie die vier vorhandenen Geschütze an sich. Dann griffen sie die beim Abendessen sitzenden deutschen Beamten an und töteten einen von ihnen. Die Überlebenden sowie die loyal gebliebenen afrikanischen Soldaten flüchteten aus der Hauptstadt, die sich für einige Tage in der Hand der Meuterer befand. Ein Versuch, die Duala zum gemeinsamen Widerstand gegen die Kolonialmacht zu bewegen, scheiterte. Nur mit Hilfe eines Landungskorps des deutschen Kanonenboots *Hyäne* konnten die ehemaligen Sklaven nach heftigen Kämpfen vertrieben werden. Nun begann eine unbarmherzige Hetzjagd auf die in den Busch geflohenen Meuterer, an der sich auch die einheimische Bevölkerung beteiligte. Das auf die Dahomey ausgesetzte Kopfgeld lockte sie zur Kooperation. Bis zum März konnten alle Flüchtlinge eingefangen werden. 17 Männer und 39 Frauen wurden zu Zwangsarbeiten auf Regierungsstationen ins Landesinnere deportiert, die übrigen Meuterer ohne jedes Verfahren gehängt.

Revolten von Söldnern aus politischen Motiven gab es – soweit bekannt – nicht. Nur einmal im Jahr 1905 schien es so, als würden Teile einer »Schutztruppen«-Kompanie in Deutsch-Ostafrika mit Aufständischen gemeinsame Sache machen. Sudanesische Dienstgrade einer in Mwanza am Viktoria-See stationierten Einheit beobachteten Treffen von Sukuma-Askari mit ihren in der Umgebung wohnenden Landsleuten, die sie als »konspirativ« empfanden. Außerdem hatten sie den Eindruck, dass sich die Sukuma von den Soldaten anderer Volksgruppen immer mehr absonderten. Unverzüglich meldeten sie ihren Verdacht dem Kompanieführer, der befürchtete, dass sich – bei einem Übergreifen der Maji-Maji-Bewegung auf den Bezirk – die dortige Kompanie als nicht loyal erweisen könnte. Deshalb bat Gouverneur von Götzen in seinem Auftrag am 21. September 1905 die Kolonialabteilung, ein Marinedetachement nach Mwanza zu entsenden, »da [die] dortige Kompanie unzuverlässig« sei.[11] Nach dem Eintreffen der Seeleute wurden den unsicheren Kantonisten zuerst die Patronen abgenommen, bevor man sie mit der Ugandabahn an die Küste brachte und dann in den Süden Deutsch-Ostafrikas verschiffte. Dort beteiligten sich die Männer an den Kämpfen gegen die Maji-Maji-Krieger, in denen sie sich nach Meinung ihrer Vorgesetzten »tadellos« bewährten.[12]

»Diebe fängt man am besten durch Diebe«
Polizeisoldaten in Deutsch-Neuguinea

Als das Deutsche Reich am 1. April 1899 die Verwaltung des »Schutzgebietes« von der Neuguinea-Kompanie übernahm, beschäftigte man die vorhandenen rund 40 »Polizeijungs«, wie sie manchmal von ihren Vorgesetzten etwas abfällig genannt wurden, weiter.[1] Da aber der Arbeitsvertrag eines Teils der Männer bald endete, waren neue Anwerbungen nötig. Die gestalteten sich allerdings schwieriger als gedacht. Nur wenige Melanesier waren bereit, in die Polizeitruppe einzutreten. Aufgrund der Schwierigkeiten kam der erste Gouverneur Deutsch-Neuguineas, Rudolf von Bennigsen, zu der Überzeugung, dass »es fast nicht möglich zu sein scheint, eine farbige Polizeitruppe aus Eingeborenen des Schutzgebiets zu bilden«.[2] Das war seiner Meinung nach aber auch gar nicht wünschenswert, weil jeder in seine Heimat zurückkehrende Söldner aufgrund seiner militärischen Ausbildung zu einer potentiellen Gefahr für die deutsche Kolonialherrschaft werden könne. Deshalb wollte Bennigsen den größten Teil der Polizisten im Ausland beschaffen.

Für die in Friedrich-Wilhelmshafen (Madang) stationierte Abteilung ließ der Gouverneur Ende 1899 einige Malaien in Niederländisch-Indien anwerben, die, so hoffte er, »als Unteroffiziere mit guten Farbigen verschiedener Stämme dort eine geeignete Polizeitruppe bilden werden«.[3] Als Mannschaftssoldaten hielt Bennigsen sie aber für weniger geeignet, da sie gegenüber dem Klima und den Anstrengungen auf Expeditionen nicht widerstandsfähig genug seien. Aus dem gleichen Grund kam für ihn auch die Einstellung von Samoanern nicht in Betracht. Bewohner der Karolinen seien voraussichtlich zu »fieberanfällig«. Nach langen Überlegungen bat er schließlich die Kolonialabteilung im April 1900, die Truppe aus besonders kräftigen und gegen Fieber widerstandsfähigen Völkern aus dem Innern Deutsch-Ostafrikas rekrutieren zu dürfen. Erst einmal würden 50 ausgesuchte Männer, möglichst vom Volk der Nyamwezi, genügen. Außerdem sollten 20 bis 30 Frauen mitgenommen werden, »um die Leute fortpflanzungsfähig werden zu lassen«.[4] So ungewöhnlich, wie er klingt, war der Vorschlag nicht. Zwischen 1837 und 1842 hatten die Niederlande im heutigen Ghana rund 2100 Afrikaner für ihre Kolonialtruppe in Niederländisch-Indien angeworben und dort gute Erfahrungen mit ihnen gemacht.[5]

Die Kolonialabteilung leitete das Gesuch Bennigsens an das Gouvernement von Deutsch-Ostafrika weiter. »Ohne Zögern«, heißt es in einem Bericht, erklärten sich 56 Nyamwezi und Sukuma der in Daressalam stationierten 5. Kompanie zum Dienst in Neuguinea bereit.[6] Der Transport der Männer kam jedoch nie

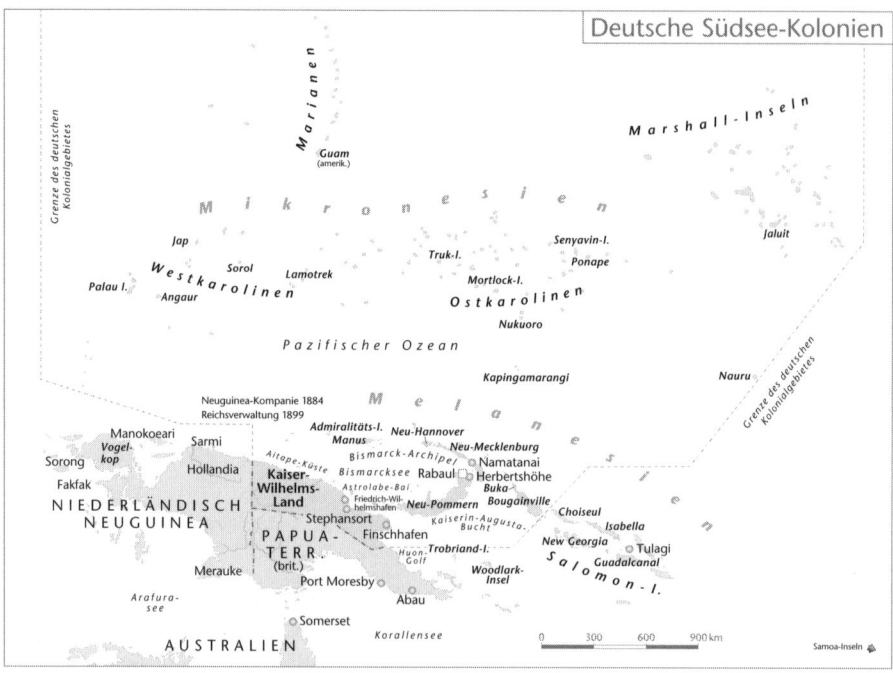

Deutsche Kolonien in der Südsee, 1914.

zustande. Aufgrund mangelnder Absprachen zwischen dem Gouvernement von Deutsch-Ostafrika und der Kolonialabteilung verpassten die Freiwilligen den nur alle sechs bis acht Wochen von Europa nach Singapur verkehrenden Dampfer des Norddeutschen Lloyd. Ein neuer Versuch wurde nicht mehr unternommen. Mittlerweile hatte das Interesse Bennigsens an einer Rekrutierung von Afrikanern nachgelassen, denn die Verhältnisse in Deutsch-Neuguinea hatten sich »in letzter Zeit dadurch gebessert, dass eine Reihe bewährter Leute über ihre Kontraktzeit weiter bleibt, und dass gute Leute neu angeworben werden konnten«.[7] Möglicherweise zeigte dabei die im März 1900 von Bennigsen erlassene Verfügung zur »Herbeiführung größerer Sesshaftigkeit der Polizeijungen« erste Erfolge. Diese bestimmte, dass jedes mit einem Söldner »nach Eingeborenen-Brauch verheiratete Weib« für die Geburt des ersten Kindes 30, für das zweite 60 und für das dritte 90 Mark an Prämie erhielt.[8] Für einen Melanesier war das eine gewaltige Summe, da der monatliche Durchschnittslohn eines einheimischen Regierungsangestellten gerade einmal sechs Mark betrug. Schon ein Jahr später, am 14. Juni 1901, konnte der Gouverneur die Verordnung wieder aufheben.[9]

Nach dem gescheiterten Versuch mit den Afrikanern unternahm das Gouvernement zunächst keine weiteren Schritte mehr, »landfremde« Söldner in die Polizeitruppe einzustellen. Die Kolonialtruppe rekrutierte ihren Ersatz wieder ausschließlich aus Bewohnern der Kolonie. Dabei versuchten die Verantwortlichen darauf zu achten, dass »alle möglichen Stämme und keiner überwiegend

Einige der 23 Überlebenden der Ehlers-Expedition in Stephansort, 1896. In der Mitte hockend mit Kopf-
bedeckung die beiden Soldaten Opia und Ranga, die für den Tod des Forschungsreisenden Otto Ehlers
und des Polizeimeisters Wilhelm Piering verantwortlich gemacht wurden.

vertreten« war, um »hierdurch die bei jeder Soldtruppe bestehende Gefahr der
Meuterei« zu beseitigen.[10] Dass ein Polizeisoldat durchaus keine Skrupel besaß,
auf seinen aus einem anderen Volk stammenden Kollegen zu schießen, hatten
die Ereignisse bei der von dem Reiseschriftsteller Otto Ehlers geleiteten Forschungsexpedition im September/Oktober 1895 gezeigt. Nach dem Verbrauch
der letzten Lebensmittel kam es zwischen den Expeditionsteilnehmern zu Mei-
nungsverschiedenheiten über die einzuschlagende Richtung. Da Ehlers trotz aller
Schwierigkeiten die Expedition nicht abbrechen wollte, schossen die von den
Salomon-Inseln stammenden Söldner ihn, einen deutschen Polizeimeister sowie
einige Polizeisoldaten aus Neu-Mecklenburg nieder und machten sich allein auf
den Rückweg.[11] Durch Überlebende, die sich erst nach Monaten trauten, auszu-
sagen, erfuhr Landeshauptmann Curt von Hagen von dem Vorfall und ließ die
beiden von der Salomon-Insel Buka stammenden Söldner Ranga und Opia im
Juli 1897 als vermeintliche Hauptverantwortliche verhaften. Doch die beiden
konnten aus dem Gefängnis von Stephansort fliehen. Bei der Verfolgung der
Flüchtenden erschoss Ranga den Landeshauptmann Curt von Hagen am 13. August 1897. Fünf Tage später wurden die Flüchtigen von Einheimischen getötet,
ihre Köpfe abgeschnitten und in Stephansort zur Abschreckung aufgestellt.[12]
    Die multiethnische Zusammensetzung der Polizei war für die melanesischen
Söldner eine ganz neue Erfahrung. Während ihrer Dienstzeit mussten sie jeden

Tag mit Männern aus anderen Teilen des Landes zusammenarbeiten und zusammenleben, was nicht immer ohne Konflikte abging. So wurden die von den Salomonen stammenden Soldaten des Öfteren wegen ihrer dunkleren Hautfarbe gehänselt.[13] Darüber hinaus lernten die Söldner, nicht nur von einem weißen Vorgesetzten Befehle entgegenzunehmen, sondern auch erstmals in der melanesischen Geschichte einen stammesfremden einheimischen Unteroffizier als Autoritätsperson anzuerkennen.[14] Damit wurde das Zusammenwachsen der teilweise verfeindeten Völker Neuguineas ungewollt von der Kolonialverwaltung gefördert.

In den 1890er Jahren und kurz nach der Jahrhundertwende stellten die Ethnien Neu-Mecklenburgs und der nördlichen Salomon-Inseln die meisten Soldaten.[15] Doch beide Regionen waren gleichzeitig ein bevorzugtes Anwerbegebiet für Plantagenarbeiter, so dass dort immer weniger taugliche Männer für das Militär aufgetrieben werden konnten. Die Polizeitruppe musste sich deshalb mehr und mehr mit den Bewohnern anderer Landesteile begnügen. Zu einem wichtigen Rekrutierungsgebiet entwickelte sich die westliche Hälfte Neu-Pommerns. Einheimische aus Kaiser-Wilhelmsland traten erst nach der Jahrhundertwende in größerer Zahl in die Polizei ein. Den besten Ruf als Polizeisoldaten genossen die Buka, wobei der Name nicht nur für die von der gleichnamigen Insel stammenden Männer benutzt wurde, sondern meist für alle Nord-Salomoner.[16] Gut angesehen waren auch die sogenannten »Spitzköpfe« [wahrscheinlich Arowe – d. Verf.] von der Südküste Neu-Pommerns.[17] Andere Völker aus Neu-Pommern galten dagegen als »weniger intelligent« und »durchweg erbärmlich feige«.[18]

1908 warb der Gouverneur erstmals 32 Männer auf der zu den Karolinen gehörenden Insel Truk an, da aufgrund eines außergewöhnlich großen Bedarfs an Rekruten nicht genug Soldaten in Deutsch-Neuguinea zu finden waren. Die Mikronesier, »prächtige hellbraune Jungens«, zeichneten sich in den Augen ihrer Vorgesetzten dadurch aus, dass sie alle Melanesier verachteten und mit besonderer Freude gegen diese in den Kampf zogen. Außerdem sollen sie sich durch eine besondere »Treue und Zuverlässigkeit« gegenüber den Deutschen hervorgetan haben. Von Nachteil war nur, dass ihnen ein fast dreimal höherer Lohn bezahlt werden musste, der den ohnehin schon knappen Etat für die Polizeitruppe sprengte. Obwohl sich die Männer »sehr bewährt« hatten, blieb die Verwendung von Mikronesiern deshalb die Ausnahme.[19]

Mit der Anwerbung von Rekruten beauftrage der Gouverneur häufig private Firmen, die für jeden herbeigeschafften Mann eine Provision erhielten. Die Anwerber versuchten, junge Männer durch Geschenke zum Eintritt in die Polizeitruppe zu bewegen. Üblich waren europäische Waren wie Beile, Messer und Tabak im Wert von rund 20 Mark. Darüber hinaus nutzten die kaiserlichen Beamten, darunter sogar der Gouverneur, auf ihren Dienstreisen jede Gelegenheit, um an neue Polizeisoldaten zu kommen.[20] Später warben die Bezirksämter und Regierungsstationen die Rekruten für die eigene Polizeiabteilung unter den in der Nähe lebenden Ethnien an und tauschten sie untereinander aus. Häufig ließen sich gleich mehrere Bewohner aus einem Dorf anwerben, was sicher dem Einzelnen die Entscheidung erleichterte, seine vertraute Umgebung für ei-

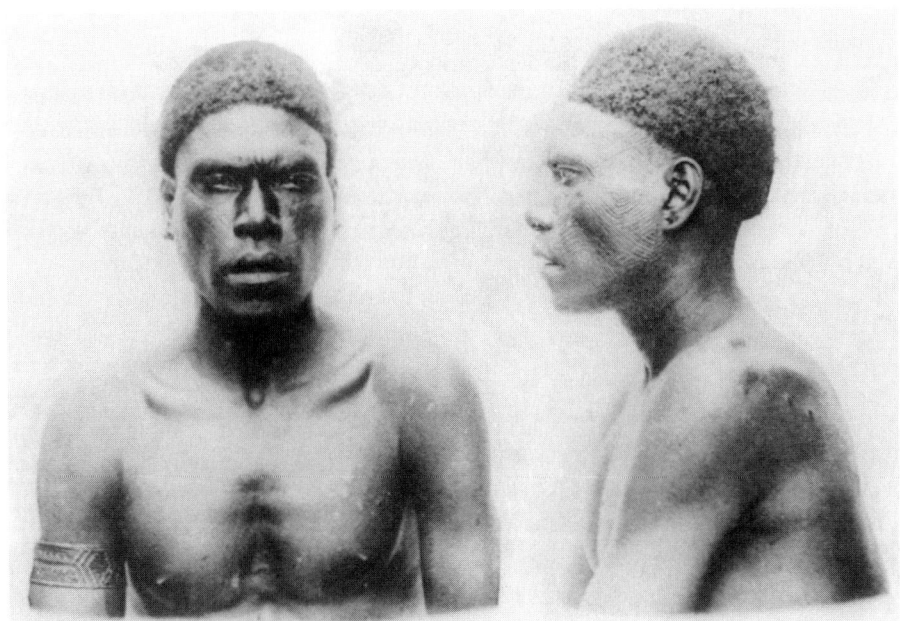

Porträt des Buka-Polizisten Ranga, Deutsch-Neuguinea, um 1895.

nen gewissen Zeitraum zu verlassen. Der Militärarzt Otto Dempwolff traf im Jahr 1906 beispielsweise unter den Freiwilligen für Deutsch-Ostafrika auf fünf junge Melanesier, die alle aus dem in Kaiser-Wilhelmsland gelegenen Ort Bilibili stammten. Sie hatten sich entschlossen, die weite Reise in das fremde Land gemeinsam anzutreten.[21] Es kam aber auch vor, dass sich einzelne Männer wie der Melanesier Sisao aus eigener Initiative auf einer Regierungsstation zum Militärdienst meldeten.[22]

Nicht alle Polizisten dienten freiwillig. Im Januar 1909 geriet der Bezirksamtmann Full während einer Dienstreise in die lokale Fehde zweier Clans. Dem mutmaßlichen Verursacher drohte er mit einer Bestrafung durch die Polizeitruppe. Von dieser wolle er absehen, wenn »die Landschaft als Zeichen ihrer guten Gesinnung zehn Rekruten für die Polizeitruppe« stelle.[23] Letztendlich gab er sich mit fünf jungen Männern zufrieden. Auch die Anwerbekommissionen verhielten sich wohl nicht immer korrekt. Fanden sich nicht genug Freiwillige, entführten sie einfach Männer, um auf die gewünschte Kopfzahl zu kommen, wie es der Bendekil Wehible am eigenen Leib erlebte.[24] Selbst Kriegsgefangene mussten damit rechnen, zwangsweise in die Truppe eingestellt zu werden. So plante der Kommandeur der Expeditionstruppe, Oberleutnant Prey, 33 während einer »Strafexpedition« in der Hansabucht im Jahr 1912 gefangen genommene Kinder für die Polizeitruppe zu »erziehen«.[25]

Alle neuen Rekruten wurden von einem deutschen Regierungsarzt zunächst auf ihre Tauglichkeit untersucht. Die Leute, die bisher noch gar nicht mit westlicher

Wehible (* um 1890, † nach 1972)

Wehible wurde um 1890 in Wamsis, einem Ort in Kaiser-Wilhelmsland rund 100 Kilometer östlich von Aitape, geboren.[1] Seine Familie gehörte zum Clan der Bendekil. 1906 wurde er von einer deutschen Anwerbekommission gekidnappt und auf die Insel Tumeleo gebracht. Dort erhielt Wehible zusammen mit anderen neuen Rekruten eine militärische Ausbildung. Diese umfasste erste Handhabungen des Gewehrs, militärisches Grüßen sowie Sprachunterricht in der Verkehrssprache Tok Pisin. Nach einem Monat teilte man ihn einer Forschungsexpedition zu, die aus fünf Deutschen, zehn melanesischen Polizeisoldaten und 50 Arbeitern bestand. Die Männer hatten die Aufgabe, an der Nordküste von Kaiser-Wilhelmsland nach einem geeigneten Platz für eine Regierungsstation zu suchen.

Nachdem sich die erste Ortswahl als ungeeignet erwiesen hatte, startete die Gruppe dort, wo sich heute die Stadt Aitape befindet, einen neuen Versuch. In den nächsten Wochen mussten die Arbeiter und Soldaten körperlich hart arbeiten. Ein Teil der Melanesier rodete den Wald, die anderen bauten Häuser. Gearbeitet wurde jeden Tag von sechs bis 18 Uhr mit einer Stunde Mittagspause. Wer nicht genug leistete oder Anweisungen nicht befolgte, bekam zehn Stockschläge auf den nackten Po und musste einen Tag lang auf sein Essen verzichten. Als alle Häuser der Regierungsstation fertiggestellt waren, wurde Wehible weitere drei Monate im Schießen und im Exerzieren ausgebildet.

Danach erhielt er den Befehl, in den umliegenden Dörfern 100 Arbeiter und 25 Kandidaten für den Posten eines Luluais, eines von der Regierung eingesetzten Ortsvorstehers, zu rekrutieren. Wie er an die Männer kam, blieb ihm überlassen. Nach einigen Monaten hatte Wehible die geforderte Zahl zusammen. Mehr als einmal hatte er mit Gewalt drohen müssen, um seinen Auftrag erfüllen zu können. Dabei verwundete Wehible einen Mann durch einen Schuss aus seinem Gewehr. Getötet habe er jedoch niemanden, behauptete Wehible später. Zudem raubte der Polizeisoldat im Dorf Salata ein junges Mädchen, das er bald darauf heiratete. Sie starb bereits nach zwei Jahren.

Kurz nach seiner Rückkehr erkrankte Wehible so schwer, dass er nicht mehr dienstfähig war. Er wurde daraufhin aus der Polizeitruppe entlassen und kehrte in seine Heimat zurück. Als seine Gesundheit einigermaßen wiederhergestellt war, übertrug ihm das Gouvernement den Posten eines Tultuls, das heißt eines Assistenten des Ortsvorstehers, für den ganzen Bezirk Wamsis. Eine seiner Aufgaben als Assistent war die Dolmetschertätigkeit, da er der einzige junge Mann in der Gegend war, der Tok Pisin sprechen konnte. Wehible hat seinen Heimatort nicht mehr verlassen. Er lebte noch Weihnachten 1972 dort, als ihn sein Enkel Otto Manganau besuchte, um ihn für ein Oral-History-Projekt über seine Erlebnisse als Polizeisoldat während der deutschen Kolonialherrschaft zu befragen. Wann Wehible gestorben ist, ist nicht bekannt.

---

1 Zum Folgenden Manganau: My Grandfather's Experience with the Germans, S. 18–21.

Medizin in Berührung gekommen waren, fürchteten sich vor der Prozedur, »und es bedurfte oft eines leichten Zwanges, sie zu bewegen, die Untersuchung über sich ergehen zu lassen«.[26] Der anschließenden Pockenimpfung unterzogen sich die Männer dagegen ohne Widerstand. Sie betrachteten die Impfung als eine Art von Tätowierung, die ihre Zugehörigkeit zu den Weißen dokumentieren sollte. »Mark belong white man« [Tok Pisin: Zeichen zum weißen Mann gehörig – d. Verf.] nannten sie die Impfnarben in Tok Pisin, das sich zur Verkehrssprache im Land entwickelt hatte, weil sich keine einheimische Sprache als Umgangssprache durchsetzen konnte. Dann las ein Kolonialbeamter den Neuangeworbenen den Vertragstext vor, der alle Bestimmungen über die Arbeitszeit, Dauer der Verpflichtung, Höhe des Lohns enthielt. Nach namentlicher Aufrufung musste jeder an den Tisch herantreten und den Federhalter berühren, mit dem der Beamte dann drei Kreuze hinter dem Namen des Betreffenden machte.[27]

Die im Bismarck-Archipel und auf den Salomon-Inseln angeworbenen Männer verpflichteten sich für drei Jahre.[28] Bewohnern von Kaiser-Wilhelmsland war dies zu lang. Um überhaupt Männer aus diesem Landesteil für die Polizeitruppe gewinnen zu können, reduzierte das Gouvernement die Dienstzeit für sie auf zwei Jahre. Trotzdem desertierten immer wieder Soldaten schon nach wenigen Monaten, weil sie Heimweh hatten und es in der Fremde nicht mehr aushielten.[29] Erst im Jahr 1910 konnte das Gouvernement die Verpflichtungszeit auch in Kaiser-Wilhelmsland auf drei Jahre erhöhen. Nur wenige Söldner waren bereit, mehr als eine Verpflichtungsperiode zu dienen.[30] Die Mehrheit zog es vor, nach Ablauf des Kontrakts in ihre Heimat zurückzukehren. Manche wie der Soldat Sisao ließen sich dann nach einiger Zeit erneut für die Polizei anwerben.[31] Grund für die mangelnde Bereitschaft, länger zu dienen, war die große Heimatverbundenheit und die geringe Verwurzelung der Leute am Arbeitsort. Nur für wenige Männer, die verheiratet waren und mit ihren Familien auf einer Regierungsstation lebten, wurde die Polizeitruppe zu einer zweiten Heimat. Deshalb bevorzugte die Kolonialmacht verheiratete Melanesier als Rekruten.[32]

In den ersten Jahren kamen öfter Missverständnisse bei der Berechnung der Dienstzeit vor. Den meisten Einheimischen war der gregorianische Kalender völlig unbekannt. Einige Volksgruppen rechneten in Mondmonaten, so dass für sie ein Jahr aus zehn Mondmonaten bestand. Vertrauensmänner schnitten jedes Maleine Kerbe in ein Holz, wenn die neue Mondsichel das erste Mal sichtbar wurde. In Friedrich-Wilhelmshafen kam es in den 1890er Jahren einmal zu Unruhen unter den Soldaten und Arbeitern, weil sie glaubten, dass ihre Dienstzeit bereits abgelaufen sei. Die Männer fühlten sich betrogen und verlangten stürmisch ihre Heimsendung. Der Stationsleiter wies sie aber darauf hin, dass sie erst zwei Weihnachten, das auf allen Stationen mit einem großen Volksfest gefeiert wurde, erlebt hätten. Seitdem gewöhnten sich die im Regierungsdienst stehenden Melanesier an, die Zeit ihrer Arbeitsdauer nach Weihnachten zu berechnen, ohne dabei die Kontrolle durch den Kerbstock aufzugeben. Fragte man einen Polizeisoldaten nach der Dauer seiner bisherigen Dienstzeit, so erhielt man die Antwort »one fellow christmas« oder »two fellow christmas«.[33]

Karten spielende Söldner auf einer Regierungsstation in Deutsch-Neuguinea, um 1899.

Das Gehalt der einfachen Soldaten betrug sechs Mark im Monat.[34] Den besonders begehrten Buka zahlte das Gouvernement zeitweise einen höheren Lohn.[35] Darüber hinaus wurden die Männer von der 1907 in Teilen der Kolonie eingeführten Kopfsteuer befreit. Im Unterschied zu den deutschen Besitzungen in Afrika lag in Neuguinea der Lohn eines einfachen Soldaten nicht höher als der eines Arbeiters, der ebenfalls sechs Mark bekam. Söldner, die zu einer längerfristigen Verpflichtung bereit waren und durch gute Leistungen auffielen, konnten befördert werden und dadurch mehr Geld verdienen. So bekam ein melanesischer Unteroffizier nach einem Dienstjahr immerhin acht, nach zwei Jahren schon zehn Mark. Altgediente Unteroffiziere durften 15 bzw. 20 Mark erhalten. Damit waren melanesische Soldaten die billigsten im gesamten deutschen Kolonialreich.

Vereinzelt zahlten Kolonialbeamte eigenmächtig einen höheren Lohn, um besonders tüchtige Söldner länger im Dienst zu behalten. Im Jahr 1905 wies Gouverneur Albert Hahl den Leiter der Station Kaewieng zurecht, der dem Unteroffizier Tomutu 40 Mark Gehalt gewährte. Dies widerspreche »jeder bisherigen Gepflogenheit«, tadelte Hahl, und sei »auch im Verhältnis zur Arbeitsleistung eines Melanesen außergewöhnlich hoch«.[36] Der Beamte musste Tomutus Lohn auf 20 Mark reduzieren, weil der Gouverneur befürchtete, dass andere Unteroffiziere die gleichen Ansprüche erheben könnten. Um bewährten Unteroffizieren aber eine Aufstiegsperspektive zu bieten, führte man schließlich den Rang eines Feldwebels ein, der jedoch nur selten erreicht wurde. Der einzige namentlich überlieferte Feldwebel in Deutsch-Neuguinea war der Melanesier Kelessi.[37]

Brief des in Rabaul stationierten Polizeisoldaten Sinade aus Bongu (Astrolabe-Bai in Kaiser-Wilhelmsland) an seine Brüder Kabes und Ken, geschrieben 1912, ins Deutsche übersetzt von Missionar Karl August Hanke:

»Ich bin Sinade. Das ist mein Brief. O Kabes und Ken und Ihr Bongu Leute alle, hört: Polizeisoldat sein hat seine Schwierigkeiten. Als Toja und Ken bei uns zu Besuch waren, hatten wir viel Reis zu essen und waren gut genährt; jetzt aber sehen wir schlecht aus. Ein Mann ist gestorben, aber keiner von uns Bongu-Leuten, sondern ein Bogadjim-Mann. O Kabes und Ken, ihr Bongu-Männer und -Frauen, möge es Euch gut gehen, uns geht es übel! Das Dorf Rabaul liegt in einer schlechten Gegend. Vielleicht kannst Du, Tultul (Häuptling), oder Du Gai Toja einmal zum Besuch kommen. O kommt bald und bringt Taro mit; wir haben Hunger. O mein Bruder Kabes und Ken, ihr esst Taro und die Brühe davon; Ihr esst Kokosnüsse, und ich hungere! O Kabes, wir beide machten am Tulumdi ein Feld; den Taro isst Du nun allein, und ich leide hier Hunger. Aber es ist recht so, mein Bruder Kabes, iss nur! Kabes und Ken, was macht Onkel Noto und die Mutter Goi und Bonge und Papaim und Sabaku? Geht es ihnen gut? Ist etwa jemand von ihnen gestorben? Ich muss immer an sie denken. Kabes und Ken, sorgt doch für meine jungen Kokospalmen, reinigt sie! Lasst mir doch auch meine Samen-Yams nicht verkommen.«

(Abgedruckt in: Berichte der Rheinischen Missionsgesellschaft 1912, 69 [1912], S. 248 f.)

Anfangs erhielten die Söldner ihr Gehalt in Form von Waren, später in bar. Den größten Teil des Lohnes bekamen sie allerdings erst nach Ablauf ihrer Dienstzeit ausbezahlt. Für das Geld kauften sich die Söldner dann in den ortsansässigen Geschäften aus Europa eingeführte Gegenstände, um sie nach ihrer Rückkehr in den Heimatdörfern an Angehörige und Nachbarn zu verschenken. Dieser Brauch des Schenkens, dem sich keiner entziehen konnte oder wollte, bestand in vielen Gebieten Neuguineas. Besonders begehrt als Mitbringsel waren Buschmesser und Beile aus Eisen. Oft verkauften skrupellose Händler den Melanesiern aber nur wertlose Stoffe. Weil dadurch der gute Ruf des Gouvernements als Arbeitgeber litt, sollten alle Stationsleiter persönlich darauf achten, dass die Entlassenen bei ihren Einkäufen nicht übers Ohr gehauen wurden.[38] Zufriedene Polizeisoldaten waren schließlich die besten Werber für die Polizeitruppe, wie der Gouverneur feststellen konnte. Einmal ließ er mehrere Polizeisoldaten für eine Nacht in ihr Heimatdorf zurückkehren und über ihre Arbeit erzählen. Am nächsten Tag strömten zahlreiche junge Männer herbei, um sich als Soldaten anwerben zu lassen.[39] Doch nicht allen Söldnern gefiel der Militärdienst. Der in Rabaul stationierte Soldat Sinade aus Bongu in Kaiser-Wilhelmsland beklagte sich in einem Brief an seine Brüder über die unzureichende Versorgung mit Lebensmitteln sowie über das ungesunde Klima an seinem Standort. Ein Kamerad sei sogar schon verhungert. »Polizeisoldat sein hat seine Schwierigkeiten«, lautete sein Fazit.[40]

Zusätzlich zum Sold hatten die Melanesier Anspruch auf freie Verpflegung. Da aber in der Umgebung der Regierungsstationen und Pflanzungen einheimische Nahrungsmittel selten in ausreichenden Mengen produziert werden konnten, erhielten die Söldner und Pflanzungsarbeiter häufig importierte Waren wie Reis, Büchsenfleisch und Dosenfisch. Vielen Männern schmeckten diese Lebensmittel so gut, dass sie ihre traditionellen Essgewohnheiten änderten. Heute ist Reis, der vor der Kolonialzeit noch völlig unbekannt war, in ganz Neuguinea vom Speiseplan nicht mehr wegzudenken.[41] Außerdem erhielten die Soldaten einmal in der Woche 18 Gramm Tabak und eine Kalkpfeife. Dadurch löste der »vornehmere« Tabak mit der Zeit die Betelnuss als bevorzugtes Genussmittel ab.[42] Kostenlos war auch die Unterbringung. Dabei orientierte das Gouvernement sich in der Regel an der traditionellen Architektur. So wurden die 1899 in Friedrich-Wilhelmshafen gebauten vier Unterkünfte im Stil der Hütten in Neu-Pommern gestaltet.[43] 1910 wurden sie durch Baracken aus weißem Korallenkalk ersetzt, die Platz für immerhin 300 Personen boten.[44]

Darüber hinaus stand den Söldnern eine kostenlose medizinische Versorgung zu. Diese erfolgte durch deutsche Regierungsärzte, von denen es 1914 in Neuguinea und im mikronesischen Inselgebiet insgesamt 15 gab. Viele Soldaten begegneten der westlichen Medizin mit einem so großen Misstrauen, dass sie selbst bei Krankheit nicht freiwillig zum Arzt gingen. Oft mussten sie zu Operationen erst überredet werden. Deshalb ging das Gouvernement dazu über, die Söldner zwangsweise alle drei Monate vor allem auf Geschlechtskrankheiten und Krätze untersuchen zu lassen, um eine Verbreitung dieser ansteckenden Krankheiten zu verhindern. Besonders häufig traten Geschwüre, vor allem an Unterschenkeln und Füßen, Zellgewebsentzündungen, Geschwülste, Abszesse und Furunkel auf. Schwerkranke wurden in die sogenannten Eingeborenenkrankenhäuser eingewiesen. Da die Hospitäler aber ständig überfüllt waren und es stets an Soldaten mangelte, kam es vor, dass Kranke nicht genügend geschont wurden und bei Bedarf sogar noch zum Außendienst und zu Expeditionen herangezogen wurden.[45] Nicht mehr diensttaugliche Söldner entließ man umgehend und schickte sie ohne jede finanzielle Absicherung nach Hause. Allem Anschein nach benutzten Regierungsärzte die Angehörigen der Polizeitruppe auch zu medizinischen Versuchen. Um herauszufinden, wie oft und wie viel Chinin eingenommen werden musste, um den Ausbruch von Malaria zu verhindern, verabreichte der Arzt Wilhelm Wendland einigen Söldnern regelmäßig Chinin in unterschiedlicher Dosis.[46]

Obwohl der Sold nicht besonders hoch war, war der Soldatenberuf für viele junge Männer attraktiv, vereinte er doch nach Ansicht des Historikers Hermann Joseph Hiery die »traditionelle melanesische Vorrangstellung eines erfolgreichen Kriegers mit der offiziellen Anerkennung und Wertschätzung durch den Europäer«.[47] Durch den Eintritt in die Polizeitruppe konnte er sein gesellschaftliches Ansehen in der Regel beträchtlich steigern. Eine Ausnahme bildete da der Polizeisoldat Sisao, der nach Ablauf seiner Dienstzeit in sein Heimatdorf zurückkehrte und von den übrigen Bewohnern wegen seiner Arbeit für die Kolonialmacht gemieden wurde.[48] Nur seine Familie hielt zu ihm. Um den ständigen Anfein-

Exerzierende Soldaten in Friedrich-Wilhelmshafen, Kaiser-Wilhelmsland, nach 1900.

dungen zu entgehen, wechselte Sisao schließlich seinen Wohnsitz. Neben dem Prestigegewinn lockte einige Melanesier auch die Aussicht, von nun an quasi unter amtlichem Schutz Rache üben zu können.[49] So meldete sich der freigekaufte Sklave Ganavas freiwillig zur Polizei, um seine ehemaligen Herren zu drangsalieren. Er versah seinen Dienst mit besonderem Eifer, denn nichts erfreute ihn mehr, »als die Leute von Livu mit seinem Gewehr bekannt zu machen«.[50]

Für ihr Geld und die vereinbarten Zuwendungen mussten die Soldaten hart arbeiten, wie der Dienstplan der Polizeitruppe von Friedrich-Wilhelmshafen erahnen lässt.[51] Jeden Morgen von sechs bis sieben Uhr exerzierten die Soldaten »stramm wie pommersche Grenadiere«. Von sieben bis acht Uhr war Bootsdienst angesetzt. Anschließend mussten die Männer bis 11.30 Uhr diverse Arbeiten verrichten. Nach einer Mittagspause stand von 13 bis 17.30 Uhr noch einmal Arbeitsdienst auf dem Plan. Der bei den Männern wohl nicht besonders beliebte Arbeitseinsatz umfasste das Fällen von Bäumen, das Ausbessern von Häusern, die Installation von Viehzäunen oder das Einsammeln von Kokosnüssen.[52] Zweimal in der Woche schossen die Söldner scharf auf Scheiben. Ansonsten wurden die Gewehre der Söldner unter Verschluss gehalten.[53] Damit wollte das Gouvernement verhindern, dass der einheimischen Bevölkerung moderne Feuerwaffen in die Hände fielen. Das gelang jedoch nicht immer. Im Oktober 1896 stahl der von der Ostküste Neu-Mecklenburgs stammende Soldat Gamelle in Herbertshöhe fünf Gewehre sowie zahlreiche Patronen aus dem Magazin und desertierte, um seinem Clan in einem Konflikt mit anderen Melanesiern beizustehen.[54]

Alle Kommandos während des Dienstes erfolgten auf Deutsch. Bei den Söldnern setzten sich dadurch deutsche Ausdrücke und Redewendungen durch, von denen einige dauerhaft Eingang in das Tok Pisin gefunden haben wie »sutman« (Schutzmann), »Gever« (Gewehr) oder »sisan« (stillgestanden).[55] Dass der Umgangston beim Militär nicht gerade herzlich war, zeigt der Erhalt zahlreicher Schimpfwörter wie etwa »saiskanake« (Scheißkanake) und »dumkop« (Dummkopf). Für die Erteilung von Befehlen und Instruktionen verwendeten die deutschen Vorgesetzten das zunächst vor allem an der Küste gesprochene Tok Pisin oder Pidgin-Englisch. Die hauptsächlich aus englischen und melanesischen Elementen bestehende Sprache entwickelte sich rasch zur Verkehrssprache in ganz Deutsch-Neuguinea. Mitverantwortlich für die rasche Verbreitung des Tok Pisin waren sicher die melanesischen Polizeisoldaten.

Das Erlernen der deutschen Sprache durch die Söldner wurde von der Verwaltung nicht gefördert. Trotzdem gab es einzelne Männer mit Deutschkenntnissen in der Kolonialtruppe. Der Soldat Sua beispielsweise verdankte seine Sprachkenntnisse einer dreijährigen Tätigkeit als Wäscher auf dem deutschen Kreuzer *Condor*.[56] Gegen Ende der deutschen Kolonialherrschaft gab es auch eine immer größer werdende Anzahl von Söldnern, die Lesen und Schreiben konnten. Viele von ihnen hatten eine der von den Missionen eingerichteten Schulen besucht. Gebildete Melanesier, so die Beobachtung eines Missionars, hatten größere Chancen, eine Anstellung als Hausjunge eines Europäers oder als Polizeisoldat zu finden.[57]

Wenn die Söldner nicht gerade arbeiten oder exerzieren mussten, unterstützten sie die Verwaltung bei ihrer Arbeit. Sie wurden zu Botendiensten, zur Verhaftung von Einheimischen, bei der Steuereintreibung, zur Bewachung von Gefangenen oder zur Requirierung und Beaufsichtigung von Arbeitskräften für »öffentliche Arbeiten« wie Straßen- und Stationsbau eingesetzt. Gegenüber der einheimischen Bevölkerung verhielten sich Polizeisoldaten nicht immer wie »Engelsknaben«, wie ein deutscher Beamter einräumen musste. Mancher nutzte seine privilegierte Stellung als Organ der Verwaltung, um Menschen zu drangsalieren und sich persönlich zu bereichern. Gouverneur Hahl fand eines Tages heraus, dass einige seiner Polizisten auf Dienstreisen Einheimischen ihre Schweine, in Neuguinea ein Symbol für Wohlstand, mit vorgehaltenem Gewehr »abkauften«.[58]

Häufig waren Angehörige der Polizeitruppe auch zu »Strafexpeditionen« und militärischen Feldzügen im »Busch« unterwegs. Obwohl derartige Einsätze anstrengend und nicht ungefährlich waren, nahmen die meisten Männer gern daran teil. Motivierend wirkte vor allem die Aussicht auf Beute und Prämien, mit denen die Männer ihr Gehalt aufbessern konnten. So erhielten im Jahr 1890 zehn Polizeisoldaten für ihre Teilnahme an einer dreiwöchigen Expedition insgesamt 40 Mark ausbezahlt.[59] Kriegszüge boten zudem die Aussicht, sich günstig eine Frau zu verschaffen. Immer wieder »überantwortete« das Gouvernement den Söldnern die gefangen genommenen Frauen als »Soldatenweiber«.[60]

Bei den »Strafexpeditionen« taten sich die Melanesier durch eine unbarmherzige und brutale Kriegsführung hervor. Ein deutscher Marineoffizier beobachtete

Auch die Beteiligung an Erschießungskommandos gehörte zu den Aufgaben der Söldner. Hinrichtung eines Melanesiers, der im August 1904 in St. Paul an der Ermordung von zehn Missionaren beteiligt gewesen sein soll.

bei einem gemeinsamen Einsatz gegen die Bewohner der Insel Manus im Jahr 1900, wie die Söldner »förmlich wie im Blutrausch« wüteten und alles niedermachten, »was ihnen unter die Finger lief«.[61]

Zeitgenössischen Berichten zufolge brachten Polizeisoldaten wiederholt Gefangene um, massakrierten Verwundete und verstümmelten Gefallene. Mehrfach mussten Männer im letzten Moment davon abgehalten werden, sich Teile von Leichen oder noch lebenden Verwundeten abzuschneiden und zu verzehren. Um kannibalistische Exzesse möglichst zu vermeiden, ging die Kolonialmacht dazu über, nur noch christliche Söldner aus dem Bismarck-Archipel als Wachen auf dem Kampfplatz zurückzulassen.[62] Bei den zahlreichen »Strafaktionen« kam es immer wieder vor, dass Polizeisoldaten – trotz ausdrücklichen Verbots – auf Frauen und Kinder schossen. Bestraft wurden sie hierfür zumeist nicht. Nur einmal, im Januar 1910, verurteilte das Stationsgericht in Herbertshöhe drei Söldner wegen Totschlags zu zwei bzw. drei Jahren Zwangsarbeit, weil sie während einer »Strafexpedition« mehrere Frauen erschossen hatten.[63] Letztendlich unterschieden sich die Soldaten in ihrem Kampfverhalten nur geringfügig von den Melanesiern, die sie »bestrafen« sollten. Das war auch der Kolonialmacht bewusst, doch mangels Alternativen verfuhr sie nach dem Motto »Diebe fängt man am besten durch Diebe«.[64]

Anders als in den afrikanischen Kolonien wurde in Deutsch-Neuguinea kein besonderes militärisches Disziplinar- und Strafrecht für die Polizeisoldaten eingeführt. »Zur Erhaltung der Ordnung und des Gehorsams« konnte jeder Stationsleiter oder dessen Stellvertreter Disziplinarstrafen verhängen. Dies bestimmte eine am 22. Oktober 1888 von der Neuguinea-Kompanie erlassene Verordnung zur Erhaltung der Disziplin unter den einheimischen Arbeitern, die bis zum Ende der deutschen Kolonialzeit auch für die Polizeisoldaten galt. Zulässige Strafen waren die »Beschränkung der Nahrung und Entziehung von Genussmitteln«,

»Arbeit über die gewöhnliche Arbeitszeit hinaus«, »Einsperrung mit oder ohne Anschließung in abgesonderten« Räumen und »körperliche Züchtigung«.[65] Die Prügelstrafe bestand aus mehreren mit einer Peitsche oder Rute verabreichten Schlägen, wobei die Zahl der Schläge zehn nicht überschreiten durfte. Am 20. Juni 1900 wurden die Bestimmungen durch eine neue Verordnung ersetzt.[66] Die darin aufgeführten Strafen waren allerdings weitgehend mit den 1888 festgeschriebenen identisch. Allein die Zahl der erlaubten Schläge wurde von zehn auf die in den deutschen Kolonien in Afrika üblichen 25 erhöht.

Erhalten gebliebene Strafregister zeigen, dass niemand so häufig auch wegen kleinerer Vergehen geprügelt wurde wie melanesische Polizeisoldaten. Der Soldat Wabun beispielsweise bekam zehn Hiebe, weil er sich in Rabaul auf eine Bank gesetzt hatte. Ein anderer Polizist, der einem ihm anvertrauten Ochsen kein Wasser gab, erhielt fünf Hiebe, ein weiterer elf Schläge, weil er an einem Sonntag seinen Wachdienst mit der Begründung verlassen hatte, er habe an diesem Tag frei. Gründe, um zu einer Prügelstrafe verurteilt zu werden, waren auch »Faulheit«, »Widersetzlichkeit«, »Trägheit«, »Ungehorsam«, »Pflichtverletzung«, »ungebührliches Verhalten«, »überzogener Urlaub« oder »Diebstahl von Kokosnüssen«.[67] Selbst für nicht ausreichend gereinigte Gewehre wurden Söldner schon geschlagen.[68]

Die höchste Strafe unterhalb der Todesstrafe war die Verurteilung zur Zwangsarbeit. Sie wurde gegenüber wieder eingefangenen Deserteuren ausgesprochen, wenn ein Exempel statuiert werden sollte. So mussten sechs aus der Gegend von Potsdamhafen stammende Soldaten, die eigenmächtig vor Ablauf ihrer Dienstzeit in ihre Heimat zurückgekehrt waren, mehrere Monate Zwangsarbeit leisten, weil sie auf ihrer Flucht in verschiedenen Ortschaften gestohlen und sich an mehreren Frauen vergriffen hatten. Nach Verbüßung ihrer Strafe durften sie in ihr Dorf zurückkehren.[69] Das wurde dem aus Neu-Mecklenburg stammenden Deserteur Gamelle verwehrt. Da er auf seinem Weg nach Hause einen Melanesier getötet hatte, wurde Gamelle im September 1900 des Totschlags schuldig gesprochen und zu fünf Jahren Zwangsarbeit verurteilt. Nach seiner Entlassung verbannte ihn Gouverneur Hahl lebenslänglich nach Friedrich-Wilhelmhafen. Hier starb Gamelle am 27. Dezember 1911 an Beriberi, einer Vitamin-B-Mangelkrankheit.[70]

Mit der allmählichen Vergrößerung der Polizeitruppe stieg der Bedarf an neuen Rekruten kontinuierlich von Jahr zu Jahr. Hinzu kam, dass sich auch die Polizei auf den mikronesischen Inseln seit 1905 zunehmend aus Melanesiern zusammensetzte. Darüber hinaus benötigte die heimische Wirtschaft eine große Zahl von Arbeitskräften. Trotz großer Anstrengungen gelang es dem Gouvernement immer seltener, genügend für den Militärdienst geeignete Männer zu finden. So betrug die Stärke der 1911 gebildeten Expeditionskompanie im April 1912 statt der vorgesehenen 125 nur 57 Mann. Und auch die Außenstationen, heißt es in einem Bericht, konnten »nur mit Mühe einigermaßen ausreichend mit Soldaten besetzt gehalten werden«. In dieser Not, schreibt der Befehlshaber der Expeditionstruppe, musste alles an »Menschenmaterial« genommen werden, selbst

Nicht immer verliefen Kontakte mit Einheimischen so friedlich. Melanesische Söldner beobachten einen Frauentanz in Namatanai, um 1910.

Leute, »die wegen allgemeiner Schwächlichkeit oder als zu jung vorläufig noch den Anstrengungen einer Ausbildung, geschweige den auch noch so sehr zurückgeschraubten körperlichen Anforderungen eines Soldatenlebens nicht gewachsen waren«.[71] Sogar 14-jährige Kinder waren erwünscht.[72]

Aufgrund der regelmäßig auftretenden Schwierigkeiten bei der Anwerbung von Rekruten bat Gouverneur Hahl das Reichskolonialamt im Mai 1913 um die Genehmigung zur Einführung einer allgemeinen Wehrpflicht für Einheimische in den bisher unterworfenen Gebieten. Alle 16- bis 30-jährigen Männer sollten für drei Jahre als Soldaten einberufen werden können. Erste Formen einer Dienstpflicht bestanden seit kurzer Zeit in der Umgebung von Rabaul sowie auf den Inseln St. Matthias und Ermirau, ohne dass es bei der Einführung zu Unruhen gekommen war. Das Reichskolonialamt genehmigte Hahls Antrag im September 1913, doch der Ausbruch des Ersten Weltkriegs verhinderte die Durchführung des Projekts.[73]

Im Unterschied zu den übrigen deutschen Kolonien in der Südsee leisteten Teile der Polizeitruppe Widerstand gegen die im September 1914 im Bismarck-Archipel gelandeten australischen Truppen, die die im Bau befindliche Funkstation Bitapaka ausschalten wollten. Dabei hatten die melanesischen Söldner die meisten Opfer zu beklagen. Während in dem eintägigen Gefecht nur ein Deutscher und sieben Australier fielen, starben über 30 Polizeisoldaten. Als die Männer in Massen desertierten, weil sie für die Kolonialmacht nicht länger den Kopf

Gefangen genommene melanesische Soldaten an Bord des vor Rabaul ankernden australischen Kriegs-
schiffs *Sydney,* September 1914.

hinhalten wollten, musste der Gouverneur kapitulieren. Die übrigen Regierungsstationen in Neuguinea sollten sich dagegen kampflos ergeben. Einzelne deutsche Kolonialbeamte wie der Leiter der Station Morobe versuchten aber, sich der
Gefangennahme zu entziehen, in dem sie sich mit ihren melanesischen Söldnern
in das Hinterland zurückzogen. Dabei zeigte sich, dass die Polizeisoldaten nicht
mehr jeden Befehl ihres immer machtloser werdenden Arbeitgebers befolgten.
Zahlreiche Desertionen waren die Folge. Einige der Überläufer erhofften sich
höhere Löhne bei den australischen Truppen. Andere sorgten sich um ihre auf
den Stationen zurückgelassenen Frauen.[74] Die geänderten Machtverhältnisse erlaubten manchem Gedemütigtem, seine Abscheu gegenüber seinem langjährigen
Peiniger zu zeigen. So spuckte ein melanesischer Unteroffizier nach der Ankunft
australischer Einheiten in Friedrich-Wilhelmshafen vor seinem deutschen Vorgesetzten aus.[75]
   Manche Melanesier waren der Ansicht, dass ihr Arbeitsvertrag mit der Niederlage der Deutschen beendet war, und machten sich auf den Weg nach Hause.
Vor allem im Sepik-Distrikt war die Zahl der Söldner hoch, die sich weigerten,
für die neuen australischen Herren zu arbeiten.[76] Andere fühlten sich von den
Australiern zu schlecht behandelt, um für sie arbeiten zu wollen. Nach der Über-
gabe Rabauls waren die dort stationierten Soldaten zunächst wie Kriegsgefangene behandelt und nur miserabel verpflegt worden. Das sorgte für Missstimmung.
27 Polizeisoldaten, die aus der Landschaft Narkanai auf Neu-Pommern stammten,

versuchten deshalb, sich in ihre Heimat durchzuschlagen. Als die australischen Truppen das Fehlen der Männer bemerkten, nahmen sie die Verfolgung auf und stellten die Flüchtlinge. Es kam zu einem Schusswechsel, bei dem mehrere Melanesier getötet wurden. Die Übrigen ergaben sich. Die Australier brachten die Gefangenen zurück nach Rabaul, wo sie zu Haftstrafen und Zwangsarbeit verurteilt wurden.[77] Den meisten Melanesiern bereitete der Wechsel des Arbeitgebers aber keine Probleme. So bestand die von der australischen Militärverwaltung gegründete Native Constabulary im Juni 1921 aus 440 einheimischen Polizisten, von denen der größte Teil bereits unter den Deutschen gedient hatte.[78]

»Schade um das Geld«
Söldner aus der Südsee in Ostafrika

Nach dem Ausbruch des Maji-Maji-Kriegs in Deutsch-Ostafrika im Juli 1905 benötigte die Kolonialtruppe dringend neue Rekruten, da die vorhandenen Kräfte nicht für eine Gegenoffensive ausreichten. Neben Einheimischen sollten auch 500 Ausländer eingestellt werden, denn Gouverneur Gustav Adolf von Götzen befürchtete, »dass bei einer allgemeinen Erhebung der Eingeborenen auch Teile der fechtenden Truppe zu den Aufständischen übergehen würden, um nicht gegen die eigenen Landsleute kämpfen zu müssen«.[1] Doch nur die italienische Regierung erlaubte die Anwerbung von 200 Sudanesen in Eritrea. Großbritannien dagegen verbot jede Rekrutierung in seinen überseeischen Besitzungen. Auch der Gouverneur der deutschen Kolonie Kamerun zeigte sich wenig kooperativ. Er lehnte die beantragte Anwerbung von 150 Rekruten aus »politischen Gründen«, die möglicherweise mit dem eigenen Bedarf an Rekruten zusammenhingen, ab.[2]

Verzweifelt telegrafierte Götzen Ende August 1905 nach Deutsch-Neuguinea und bat dort um 150 der als »besonders tüchtig und widerstandsfähig« geltenden Buka von den Salomon-Inseln.[3] Diesmal traf der Gouverneur auf mehr Entgegenkommen. Schon drei Monate später, am 9. Dezember, verließ der kleine Gouvernementsdampfer *Seestern* mit 150 Männern und drei Frauen an Bord den Hafen von Herbertshöhe. In der Kürze der Zeit konnten allerdings nur 26 der gewünschten Buka aufgetrieben werden, der Rest stammte aus anderen Gegenden des »Schutzgebiets«. Bis auf zwölf hatten sich die militärisch noch nicht ausgebildeten Männer freiwillig nach Ostafrika gemeldet und für zwei Jahre verpflichtet. Der Gouverneur von Deutsch-Neuguinea, Albert Hahl, glaubte, dass die Melanesier »nach tüchtiger Schulung« gute Soldaten abgeben würden.[4] Seinem Kollegen riet er, eine »unverdiente oder übermäßige Züchtigung« der Leute möglichst zu vermeiden, denn das würde sie nur »störrisch und unbrauchbar« machen.[5]

Die Fahrt ging über Makassar, Batavia, Singapur und Colombo nach Bombay in Britisch-Indien. Dort stiegen die Südseeinsulaner auf den Dampfer *Sultan* der Deutsch-Ostafrika-Linie um. Am 31. Januar 1906 trafen die Melanesier in Daressalam ein. Schon wenige Tage später begann die Grundausbildung der neuen Rekruten, zu der auch der gerade nach

Eines der wenigen Fotos von den melanesischen Askari in Daressalam, Anfang 1906. Die beiden Männer aus der Südsee in der Mitte werden zur Verdeutlichung ihrer geringen Körpergröße von zwei großgewachsenen Afrikanern eingerahmt.

Ostafrika versetzte Leutnant Phillip Correck abkommandiert war. Auf ihn machten die »Papuas« einen »zart kindlichen Eindruck«.[6] Skeptisch war der Offizier gegenüber der Verwendbarkeit der Südseeinsulaner als Soldaten in Ostafrika. Er glaubte nicht, »dass diese Krieger auch nur einen Marsch von einigen Stunden aushalten« würden.[7] Seinen Informationen nach kostete das ganze Experiment 70 000 Mark. »Schade um das Geld«, notierte Correck am 3. Februar in sein Tagebuch.[8]

Die Skepsis des Leutnants schien berechtigt. Innerhalb weniger Wochen erkrankten rund 30 Melanesier an Malaria und Beriberi. Eine daraufhin vom Kommando der »Schutztruppe« einberufene Kommission kam zu dem Ergebnis, dass die Südseeinsulaner aufgrund ihrer schwachen Konstitution und ihrer Anfälligkeit gegenüber Krankheiten bis auf wenige Ausnahmen »militärisch unbrauchbar« seien und noch nicht einmal zum Garnisonsdienst zu verwenden wären.[9] Um möglichst schnell neue Rekruten einstellen zu können, entschloss sich der Gouverneur, die Melanesier umgehend nach Neuguinea zurückzuschicken. Die ersten 40 verließen schon am 12. März 1906 Ostafrika. Der Rest folgte im Mai nach. Unterwegs starben drei der Kranken, sieben weitere ließ man in den Hospitälern der Hafenstädte Aden und Hongkong zurück, da sie nicht mehr transportfähig waren. Über ihr weiteres Schicksal ist in den Akten nichts zu erfahren. Fast alle Rückkehrer erhielten vom Gouvernement in Deutsch-Neuguinea eine

Gruppenbild der von den Deutschen in der Umgebung von Finschhafen eingesetzten Luluais, um 1912. Der Mann ganz rechts, Amos-Tau, hatte zuvor als Polizeisoldat in Deutsch-Ostafrika und auf Ponape in Mikronesien gedient.

Anstellung als Polizeisoldat oder als Arbeiter. Anscheinend hatten die hiesigen Behörden eine höhere Meinung von den Fähigkeiten der Männer.

In Berlin war man über das schnelle Ende des nicht gerade billigen »Experiments« sehr überrascht. Deshalb bat der Direktor der Kolonialabteilung, Ernst Fürst von Hohenlohe-Langenberg, den zur Erholung in Meran weilenden Gouverneur Graf Adolf von Götzen telegrafisch um Aufklärung. Götzen machte für das Scheitern indirekt den Gouverneur von Deutsch-Neuguinea verantwortlich, weil dieser entgegen seiner Bitte nur sehr wenige Buka geschickt habe. Götzens Stellvertreter in Deutsch-Ostafrika sah das jedoch anders. Seiner Meinung nach war es von vornherein zweifelhaft gewesen, »mit dem minderwertigen Menschenmaterial aus Neu-Guinea die physisch wie geistig verhältnismäßig höher stehenden hiesigen Eingeborenen« beherrschen zu wollen.[10] Über das Schicksal der geringschätzig als »Menschenmaterial« bezeichneten Melanesier verschwendete keiner der hohen Herren auch nur einen Gedanken. Ihre einzige Sorge war, wie sie eine kritische Berichterstattung über den Fall in der heimischen Presse möglichst verhindern konnten. Reichskanzler Bernhard von Bülow wies daher die Kolonialabteilung an, »alsbald und bevor gehässige Bemerkungen aus dem Schutzgebiet über die Heimsendung hierher gelangen«, die amtliche Version über regierungsfreundliche Organe zu verbreiten.[11] Welche Eindrücke die Melanesier aus Afrika mitnahmen und wie sie ihre Behandlung durch die Kolonialherren empfanden, ist leider nicht überliefert.

»Tunlichst Häuptlingssöhne«
Söldner in Mikronesien

1899 erhielt das deutsche Kolonialreich unerwarteten Zuwachs. Nach der Niederlage im Spanisch-Amerikanischen Krieg 1898 musste Spanien seine Kolonien Kuba, Puerto Rico, Guam, die größte Insel der Marianen, und die Philippinen an die USA abtreten. Dadurch verloren die noch in spanischem Besitz verbliebenen mikronesischen Inseln der Karolinen und Marianen an Bedeutung. Die spanische Regierung entschloss sich deshalb, die im Pazifik gelegenen Inselgruppen an das Deutsche Reich, das schon 1885 vergeblich Anspruch auf die Karolinen erhoben hatte, zu verkaufen. Nach der Zahlung von rund 17 Millionen Mark verkündete eine Allerhöchste Order am 18. Juli 1899 offiziell die Inbesitznahme der neu erworbenen Gebiete und erklärte sie zum Bestandteil der Kolonie Deutsch-Neuguinea. Die Übernahme der Inseln erfolgte im Oktober bzw. November 1899. Verwaltungsmäßig wurde Mikronesien in die drei Bezirke Ostkarolinen, Westkarolinen, einschließlich der Palau-Inseln, und Marianen aufgeteilt. Jeder Bezirk sollte seine eigene aus »Farbigen« zu bildende Polizeitruppe erhalten, die möglichst schon bei den Flaggenhissungen anwesend sein sollte.

Die Beschaffung der dazu nötigen Soldaten machte allerdings Schwierigkeiten. Melanesier standen nur in geringer Zahl zur Verfügung, so dass nach weiteren Anwerbegebieten gesucht werden musste. Eine mögliche Option schien Niederländisch-Indien zu sein, wo die Neuguinea-Kompanie Anfang der 1890er Jahre mehrere hundert Arbeiter für ihre Plantagen rekrutieren durfte. Das deutsche Generalkonsulat in Batavia bat daraufhin Anfang Juli 1899 den niederländischen Gouverneur offiziell um die Genehmigung für die Rekrutierung einiger Einheimischer, die auch ohne jede Einschränkung gewährt wurde. Mit der Anwerbung beauftragte man die in der Hafenstadt Makassar sitzende Firma W. B. Ledeboer & Co., die für jeden Rekruten ein »Kopfgeld« von 25 Gulden, rund 46 Mark, erhalten sollte. Insgesamt hatte die Firma 30 Malaien zu beschaffen, wobei der Begriff »Malaie« von den Deutschen in der Regel recht weit gefasst wurde. Häufig bezeichneten sie Ambonesen oder Javaner aus Unkenntnis oder Gleichgültigkeit ebenfalls als Malaien.[1]

Interessenten für den Polizeidienst mussten sich für eine Dienstzeit von drei Jahren verpflichten. Der in Aussicht gestellte Lohn betrug zwölf Gulden, rund 20 Mark, im Monat. Im Krankheitsfall sicherte man ihnen eine besondere Behandlung sowie die kostenlose Lieferung von Lebensmitteln zu.[2] Mitte Juli wies die Kolonialabteilung die Firma Ledeboer an, die Zahl der Anzuwerbenden auf 50 zu erhöhen, von denen mindestens drei Erfahrungen im Anbau von Reis ha-

Telegramm des Gouverneurs von Deutsch-Neuguinea, Rudolf von Bennigsen, an die Kolonialabteilung über die geplante Anwerbung von Malaien in Niederländisch-Indien vom 6. Juli 1899.

ben sollten.[3] Allerdings ließen sich in Makassar nicht genügend Männer finden. Am 15. Juli 1899 musste der deutsche Generalkonsul für Niederländisch-Indien Reichskanzler Chlodwig zu Hohenlohe-Schillingsfürst gegenüber einräumen, dass »die Komplettierung der Leute« schwierig sei.[4] Deshalb wolle er noch anderweitig werben lassen, wobei wohl in erster Linie Bewohner der Insel Ambon, einem Archipel der Molukken, in Betracht kämen. Diese galten zwar als »anspruchsvoller« als die Malaien, genossen dafür aber den Ruf, die besseren Soldaten zu sein.[5] Die meisten Ambonesen waren protestantische Christen. Sie wurden von der niederländischen Kolonialarmee seit den 1870er Jahren vor allem wegen ihrer Religionszugehörigkeit bevorzugt als Rekruten eingestellt, da hier wiederum gehofft wurde, Christen seien loyaler gegenüber einer christlichen Kolonialmacht.[6]

Mitte September war endlich die gewünschte Zahl von 50 Rekruten zusammen, die für umgerechnet 19,20 Mark im Monat sowie einer täglichen Portion Reis zum Auslandseinsatz bereit waren. Einige der Männer hatten sich vor allem deshalb verpflichtet, um mit ihrem Sold Angehörige finanziell unterstützen zu können. Deshalb vereinbarten sie vor der Überfahrt nach Mikronesien mit ihrem neuen Arbeitgeber, dass von dem ihnen zustehenden Gehalt eine bestimmte Summe einbehalten und über das deutsche Konsulat in Makassar an ihre Familien oder Verwandten ausbezahlt wurde. So wollte der Malaie Wadjo jeden Monat 6,40 Mark einer Frau mit dem Namen Kasin zukommen lassen.[7] Andere Männer ließen sich offenbar nur zum Schein anwerben, weil sie es auf den obligatorischen Vorschuss abgesehen hatten. Vier Malaien verschwanden nach der Auszahlung des Handgelds und tauchten unter. Sie wurden zur Fahndung ausgeschrieben. Falls man ihrer habhaft würde, stellte ein Angestellter von Ledeboer

Die Polizeitruppe der Marianen mit Polizeimeister Volkmar Reichel, Saipan, Frühjahr 1903.

& Co. eine eventuelle Nachsendung in Aussicht.[8] So traten nur 46 Malaien auf dem Dampfer *Kudat* die lange Schiffsreise nach Mikronesien an.

Ihren aus sechs Paragraphen bestehenden Arbeitsvertrag unterschrieben die Männer erst an Bord des Schiffes, in dem sie ein Kreuz neben ihren Namen machten. Paragraph 6 des Kontrakts regelte die erlaubten Strafen bei Dienstvergehen. Bei »Ungehorsam, Widersetzlichkeit und anderen Vergehen oder Verbrechen« hatte der Arbeitgeber das Recht, den Betreffenden sofort zu entlassen und nach Hause zu schicken.[9] Unterwegs kam es zu den ersten Problemen mit den Malaien. Ein Mann versuchte, eine Frau zu vergewaltigen, ein anderer drohte schwer betrunken mit einem Amoklauf. Der als Aufsicht mitfahrende deutsche Polizeimeister Gottfried Braun überlegte kurzzeitig, beide Übeltäter umgehend nach Makassar zurückzuschicken, doch angesichts der schon geschrumpften Zahl malaiischer Rekruten entschied er sich, die Leute lieber mit Arrest sowie zehn Stockhieben zu bestrafen. Nach einer mehrwöchigen Überfahrt erreichten schließlich alle 46 Malaien die mikronesischen Inseln. 22 von ihnen wurden in den Ostkarolinen, je zwölf in den Westkarolinen und den Marianen stationiert.

Auf den Marianen war man mit den gelieferten malaiischen Rekruten gar nicht zufrieden. Georg Fritz, Bezirksamtmann von Saipan, bezeichnete sie in einem Bericht an die Kolonialabteilung als »unbrauchbare Soldaten und schlechte Arbeiter«.[10] Deshalb ersetzte er sie bereits im Juli 1900 durch einheimische Chamorros und Männer von den Karolinen. Ihre Verpflichtungszeit betrug nur ein Jahr, im Notfall mussten sie aber auch noch nach ihrer Entlassung der Polizeitruppe zur Verfügung stehen. Am 1. Januar und 1. Juli jeden Jahres schied die Hälfte der Soldaten aus und wurde durch neue ersetzt. Die Rekruten meldeten sich nicht

Ein »malaiischer« Polizeisoldat, wahrscheinlich Wongso oder Rapona, beaufsichtigt Straßenbauarbeiten in Jap, Westkarolinen, 1906.

freiwillig, sondern wurden eingezogen, denn auf Saipan bestand, zwar »nicht gesetz- und verordnungsmäßig«, wie Fritz einräumen musste, aber praktisch, die allgemeine Wehrpflicht. Zunächst hatten nur Männer zwischen 20 und 25 Jahren ihren Wehrdienst abzuleisten, für die Zukunft plante der Bezirksamtmann jedoch, jeden Mann bereits nach vollendetem 18. Lebensjahr einberufen zu dürfen. Bis zum Januar 1903 hatten schon 94 Männer in der Polizeitruppe gedient.

Die Wehrpflichtigen mussten täglich zum Dienst erscheinen, der von sechs bis 8.30 Uhr morgens dauerte. Er bestand aus Exerzieren und Schießen sowie aus Ruder- und Feuerübungen. Danach durften die Soldaten »ihren eigenen Geschäften« nachgehen. Mannschaften verdienten vier Mark im Monat, Unteroffiziere sechs Mark. Da die einheimischen Soldaten deutlich billiger als die Malaien waren, konnte die Stärke der Polizeitruppe auf 25 Mann und drei bis vier Unteroffiziere erhöht werden. Offenbar, so der Eindruck des Bezirksamtmanns, mache den Leuten der Dienst Freude. Zudem seien sie »anstellig«, »gehorsam«, »exerzieren gut« und »schießen leidlich«.[11] Der Beamte traute der Truppe zu, dass sie bei ausreichender Bewaffnung eine feindliche Landung ernstlich erschweren könnte. Trotzdem wollte Fritz den Soldaten statt der veralteten Hinterlader vom Typ Mauser Modell 71 kein moderneres Repetiergewehr in die Hand geben, da er eine solche Waffe wegen der erschwerten Feuerdisziplin und wegen des komplizierten Mechanismus in den Händen von »Farbigen« für unzweckmäßig hielt.

Von den zwölf auf die Westkarolinen entsandten Malaien mussten zwei vorzeitig nach Hause geschickt werden. Der Soldat Maku verließ bereits am 28. November 1899 aus gesundheitlichen Gründen die Polizeitruppe, Raka wurde sieben Monate später wegen »Gemeingefährlichkeit« entlassen.[12] Weitere drei Malaien erwiesen sich für den Militärdienst als unbrauchbar und wurden zunächst als Pflanzungsarbeiter eingesetzt, bevor man sie vorzeitig nach Hause zurückschickte.[13] So erfüllten nur die Soldaten Wongso, Rapona, Palipu, Sairu, Kumat und Mangeran ihren dreijährigen Kontrakt. Drei von ihnen machten ihre Arbeit so gut, dass ein Beamter sie als »für unsere Verhältnisse unersetzliche Kräfte« lobte und ihnen eine Weiterbeschäftigung anbot.[14] Die von der Insel Java stammenden Wongso und Rapona nahmen das Angebot an. Nach einem dreimonatigen Aufenthalt in ihrer Heimat kehrten sie mitsamt ihren Frauen für drei Jahre nach Jap, dem Verwaltungssitz der Westkarolinen, zurück.[15]

Der Polizeisoldat Gilefs in Zivil, Jap, Westkarolinen, 1906.

Als Ersatz für die entlassenen oder unbrauchbaren Malaien rekrutierte die Kolonialverwaltung der Westkarolinen Einheimische. Bereits im Jahr 1900 stellte sie acht auf der Insel lebende Männer, darunter drei nahe Verwandte von »Oberhäuptlingen«, als Soldaten ein. Weitere Rekruten wurden auf den Palau-Inseln angeworben. Da sie mit acht Mark im Monat deutlich weniger Geld als die Malaien verdienten, konnte die Zahl der Polizeisoldaten auf 32 erhöht werden.[16] Neben einer militärischen Ausbildung erhielten die Leute auch eine Unterweisung als Zimmerleute, Maurer und Pflanzungsarbeiter.[17] 1902 eröffnete man auf Palau sogar eine Schule für Polizisten, in der sie in Deutsch, Mathematik, Schreiben und Lesen unterrichtet wurden.[18] Schon bald gab es in der Polizeitruppe eine Reihe von Männern, die relativ gut Deutsch sprachen. Einzelne, wie der Soldat Gogofaß, sprachen zur Überraschung der wenigen Besucher aus Deutschland sogar »vollkommen fehlerloses, fließendes, wunderbarstes Hochdeutsch«.[19]

Mit den einheimischen Soldaten war die Kolonialmacht weitgehend zufrieden: »Die in die Polizeitruppe eingestellten jungen Männer«, heißt es in einem Bericht, »haben sich pflichttreu, aufrichtig und verständnisvoll für ihre Aufgaben erwiesen; eifrig und selbstbewusst in ihrem Dienst, blieben sie doch immer höflich und rücksichtsvoll gegen jedermann.«[20] Zur Disziplinierung der Männer verzichtete man weitgehend auf die Prügelstrafe. Da die Einheimischen von Jap als »feinfühlig« galten, sollte sie nur im äußersten Notfall und bei ganz besonderen Umständen angewandt werden. Im Berichtsjahr 1902/1903 war das angeblich nur einmal der Fall.[21]

James Gibbon (* 1828, † 1904)

Der einzige »farbige« Polizeimeister im gesamten deutschen Kolonialreich hieß James Gibbon. Geboren wurde der Jamaikaner afrikanischer Abstammung im Jahr 1828. Zunächst arbeitete er in seiner Heimat für die britische Kolonialmacht, bevor er auf einem Walfangschiff als Matrose anheuerte. Im Alter von 30 Jahren hatte Gibbon genug vom Walfang und entschloss sich, auf der zu den Karolinen gehörenden Insel Palau sesshaft zu werden. Dort baute er sich eine Existenz als Händler auf, lebte mit mehreren einheimischen Frauen zusammen und wurde Vater eines Sohnes. Sehr schnell passte sich Gibbon den Landessitten an. So lief er wie alle anderen auch barfuß umher und gewöhnte sich das Kauen von Betelnüssen, einem in

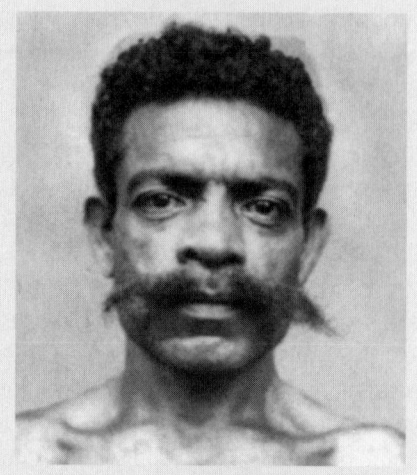

James Gibbons Sohn William diente ebenfalls für einige Jahre in der Polizeitruppe, Palau 1909/10.

der Südsee weit verbreiteten Rauschmittel, an. Wegen »seines lauteren Charakters« soll Gibbon »in hohem Ansehen« bei den Einheimischen gestanden haben.[1]

Als das Deutsche Reich im Jahr 1899 die Karolinen von Spanien kaufte, benötigte die Kolonialmacht kurzfristig Kolonialbeamte zur Verwaltung der neu erworbenen Gebiete. Auf den Palau-Inseln lebte jedoch kein einziger Europäer, dem man diese Aufgabe hätte übertragen können. Da die anwesenden japanischen Händler aus politischen Gründen nicht in Betracht kamen, setzte Arno Senfft, der Bezirksamtmann der Westkarolinen, Ende Februar 1901 »den äußerst rüstigen und gebildeten Neger« James Gibbon als Stationsleiter und Polizeichef ein.[2] Dieser hatte den Deutschen bereits vorher mehrmals gute Dienste als Dolmetscher geleistet.

Als höchster Vertreter des Reiches im Umkreis von mehreren hundert Kilometern verfügte Gibbon über hoheitliche Rechte. Er durfte eigenhändig Proklamationen erlassen, Verhaftungen anordnen und Bestrafungen in Form von Geldbußen und Zwangsarbeit vornehmen. Dafür standen ihm fünf Polizeisoldaten zur Verfügung, deren Ausbildung in seiner Verantwortung lag. Einmal im Monat rief Gibbon alle »Oberhäuptlinge« zu einer Sitzung zusammen, um sich mit ihnen über alle anstehenden Maßnahmen zu beraten. Für seine Arbeit erhielt er eine regelmäßige Bezahlung und ein Amtshaus. Aufgrund seiner Stellung zählte Gibbon für die Kolonialmacht nicht zu den »Eingeborenen«, sondern wurde in der Statistik als »civilisirter Neger« geführt.[3]

Offensichtlich löste Gibbon seine Aufgaben zur vollsten Zufriedenheit seiner Vorgesetzten. Noch im Dezember 1901 sicherte man dem »verdienten« Kolonialbeamten den von ihm bewohnten Grund und Boden auf Lebenszeit zu.[4] Davon sollte er allerdings nicht lange etwas haben. Am 8. Februar 1904 starb James Gibbon im Alter von 76 Jahren. Sein Nachfolger war der deutsche Polizeimeister Wilhelm Winkler, der Ende Januar 1905 auf Palau eintraf.

1 Bericht von Senfft über einen Besuch der Palau-Inseln, 24.12.1901. In: DKBl, 13 (1902), S. 263.
2 Ebd.
3 Hiery: Das Deutsche Reich in der Südsee, S. 267.
4 Krämer: Palau, Bd. 1, S. 156.

Die größte Zahl von Malaien war in den Ostkarolinen auf Ponape stationiert. Da die dortige Bevölkerung aber als besonders widerspenstig galt, stellte Vizegouverneur Albert Hahl bereits im Januar 1900 den Antrag, weitere 40 Rekruten für die Polizeitruppe anwerben zu dürfen. Weil er mit den Malaien nicht vollständig zufrieden war, schlug Hahl vor, Melanesier oder Ambonesen als Soldaten einzustellen. Gouverneur von Bennigsen hielt es jedoch nicht für geboten, so viele Männer auf einmal in Niederländisch-Indien anzuwerben, da die Erfahrung gezeigt habe, dass »man unter einer so großen Anzahl viel ungeeignetes Material« bekäme.[22] Er genehmigte nur die Einstellung von zwölf ausgesuchten guten Leuten, möglichst ehemaligen Soldaten der niederländischen Kolonialarmee. Bis zum Sommer hatte der deutsche Konsul auf der Insel Ambon zwölf Männer gefunden, die über Herbertshöhe nach Ponape verschifft wurden.[23]

Ein Jahr später durfte die Polizeitruppe noch einmal mit zwölf Malaien verstärkt werden. Von diesen erreichten aber zunächst nur neun Männer im März 1901 die Insel. Die Rekruten Ambodale und Raman folgten im Juni. Sie hatten die Abfahrt des Dampfers verpasst und wurden mit dem nächsten Schiff nachgeschickt. Der Malaie Taking dagegen überlegte es sich kurz vor der Abfahrt noch einmal anders. Er löste seinen Kontrakt wieder und zahlte der Anwerbefirma seinen Vorschuss zurück. Um überhaupt Arbeitswillige finden zu können, hatten die Agenten den Monatslohn auf 32 Mark erhöhen müssen, was Hahl im Verhältnis zur Leistungsfähigkeit früherer malaiischer Söldner als sehr hoch empfand. Deshalb empfahl er, Anwerbungen in Zukunft nicht mehr von kaufmännischen Agenten vornehmen zu lassen, die für viel Geld nur eine »wenig brauchbare Mannschaft« zusammengebracht hätten.[24]

Dieser Empfehlung wurde ein Jahr später entsprochen. Mit der Aufgabe, guten Ersatz für die in Kürze ausscheidenden 35 Malaien zu beschaffen, betraute der Vizegouverneur den Polizeimeister Braun, der früher einige Jahre in der niederländischen Kolonialarmee gedient hatte. Weil man mit den zuletzt eingestellten Malaien nicht zufrieden war, sollte er die Rekrutierung möglichst im Innern Javas vornehmen, wo das »geeignetste Truppenmaterial« vermutet wurde.[25] Interessenten konnte Braun folgendes Angebot machen: ein Monatslohn von 20 Mark, freie Kleidung, freie ärztliche Behandlung, freie Aus- und Heimreise, Mitnahme der Familie, täglich ein Kilogramm Reis, auch für jedes erwachsene

Familienmitglied. Die Verpflichtungszeit betrug drei Jahre, vom Tag des Eintreffens in Ponape gerechnet. Falls sich zu diesen Bedingungen niemand anwerben ließ, war der Polizeimeister berechtigt, einen höheren Lohn anzubieten. Die äußerste Grenze lag bei 32 Mark, allerdings fiel dann die kostenlose Verpflegung weg. Mitte Dezember 1902 trafen 30 Malaien, neun Frauen und zwei Kinder auf der Insel ein, die den Arbeitsvertrag nur unterschrieben hatten, weil Polizeimeister Braun mit seinen Lohnzusagen bis an die Grenze der erlaubten 32 Mark im Monat ging.

Von den 1902 angeworbenen Malaien verlängerten 17 im Dezember 1905 ihren Vertrag, nachdem sie erfahren hatten, dass auch der Polizeimeister Braun, den sie offenbar als angenehmen Vorgesetzten schätzten, zwei weitere Jahre in Ponape blieb.[26] Von einer erneuten Anwerbung in Niederländisch-Indien wollte der nunmehr amtierende Vizegouverneur Viktor Berg jedoch in Zukunft Abstand nehmen, da er die Löhne und die Transportkosten für Malaien als zu hoch empfand. Um die entstandenen Lücken zu füllen, entschloss er sich 1905, sich an Einheimische zu wenden. Zu diesem Zweck stellte Berg 15 Männer von den Truk-, Lukunor- und Satawan-Inseln ein, denen noch einzelne Leute, »tunlichst Häuptlingssöhne«, aus anderen Inselgruppen folgen sollten.[27] Unter den eingestellten Rekruten befanden sich die Söhne der »Oberhäuptlinge« von Lukunor und Satawan sowie der Bruder des »Häuptlings« von Oneapeni. Ein Jahr später traten auch der angehende »Häuptling« von Fananu auf den Hall-Inseln und der Bruder des »Oberhäuptlings« von Tol in der Truk-Lagune in die Polizeitruppe ein.[28] Für ihren Dienst erhielten sie 16 Mark im Monat sowie freie Verpflegung. Berg erhoffte sich von dem Einsatz dieser Einheimischen ein besseres Verständnis für behördliche Anordnungen auf den Inseln, eine allmähliche Gewinnung von Dolmetschern auf allen Inselgruppen sowie die Heranbildung von geeigneten »Oberhäuptlingen« bzw. Hilfsorganen für die »Oberhäuptlinge«.[29]

Als zweites »landfremdes Element« kamen auch Melanesier aus Deutsch-Neuguinea in Mikronesien zum Einsatz. Die Ersten waren bereits 1899 mit Vizegouverneur Albert Hahl auf den Ostkarolinen eingetroffen. Die 20 aus Neu-Pommern stammenden Männer verpflichteten sich zunächst für ein Jahr zum Dienst fern ihrer Heimat.[30] Das Zusammenleben zwischen Einheimischen und den melanesischen Polizeisoldaten gestaltete sich jedoch schwieriger als erwartet. Die Karoliner verachteten die Melanesier wegen ihrer angeblichen Menschenfresserei und forderten die Kolonialverwaltung auf, die »schwarzen Männer« umgehend wieder fortzuschaffen.[31] Die Melanesier dagegen waren es schon bald Leid, sich von den Einheimischen ständig als »Nigger« beleidigen zu lassen. Damit der Konflikt zwischen beiden Volksgruppen nicht eskalierte, kam das Gouvernement dem Wunsch der Melanesier nach vorzeitiger Rückbeförderung in ihre Heimat nach. Zur »Strafe« wollte Gouverneur von Bennigsen die Männer nach ihrer Rückkehr noch einige Monate »tüchtig« für die Verwaltung arbeiten lassen, damit sie sich nicht einbildeten, »ohne Gegenleistung auf Kosten des Gouvernements in der Südsee lange Spazierfahrten« machen zu können.[32] Aufgrund dieser Erfahrung plädierte er dafür, in Zukunft davon Abstand zu nehmen, Melanesier in den Karolinen als Polizeisoldaten zu verwenden.

Sein Nachfolger und früherer Vize-gouverneur Hahl sah das anders. Die ausscheidenden Malaien ersetzte er 1908 durch rund 40 Melanesier. Weite-re 100 schickte der Gouverneur noch im gleichen Jahr nach Ponape, als es dort im Zuge der von der Verwaltung an-geordneten Straßenbaumaßnahmen zu Unruhen kam. 1910 musste ihre Zahl bereits wieder auf 50, nach anderen Quellen auf 24, reduziert werden, da die Polizeitruppe in Deutsch-Neuguinea selbst einen großen Bedarf an Soldaten hatte.[33] Nach Ausbruch des Aufstands der Dschokadsch, die sich gegen die gewaltsame Einführung der Arbeits-pflicht in ihrem Bezirk wehrten, ent-sandte Hahl im Dezember 1910 erneut 138 Melanesier, zumeist gerade einge-stellte Rekruten, die zusammen mit den Landungskorps deutscher Kriegsschif-fe die Rebellion niederschlagen sollten.

Der von der Salomon-Insel Buka stammende Söldner Katau mit seiner Frau in Ponape, Ost-karolinen, 1908.

Nach Meinung ihrer Vorgesetzten versagten die melanesischen Soldaten jedoch in den Kämpfen mit den gut bewaffneten Aufständischen, was eine Reorganisation der Polizeitruppe Deutsch-Neuguineas zur Folge hatte. Trotzdem rekrutierte sich die Polizei auf den Ostkarolinen weiterhin weitgehend aus Bewohnern Deutsch-Neuguineas. So verfügte Ponape im Sommer 1914 über »eine wohl einexerzierte und gut disziplinierte Polizeitruppe von etwas über 80 Melanesiern«.[34]

Zu Mikronesien gehörten auch die schon 1885 vom Deutschen Reich in Besitz genommenen Marshall-Inseln, die bis zum Jahr 1906 von der Jaluit-Gesellschaft verwaltet wurden. Erst dann ging die Verwaltung auf das Reich über, und die Inseln wurden wie das übrige Mikronesien dem Gouverneur von Deutsch-Neu-guinea unterstellt. Im gleichen Jahr entdeckte man umfangreiche Phosphatvor-kommen auf der von den Marshall-Inseln mitverwalteten kleinen Insel Nauru. Zum Abbau warb die Gesellschaft chinesische Arbeiter in der deutschen Ko-lonie Tsingtau an. Angesichts der Menschenmassen auf Nauru verstärkte die Verwaltung die bis dahin nur aus einem Mann bestehende Polizei im Jahr 1907 durch zwei Einheimische und sechs Melanesier. Da die wenigen Polizisten die inzwischen rund 600 Kulis nicht unter Kontrolle bekamen, beantragte die Jaluit-Gesellschaft die sofortige Entsendung von zwölf weiteren »gedienten, zuverläs-sigen Polizeisoldaten«.[35] Sie erklärte sich bereit, den Sold für die Männer zu be-zahlen und garantierte eine kostenlose ärztliche Behandlung durch eigene Ärzte.

Der Leiter der Station Nauru, Konrad Geppert, vor dem Stationsgebäude, Juni 1907. Links ein einheimischer Polizeisoldat.

Außerdem wollte sie die Kosten für die Schiffspassage der Melanesier übernehmen. Am 20. Oktober 1907 trafen ein melanesischer Unteroffizier und elf Soldaten auf Nauru ein.

Auf die Unterbringung einer so großen Zahl von Soldaten war die Verwaltung nicht vorbereitet. Provisorisch quartierte man die nunmehr 21 Männer in drei aus Buschmaterial errichteten Häusern ein, die allerdings kaum Schutz gegen schlechtes Wetter boten und den sanitären Bestimmungen nicht genügten. Deshalb begann man noch im Dezember 1907 mit dem Bau einer Unterkunft aus Holz.[36] Der Dienst der Polizisten war eintönig. Er bestand überwiegend aus regelmäßigen Patrouillengängen bei Tag und bei Nacht, um – bewaffnet mit Gewehr und Holzknüppeln – für die Aufrechterhaltung von Ruhe und Ordnung unter den Chinesen zu sorgen. Der Lohn variierte je nach Volksgruppe. Während die aus Nauru stammenden Soldaten 30 Mark im Monat verdienten, bekamen die Melanesier für die gleiche Arbeit nur sechs Mark. Ob diese Ungleichbehandlung Missstimmung unter den Melanesiern hervorrief, ist nicht bekannt. Auch für eine ausreichende Verpflegung der Männer war nicht gesorgt worden. Zum Glück für die Verwaltung befanden sich noch große Bestände von alten Nahrungsmitteln auf der Insel, die man an die Soldaten verteilen konnte. Im August 1908 meldete ein Kolonialbeamter nach Berlin, dass in den letzten Monaten insgesamt 29 Sack Reis, sieben Dosen Hartbrot und 118 Büchsen Rindfleisch aufgebraucht worden seien.[37] Danach besserte sich die Verpflegung. Die Kolonialmacht versorgte die melanesischen Söldner sogar regelmäßig mit traditionellen Lebensmitteln wie Süßkartoffeln oder Yams, die auf Nauru nicht erhältlich waren. Die Lieferun-

gen enthielten auch einheimische Genussmittel wie die Betelnuss.[38] Nachdem die
letzten Bewohner der Marshall-Inseln aus
der Polizei ausgetreten und durch Melanesier ersetzt worden waren, stammten
im Jahr 1914 alle 21 Soldaten auf Nauru
aus Deutsch-Neuguinea.

Eine ähnliche Entwicklung gab es auch
auf den Marshall-Inseln. 1912 genehmigte der Reichstag den Antrag, die Zahl
der dortigen Polizisten von sechs auf 18
zu erhöhen. Die Rekrutierung sollte ausschließlich aus Melanesiern erfolgen, da
sie im Unterhalt deutlich billiger als Einheimische waren.[39] Die Stationierung einer so großen Zahl von Melanesiern blieb
nicht ohne Folgen für die mikronesischen
Inseln. Dadurch kam die einheimische
Bevölkerung in Berührung mit dem Tok
Pisin, der Verkehrssprache in Neuguinea.
Zwar konnte sich diese »Kunstsprache«

Unbekannter Soldat in Jap, Westkarolinen,
um 1911.

nicht auf Dauer in Mikronesien durchsetzen, einzelne Ausdrücke sind aber bis
heute in den dortigen lokalen Sprachen zu finden.[40]

Bei Ausbruch des Ersten Weltkriegs betrug die etatmäßige Stärke der Polizei
in Mikronesien jeweils 71 auf den Marianen und den Westkarolinen, 122 auf
den Ostkarolinen und 39 auf den Marshall-Inseln.[41] Zu Kämpfen kam es hier
allerdings nicht. Als australische Einheiten am 6. November 1914 auf der kleinen
Insel Nauru landeten, hatten japanische Truppen zwischen dem 29. September
und 21. Oktober 1914 bereits alle übrigen mikronesischen Inseln besetzt. Für die
Soldaten in deutschen Diensten bedeutete das in vielen Fällen einen Gewissens-
konflikt. Sie mussten sich entscheiden, wie sie sich gegenüber ihrem ehemaligen
Arbeitgeber verhalten sollten. Es gab sowohl Fälle von Loyalität als auch von
Illoyalität. In Truk ließen sich die zwölf Polizisten nicht blicken, als Einheimische am 12. Oktober 1914 die deutschen Beamtenhäuser plünderten. Auf Palau
hielt ein Teil der Söldner zur alten Kolonialmacht, ein ehemaliger Unteroffizier
aber zu den Japanern.[42] Während es einigen Männern keine Probleme bereitete,
für die neuen Machthaber zu arbeiten, kam ein Arbeitgeberwechsel für andere
nicht in Frage. So lehnten auf den Marshall-Inseln 14 melanesische Söldner das
japanische Angebot zur Weiterbeschäftigung ab.[43] Manche organisierten sogar
Widerstand gegen die Fremdherrschaft. Auf Palau setzte sich 1915 der ehemalige
Soldat Temedad an die Spitze einer religiös-politischen, gegen die neuen japanischen Herren gerichteten Bewegung, die jedoch nicht das Ziel verfolgte, die
deutsche Kolonialherrschaft wieder zu etablieren. Temedad wurde verhaftet und
für drei Jahre eingesperrt. Nach einer weiteren Gefängnisstrafe starb er 1924.[44]

»Vorzüglicher Korpsgeist«

Fitafita und Leoleo in Samoa

Erste Versuche Deutschlands, Samoaner als Soldaten auszubilden, begannen bereits im Jahr 1888, als das von zahlreichen Bürgerkriegen heimgesuchte Samoa auf dem Papier noch ein unabhängiges Land war. Deutschland, Großbritannien und die USA rangen um Einfluss auf dem Inselstaat, indem sie jeweils eine der Bürgerkriegsparteien unterstützten. Im Januar 1888 warb der aus Baden stammende Hauptmann Eugen Brandeis, Militärberater des neuen, mit deutscher Unterstützung an die Macht gekommenen Königs Tupua Tamasese, 18 junge Samoaner für eine kleine Polizeitruppe an, die vor allem polizeiliche Aufgaben übernehmen, aber auch mögliche Gegner des neuen Machthabers bekämpfen sollte.[1] Bis zum August bildete er 14 der Männer, die sich für zwei Jahre verpflichtet hatten, als Infanteristen nach dem preußischen Reglement aus. Alle Rekruten waren um die 20 Jahre alt und die Söhne der einflussreichsten »Häuptlinge«. Die besten Männer sollten zu Instrukteuren »erzogen« werden, um mit ihrer Hilfe in den nächsten Monaten bis zu 150 Samoaner militärisch auszubilden.[2] Doch der Ausbruch neuer Unruhen im September 1888 verhinderte, dass diese ehrgeizigen Pläne verwirklicht werden konnten. Das weitere Schicksal der Männer ist unbekannt. Möglicherweise verdingten sich einige von ihnen als Polizisten bei der schon 1879 von den drei an Samoa interessierten Mächten eingerichteten sogenannten Munizipalverwaltung für die Stadt und den Distrikt Apia.

Im Dezember 1899 war es mit der Unabhängigkeit Samoas auch offiziell vorbei. Deutschland und die USA teilten sich das Inselreich, wobei die westliche Hälfte Samoas an das Deutsche Reich, der östliche Teil an die USA fiel. Schon einige Monate nach der Flaggenhissung im Januar 1900 stellte der erste Gouverneur in Samoa, Wilhelm Solf, eine aus Samoanern zusammengesetzte Polizeitruppe auf.[3] Die Bildung erfolgte auf ausdrücklichen Wunsch des samoanischen »Oberhäuptlings« Mata'afa Josefo, der sich durch eine Beteiligung von Samoanern am kolonialen System ein stärkeres Mitspracherecht bei Entscheidungen der Kolonialverwaltung erhoffte. Die ersten Rekruten stammten aus den führenden »Häuptlingsfamilien« des Landes und waren von Mata'afa persönlich empfohlen worden, wobei er streng darauf achtete, dass alle Bezirke gleichmäßig vertreten waren. Insgesamt 52 Mann ließen sich von einem deutschen Regierungsarzt untersuchen, der schließlich 30 auswählte. Dank seiner Unterlagen wissen wir, dass der Kleinste von ihnen 1,64 Meter groß war, der Größte 1,83 Meter. Die durchschnittliche Körpergröße aller Rekruten betrug 1,74 Meter, der durchschnittliche Brustumfang der Männer 94 Zentimeter.

Richard Deeken (sitzend, mit Tropenhut) besucht den samoanischen »Oberhäuptling« Mata'afa (rechts vorne neben Deeken), 1900/01. Eingerahmt wird die Gruppe von den beiden samoanischen Unteroffizieren Muliaega (links) und Nito.

Die o fitafita o le malo [Samoanisch: Regierungssoldaten – d. Verf.], wie die in der Polizeitruppe dienenden Männer nun offiziell genannt wurden, verpflichteten sich zunächst für drei Jahre. Auf Wunsch konnten sie die Dienstzeit verlängern. Bei guten Leistungen und entsprechenden Etatmitteln winkte ihnen eine Beförderung. Der höchste für einen Samoaner zu erreichende Rang war der eines Sergeanten. Trotz der geringen Stärke der Truppe war die Zahl der höheren Dienstgrade relativ groß. 1905 beispielsweise gab es neben 31 Soldaten ohne Rang einen Sergeanten, zwei Unteroffiziere und sechs Gefreite. Durch eine Beförderung erhielt der Fitafita nicht nur einen Zuwachs an Macht und Prestige, sondern auch mehr Geld. Während ein einfacher Soldat 20 Mark im Monat verdiente, bekam ein Gefreiter schon 24, ein Unteroffizier 30 und ein Sergeant sogar 60 Mark.[4] Im Vergleich zu anderen Tätigkeiten war die Bezahlung allerdings nicht gerade üppig. So betrug im Jahr 1910 selbst der Mindestlohn für samoanische Straßenbauarbeiter 2,75 Mark am Tag, also ungefähr 82 Mark monatlich.[5] Aufgrund des allgemeinen Anstiegs der Löhne in Samoa erfolgte 1912 eine Anhebung des Solds.[6] Die Höhe ist allerdings nicht überliefert. Bei Beurlaubungen und Arreststrafen durfte das Gouvernement dem betreffenden Mann für diese Tage den Lohn kürzen.

Zusätzlich zu ihrem Sold erhielten die Fitafita Verpflegung von ihrem Arbeitgeber gestellt. Pro Tag standen jedem Mann Lebensmittel im Wert von 80 Pfennig zu. An öffentlichen Feiertagen sowie an den Geburtstagen des Kaisers und der Kaiserin spendierte der Gouverneur zusätzlich Kuchen für alle. Auch mit Kleidung, die sich an den auf den Fidschi-Inseln getragenen Uniformen orientierte, wurden die Soldaten versorgt. Pro Jahr durften sie fünf Stück weiße und zwei

Parade der samoanischen Polizeitruppe, nach 1900.

Stück blaue Lendentücher, zwei Mützen, je zwei graue und weiße Jacken sowie vier Meter Handtuchstoff verbrauchen.[7] Zur Unterbringung der Samoaner ließ das Gouvernement in Apia vier Häuser in traditioneller Bauweise errichten. Die Herstellungskosten hierfür betrugen 200 Mark.[8]

Die Polizeitruppe sollte ausdrücklich nicht zur Unterdrückung eventuell auftretender Unruhen eingesetzt werden.[9] Dementsprechend oberflächlich war die von einem deutschen Unteroffizier geleitete militärische Ausbildung der Fitafita. Sie bestand vor allem aus Paradieren im »langsamen Schritt« und Gewehrpräsentieren. Der tägliche Dienst umfasste anfangs nur Wachestehen vor dem Gouverneurspalast und vor dem Zollhaus. Da die Männer hiermit nicht ausgelastet waren, setzte die Verwaltung sie auch als Briefträger für das Zollamt ein. Andere Arbeiten waren nach Meinung Solfs aus »Rücksicht auf die Zugehörigkeit der Soldaten zu den hohen und höchsten Häuptlingsfamilien des Landes« ausgeschlossen.[10] Diese Zurückhaltung gab der Gouverneur aber nach und nach auf. Schon bald arbeiteten Fitafita auch als Bootsleute, Hilfspolizisten oder Diener bei deutschen Beamten.

Trotz des nicht gerade aufregenden Dienstes betrachteten viele Samoaner die Einstellung in die Polizeitruppe als »Ehre und Auszeichnung«, wie Vizeadmiral Carl von Coerper im Jahr 1909 beobachtet haben will. Sie würden sich selbst als »deutsche Soldaten« bezeichnen und sich als »Glieder der deutschen Armee« fühlen.[11] Inwieweit derartige Behauptungen der Realität entsprachen oder eher Wunschdenken waren, lässt sich nicht mehr feststellen. Falls einige Polizeisol-

Drei nicht namentlich bekannte Fitafita, vermutlich in Apia, nach 1900.

daten aber tatsächlich so gedacht haben sollten, wäre dies genau im Sinne von Gouverneur Solf gewesen. Denn dieser hoffte, dass die Samoaner durch den Militärdienst »mit dem Deutschtum« vertraut gemacht und an »Disziplin und Pflichterfüllung« gewöhnt würden.[12]

Fitafita, die einigermaßen gut Englisch sprachen, konnten nach Ablauf ihrer Dienstzeit als Polizist, als sogenannte Leoleo, bei der von der Polizeitruppe unabhängigen Landespolizei eingestellt werden, so dass der Dienst bei der Truppe »eine Art Schule für die Polizisten« bildete.[13] 1902 gab es in Samoa insgesamt sieben Leoleos, deren Namen überliefert sind: Nimo, Tatopau, Lotoma, Toloai, Malati, Laumatia und Papalii. Bis zum April 1906 erhöhte sich ihre Zahl auf 22. Ihre Hauptaufgabe bestand in der Kontrolle der ins Land geholten chinesischen Arbeiter und der Bewachung des Gefängnisses von Vaimea. Hin und wieder verhafteten samoanische Polizisten auch betrunkene und randalierende Weiße, was stets zu heftigen Debatten über die Befugnisse der Leoleo und der Fitafita gegenüber Europäern führte.[14] Umstritten war auch die Zahl der Polizisten. So forderte der auf Samoa lebende Deutsche Fritz von Tyszka die Entlassung einiger Leoleo, da ihr Dienst angeblich »hauptsächlich in Spaziergehen und Unterhaltung mit ihren Stammesbrüdern« bestehe.[15]

Andere ehemalige Polizeisoldaten fanden eine Anstellung bei deutschen Unternehmen und verdienten ihren Lebensunterhalt als Arbeiter oder Seemänner. Ein deutscher Beamter lobte sie als besonders tüchtig und zuverlässig. Zudem hätten sie einen »vorzüglichen Korpsgeist«, scheuten »keine Anstrengungen« und

Der Gouverneur Wilhelm Solf mit seiner Familie vor der Residenz in Vailima, September 1910. Auf dem Kutschbock sitzen die beiden Fitafita Paulo und Too.

versagten »bei keinem Dienst weder im Boot noch an Land«.[16] Viele Ehemalige blickten nach ihrer Entlassung stolz auf ihre Militärzeit zurück und tauschten sich gerne mit anderen Fitafita hierüber aus. Als Treffpunkt diente den Veteranen der sogenannte Fitafita-Klub, den ein ausgedienter Unteroffizier in Matautu gegründet hatte.[17]

Deutsche Militärs äußerten sich zumeist begeistert über die Fitafita. Leutnant Reisner, zeitweilig Kommandeur der Polizeitruppe, erfreute sich am Anblick der »strammen und muskulösen Soldaten, dessen sich das 1. Garderegiment nicht zu schämen bräuchte«.[18] Ihm bereitete es großes Vergnügen, »diese adretten braunen Söhne der Südsee in ihrem Dienst beobachten zu können«. Seiner Meinung nach war die Intelligenz der Fitafita der »unserer Durchschnittspolacken«, wie er die Angehörigen der polnischen Minderheit in Deutschland verächtlich bezeichnete, »bei weitem« überlegen, was eine »sehr schnelle Ausbildung in den verschiedenen Dienstzweigen« erlaube. Ähnlich enthusiastisch äußerte sich ein Marineoffizier. Er lobte in einem Bericht an den Kaiser die »militärische Haltung« der samoanischen Soldaten, ihren Diensteifer und ihr Benehmen als »tadellos«.[19] Trotz aller Lobeshymnen blieb die Kolonialmacht den Fitafita gegenüber jedoch stets misstrauisch. Als Anfang 1909 eine bewaffnete Auseinandersetzung mit den Anhängern des »Häuptlings« Lauati drohte, wollte Gouverneur Solf sich lieber nicht auf die Loyalität der Polizeitruppe verlassen. Auf seinen Befehl entfernten die deutschen Polizeimeister heimlich alle Schlagbolzen aus den Gewehren

Afamasaga Maua (* 1872, † 1918/19)

Afamasaga Maua, kurz Saga genannt, wurde am 22. November 1872 in dem auf der samoanischen Insel Upolu gelegenen Dorf Faleasiu geboren.[1] Seine Familie gehörte zu den
angesehensten »Häuptlingsfamilien« im Bezirk Apia. In den 1890er Jahren trat Saga in
die von der Munizipalverwaltung aufgestellte Polizei ein. Nach der Inbesitznahme Samoas
durch die Deutschen im Jahr 1899 blieb er im Polizeidienst und war einer von acht in Apia
stationierten Polizisten. Schon bald machte Afamasaga Maua Karriere in der Kolonialverwaltung. Als Vertreter des Gouverneursdolmetschers Charles Taylor bewährte er sich während dessen Abwesenheit so gut, dass er von Gouverneur Wilhelm Solf ab Dezember 1901
ausschließlich als Übersetzer verwendet wurde. Seine Hauptaufgabe bestand von nun an
darin, die samoanische Dienstkorrespondenz ins Englische und englische Schriftstücke ins
Samoanische zu übersetzen.

Solf hielt große Stücke auf Saga, der in seinen Augen »ein sicherer Kenner samoanischer Sitten und Gebräuche« war und zudem »einen europäisch trainierten Verstand« besaß.[2] Deshalb ernannte der Gouverneur ihn am 8. Februar 1903 zu seinem Privatsekretär
und Ratgeber in allen samoanischen Angelegenheiten. Das spiegelte sich auch in seinem
Gehalt wieder. Anfangs verdiente er 1500 Mark im Jahr. Regelmäßige Lohnerhöhungen
führten dazu, dass er ab April 1912 schließlich 2160 Mark bekam. Damit gehörte Saga zu
den einflussreichsten und am besten verdienenden Samoanern in der Kolonie. Trotzdem
kam er mit seinem Lohn nicht aus. Um seine vielköpfige Familie unterhalten zu können,
musste er sich von seinem Arbeitgeber immer wieder Geld leihen oder um einen Vorschuss
bitten. Im Februar 1909 beliefen sich die Schulden Sagas beim Gouvernement bereits auf
über 13 000 Mark. Da er aber unentbehrlich für die deutsche Kolonialverwaltung war und
diese nicht auf seine Dienste verzichten wollte, gewährte man Saga immer wieder Kredit.

Gouverneur Solf (auf dem Podest, mit Tropenhelm) hält eine Ansprache anlässlich des zehnten
Jahrestages der deutschen Flaggenhissung. Links vom Gouverneur, die Rede übersetzend, Afamasaga Maua, Apia, August 1910.

Saga war sich seiner überragenden Stellung wohl bewusst. Als er im Jahr 1914 seine Position durch die politischen Aktivitäten einiger junger samoanischer Regierungsangestellter bedroht sah, forderte er den neuen Gouverneur Erich Schultz-Ewerth auf, ihm einen deutschen Orden zu verleihen, um dadurch seine Wichtigkeit für die Kolonialmacht auch nach außen zu dokumentieren.[3] Der Ausbruch des Ersten Weltkriegs verhinderte jedoch eine Entscheidung hierüber. Nach der Landung neuseeländischer Truppen auf der Insel im August 1914 trat Saga in den Dienst der neuen Militärverwaltung. Wie viele Samoaner lehnte auch er die Anwesenheit der zahlreichen Kontraktarbeiter auf der Insel ab. Auf Sagas Drängen erließ der neue Administrator Robert Logan deshalb ein Dekret, das allen mit einem Chinesen verheirateten samoanischen Frauen nahelegte, ihren Mann zu verlassen und zu ihren Angehörigen zurückzukehren.[4] Afamasaga Maua starb zwischen November 1918 und April 1919 an den Folgen der Spanischen Grippe, die auf Samoa über 10 000 Opfer forderte.[5]

1 Zu Afamasaga Maua vgl. Hiery: Die Polizei im deutschen Samoa, S. 267 f.
2 Ebd., S. 267.
3 Hiery: Das Deutsche Reich in der Südsee, S. 301.
4 Hiery: The Neglected War, S. 168.
5 Ebd., S. 178.

der Samoaner und warfen die Bolzen mitsamt der Munition in den Hafen von Apia.[20] Den militärischen Schutz in der Kolonie übernahmen für einige Monate 60 melanesische Polizeisoldaten aus Deutsch-Neuguinea.

Weniger angetan von den Fitafita waren dagegen viele auf Samoa lebende Deutsche, die nicht (mehr) dem Militär unterstanden. Bereits 1902 forderten sie von Solf die Auflösung der Einheit und die Bildung einer aus Afrikanern oder Melanesiern bestehenden »Schutztruppe«. Die Gruppe um den ehemaligen Leutnant zur See Richard Deeken fürchtete, dass samoanische Soldaten bei einem etwaigen Aufstand dank ihrer militärischen Ausbildung die Führung übernehmen würden. Als der Gouverneur der Forderung nicht nachkam, versuchten die Fitafita-Gegner vergeblich, durch mehrere Petitionen an den Reichstag in Berlin ihr Ziel doch noch zu erreichen.[21] Mit der Versetzung Solfs in das Reichskolonialamt im Jahr 1911 verlor die Fitafita-Truppe allerdings ihren Förderer. Der neue Gouverneur Erich Schultz-Ewerth zog schon bald nach seiner Amtsübernahme angesichts der jährlichen Kosten von 18 000 Mark für den Unterhalt eine Abschaffung der Einheit in Erwägung, weil er, im Gegensatz zu seinem Vorgänger, die Fitafita für überflüssig hielt. Den willkommenen Anlass für die Auflösung bot der Amoklauf einiger Polizisten im Jahr 1914.

Am Abend des 8. Februar gingen die vier erst vor kurzem in die Polizeitruppe aufgenommenen Soldaten Ao, Faalili, Fili und Sefo nach Dienstschluss ins Kino von Apia, um sich einen der bei den Samoanern sehr beliebten amerikanischen Western anzuschauen. Mindestens zwei der 17 bzw. 18 Jahre alten Fitafita waren

Melanesische Polizeisoldaten in Samoa, 1909.

bereits vor ihrer Militärzeit unangenehm aufgefallen. Faalili war wegen schlechten Benehmens von der Schule geflogen und danach eine zeitlang Boxer gewesen. Ao war aus unbekannten Gründen aus dem amerikanischen Teil Samoas ausgewiesen worden. Nach Ende des Films überfielen sie einige chinesische Arbeiter, die gerade beim Glücksspiel waren, und nahmen ihnen ihr Geld ab. Danach stahlen sie vier Pferde und entwendeten vier Gewehre sowie 300 Schuss Munition aus der Wohnung eines deutschen Polizeimeisters. Auf ihrer Flucht ermordeten sie auf der Pflanzung Lesea zwei Deutsche, vermutlich weil sie sich ihnen in den Weg stellten, als die Flüchtigen sich Nahrung beschaffen wollten. Eine Verfolgergruppe, bestehend aus samoanischen Polizisten, deutschen Siedlern und von der Verwaltung mit Gewehren ausgerüsteten Samoanern, stellte die Soldaten am 11. Februar im Dorf Malie. Während des vierstündigen Schusswechsels wurde Sefo getötet, die verwundeten Faalili und Fili fielen der Lynchjustiz einiger Samoaner zum Opfer. Nur Ao überlebte schwer verletzt. Er wurde zwei Tage später in Vaimea unter Ausschluss der Öffentlichkeit durch den Strang hingerichtet.

Die Gründe für den Amoklauf sind unbekannt. Der Gouverneur vermutete, dass die vier Polizeisoldaten von dem Cowboy-Film so begeistert gewesen seien, dass sie die gesehenen Szenen unbedingt nachspielen wollten. Der Diebstahl der Gewehre und die anschließende Flucht erfolgten seiner Meinung nach aus Furcht vor einer Bestrafung.[22] Wahrscheinlicher ist aber, dass die Aktion einen fremdenfeindlichen Hintergrund hatte. Die meisten Samoaner, vor allem junge Männer, lehnten die Anwesenheit der seit Ende April 1903 von der deutschen Verwaltung ins Land geholten chinesischen Kontraktarbeiter ab. Die Kulis wurden vor allem für das Anwachsen der Kriminalität in der Kolonie verantwortlich gemacht. Der Hass war so groß, dass es bereits zu mehreren Übergriffen der Fitafita gegenüber Chinesen gekommen war. Aus diesem Grund sollten alle Soldaten am 9. Februar öffentlich verwarnt werden.[23]

Die Ereignisse führten dazu, dass der Gouverneur noch im März des gleichen Jahres die Auflösung der Polizeitruppe beschloss. Nur acht bis zehn der »ältesten und dienstbewährtesten« Männer wurden als Bootsleute und Ordonnanzen vom Gouvernement weiterbeschäftigt, die übrigen entlassen.[24] Einige der Entlassenen vergaßen das den Deutschen möglicherweise nicht. Als am 29. August 1914 neuseeländische Truppen auf der Insel landeten, stellten sich ihnen die beiden ehemaligen Polizeisoldaten Po und Futu – vielleicht aus Rachsucht – als Führer zur Verfügung.[25] Zur Verteidigung der Kolonie bildeten die Deutschen nach dem Bekanntwerden des Kriegsausbruchs eine aus deutschen Freiwilligen und samoanischen Leoleos bestehende Polizeitruppe. Zu einem Einsatz der Einheit kam es allerdings nicht, da der erweiterte Gouvernementsrat beschloss, bei einer Besetzung der Insel keinen Widerstand zu leisten. Die Polizeitruppe wurde schließlich von der neuseeländischen Militärverwaltung aufgelöst, die meisten samoanischen Polizisten wechselten einfach den Arbeitgeber. Das blieb auch der ehemaligen Kolonialmacht nicht verborgen. »Die Polizeitruppe ist in englische Dienste getreten«, meldete am 30. September 1914 der deutsche Konsul in Seattle dem deutschen Botschafter in den USA, Johann Heinrich Graf von Bernstorff.[26]

»Weniger wertvolles Menschenmaterial«
Die »Chinesenkompagnie« in Kiautschou

Das 1897 besetzte Kiautschou war die einzige deutsche Kolonie, die nicht der Kolonialabteilung im Auswärtigen Amt bzw. dem Reichskolonialamt unterstand, sondern von der kaiserlichen Marine verwaltet wurde. Das milde Klima vor Ort erlaubte die Stationierung einer größeren Zahl deutscher Soldaten, weshalb ein rund 1300 Mann starkes Bataillon der Marineinfanterie den militärischen Schutz übernahm. Trotzdem wollte die Marine nicht ganz auf einheimische Hilfskräfte verzichten. Bereits Anfang 1898 stellte die Verwaltung sechs Chinesen als Polizisten ein. Sie sollten in der Stadt Tsingtau für Ruhe und Ordnung unter der chinesischen Bevölkerung sorgen und Amtsgebäude bewachen. Weitere Männer wurden für den Dienst im Landbezirk angeworben. Bis zum Oktober 1899 stieg die Zahl der chinesischen Polizisten in der Kolonie auf 28.[1] Erste Überlegungen, Chinesen auch als Soldaten zu verwenden, äußerte Otto von Diederichs, Chef des Kreuzergeschwaders in Ostasien. Er hatte von mehreren Seiten gehört, »dass die hiesige Bevölkerung recht gute Soldaten geben würde«.[2] In seinem Bericht entwickelte Diederichs sogar die Vision, dass in Tsingtau ausgebildete Chinesen eines Tages in die deutschen Kolonien nach Afrika geschickt werden könnten, um dort als Soldaten und Polizisten zu dienen.

Der erste Gouverneur Paul Jaeschke griff die Idee Diederichs' auf. Am 19. Februar 1899 unterbreitete er dem Reichsmarineamt den Vorschlag, eine Kompanie aus Chinesen zu bilden, die von drei deutschen Offizieren und zehn Unteroffizieren befehligt werden sollte. In seiner Denkschrift begründete er den Einsatz von Einheimischen mit deren besserer Anpassungsfähigkeit an das Klima, ihrer körperlichen Widerstandsfähigkeit sowie ihrer Anspruchslosigkeit in punkto Verpflegung und Unterkunft. Hinzu kam ein finanzieller Aspekt: Gegenüber 120 deutschen Soldaten errechnete Jaeschke eine Ersparnis von 36 219 Mark jährlich. In einem möglichen Krieg sollte die »Chinesenkompagnie«, wie diese Einheit im zeitgenössischen Jargon benannt wurde, zum militärischen Schutz der Kolonie beitragen, im Frieden dagegen die Arbeit der Polizei unterstützen. Das Reichsmarineamt stimmte dem Vorschlag des Gouverneurs zu und erlaubte ihm, eine Formation aus 120 chinesischen Söldnern aufzustellen. Die Erlaubnis war erst einmal auf drei Jahre befristet.[3]

Dabei schien es zu der Zeit fraglich, ob sich überhaupt eine so große Zahl von Chinesen finden ließ, die bereit war, für eine europäische Macht zu arbeiten. Denn die gewaltsame Annexion der Kiautschou-Bucht durch das Deutsche Reich – eine von zahlreichen Demütigungen durch einen westlichen Staat, die

Das deutsche »Pachtgebiet« Kiautschou mit der weiterhin zu China gehörenden »neutralen Zone«, in die deutsche Truppen jederzeit einmarschieren durften, 1914.

das Reich der Mitte im 19. Jahrhundert hinnehmen musste – hatte die bereits latent vorhandenen fremdenfeindlichen Stimmungen in Teilen der chinesischen Bevölkerung noch verstärkt. Sie führten im Mai 1898 zur Gründung einer Geheimgesellschaft, deren Ziel es war, alle »fremden Teufel« umzubringen oder aus China zu vertreiben. In Europa wurde die Bewegung unter dem Namen Boxerbewegung bekannt, ihre Mitglieder selbst bezeichneten sich als Yihetuan, als »Milizen für Gerechtigkeit und Eintracht«. Anfangs lag das Zentrum der Bewegung an der Grenze zwischen den Provinzen Schantung und Tschili. Von dort breitete sie sich nach ganz Nordchina aus. Ihre gewaltsamen Aktionen richteten sich zunächst gegen chinesische Christen, die zu Tausenden umgebracht wurden. Schließlich griffen sie auch Ausländer an und belagerten im Juni 1900, unterstützt von der chinesischen Regierung, das Gesandtschaftsviertel in Peking, was eine groß angelegte Militärintervention der westlichen Mächte zur Folge hatte.[4]

Das Gouvernement ließ sich durch die Unruhen im Land jedoch nicht von seinen Plänen abbringen und begann noch im Sommer 1899 mit der Anwerbung von Rekruten. Hierzu beauftragte der Gouverneur zwei chinesische Agenten, die genaue Vorgaben für die Einzustellenden erhielten. Genommen werden durften nur gesunde Männer zwischen 21 und 27 Jahren mit einer Körpergröße von 1,66

Die »Chinesenkompagnie« beim Appell in Litsun, Postkarte, um 1900.

bis 1,74 Meter. Die zukünftigen Soldaten sollten möglichst aus den östlichen Distrikten der benachbarten Provinz Schantung stammen, deren Bewohner als besonders bedürfnislos, abgehärtet und körperlich widerstandsfähig galten. Jeder, der bereit war einzutreten, erhielt ein Handgeld von zwei mexikanischen Silberdollar, der vorherrschenden Währung in der Stadt, die ungefähr vier Reichsmark entsprachen, und musste sich für drei Jahre verpflichten. Innerhalb von acht Tagen war die nötige Zahl von 120 zukünftigen chinesischen Söldnern beisammen. In ihrem Kontrakt gelobten die neuen Rekruten, »mit größtem Fleiß und Eifer sich die Kenntnisse anzueignen, die für einen deutschen Soldaten erforderlich sind«.[5] Im Gegenzug garantierte ihnen ihr neuer Arbeitgeber, dass sie, anders als das »Chinesenregiment«[6] in der britischen Kolonie Weihaiwei, nicht außerhalb Chinas eingesetzt werden würden.[7]

Keiner der Rekruten war jemals Soldat gewesen. Über die Hälfte von ihnen hatte vor dem Militärdienst als Bauer gearbeitet, 18 als Händler und weitere 18 in Handwerksberufen. Andere Berufe waren da schon ungewöhnlicher. Ein Mann verdiente zuvor als Bogenschütze seinen Lebensunterhalt, ein anderer als Zeichner. Auch ein ehemaliger Student und ein Seemann befanden sich unter den Rekruten. Verheiratet waren 33 von ihnen, 87 dagegen ledig.[8] Ihre Familien durften die Soldaten allerdings nicht mit nach Tsingtau bringen. Um zu verhindern, dass verheiratete Söldner sich bei möglichen Kämpfen zu sehr schonten, weil ihre Angehörigen im Fall einer Verwundung oder gar des Todes über keinerlei wirtschaftliche Absicherung verfügten, dachte das Gouvernement über die Einführung einer

Schießausbildung der chinesischen Soldaten in Litsun, 1900.

Invaliditäts- und Hinterbliebenenversorgung nach. Gestaffelt nach Dienstjahren sollte die Absicherung jährlich 20 bis höchstens 60 Mark betragen.[9]

Jeder Soldat erhielt einen Winter- und zwei Sommeranzüge, die sich bewusst von den Uniformen der deutschen Marineinfanteristen unterschieden. Die für die Chinesen kreierten Uniformen enthielten sowohl europäische als auch chinesische Elemente. So bestand der Anzug für den Sommer aus Khaki, einem breiten Strohhut und Sandalen. Im Winter trugen die Männer eine Corduniform mit mandschurischer Kappe und Schnürschuhe.[10] Untergebracht war die »Chinesenkompagnie« in einer eigens für sie errichteten Kaserne in Litsun, allerdings in einer deutlich einfacheren Bauweise als die für das III. Seebataillon gebauten Unterkünfte. So wurden für zwölf Chinesen 20 Quadratmeter Stubenfläche als angemessen angesehen, dagegen standen zehn deutschen Soldaten 60 Quadratmeter zu. Im Vergleich zu Militäreinrichtungen der chinesischen Armee war die Unterbringung jedoch recht komfortabel.[11]

Die militärische Ausbildung der Rekruten erfolgte nach deutschem Vorbild. Einige der Angeworbenen, die sich nach den ersten Tagen als zu krank oder zu alt für den Militärdienst erwiesen, wurden gleich wieder entlassen und durch neue Männer ersetzt.[12] Alle Kommandos sollten auf Deutsch gegeben werden, was anfangs aber wegen der nur langsamen Lernerfolge seitens der Chinesen nicht konsequent durchgehalten werden konnte.[13] Um mit den Söldnern kommunizieren können, mussten die der »Chinesenkompagnie« zugeteilten deutschen Unteroffiziere Chinesisch lernen. Allerdings sprachen im Januar 1900 erst zwei der zehn Unteroffiziere so gut Chinesisch, dass sie auf die Dienste der zehn chinesischen

Gruppenbild chinesischer Polizeisoldaten, Kiautschou, um 1911. Bei einigen Männern ist die am rechten Oberarm befindliche Dienstnummer deutlich zu sehen, so beispielsweise beim Reiter Nr. 71 (2. von rechts).

Dolmetscher verzichten konnten.[14] Damit auch Deutsche, die des Chinesischen nicht mächtig waren, die Männer auseinander halten konnten, erhielt jeder eine Nummer, die er gut sichtbar auf der linken Schulter tragen musste. Im amtlichen Schriftverkehr ist denn auch zumeist vom Soldat Nr. 121 oder Reiter Nr. 49 die Rede, die Namen der Chinesen findet man dagegen selten.

Unter den chinesischen Söldnern befanden sich nur wenige Christen. Deshalb schlug ein deutscher Reichstagsabgeordneter und Mitglied in der Budgetkommission vor, in Zukunft nur noch getaufte Chinesen in die Truppe aufzunehmen. Er hoffte, »dass die Leute an und für sich zuverlässiger und auch mutiger sein« und »sie sich leichter und aufrichtiger an die Europäer anschließen würden«.[15] Vor Ort war man allerdings weniger blauäugig: »Irgend ein vorteilhafter Einfluss des Christentums auf diese Leute ist nicht bemerkbar geworden«, meldete Gouverneur Jaeschke nach Berlin.[16] Zudem fand man heraus, dass einige der vermeintlich christlichen Söldner gar keine Christen waren. Diese »zweifelhafte[n] Subjekte«[17] hatten bei ihrer Einstellung bewusst falsche Angaben über ihre Religionszugehörigkeit gemacht, weil sie sich davon eine bessere Behandlung erhofften.

Bereits nach einigen Monaten erlebte die Kompanie ihre Feuertaufe. Im Juni 1900 wurde die Einheit zunächst in die außerhalb des Pachtgebiets gelegene Stadt Kiautschou, drei Monate später in den Ort Tsimo verlegt und gegen die Boxerbewegung eingesetzt. Hier wurden die Männer, die zum großen Teil aus der Umgebung Tsimos stammten, das Ziel von Propagandaaktionen der Boxer.[18] Mehrmals forderten sie die Söldner zur Desertion auf. Für den Fall, dass sie weiterhin für die Deutschen kämpfen würden, drohten die Boxer damit, die Familien der Söldner umzubringen. Manche hielten dem Druck nicht stand. 26 Chinesen verließen während des Einsatzes in Schantung die Truppe und verschwanden zumeist nachts mitsamt ihren Waffen und der Munition.[19] Zum Leidwesen des Kompanieführers waren einige der besten Männer unter den Deserteuren.[20] Doch auch die Zurückgebliebenen sorgten sich über ihr Schicksal im Fall einer deutschen Niederlage. »Was wird aus uns, wenn die Deutschen vertrieben werden?«, fragten sie ihre Vorgesetzten, die sich darüber allerdings keine Gedanken machten.[21] Für sie waren die Chinesen nur »das weniger wertvolle Menschenmaterial«, das sich »rücksichtsloser« einsetzen ließ als eine deutsche Einheit.[22]

Eine erste Beurteilung der chinesischen Soldaten fiel zwiespältig aus, wobei man die Männer nicht individuell, sondern kollektiv beurteilte. Als hervorragend schätzte man ihre Leistungen in militärischen Dienstzweigen ein. Hierzu zählten die Marschleistungen bei jeglichen Witterungseinflüssen, das Benehmen im Felddienst als Patrouille und Posten sowie das Verhalten als Schütze im Gefecht. Überhaupt sei »das Auffassungsvermögen des Chinesen leichter und größer als das des deutschen Durchschnittssoldaten«; alles in allem biete er »körperlich und geistig ein ausgezeichnetes Soldatenmaterial«.[23] Negativ vermerkt wurden besonders einige Charaktereigenschaften, die man im Gefühl der kulturellen Überlegenheit als typisch für alle Chinesen ansah: »Mangel jeglichen Ehrgefühls« sowie das Fehlen einer »anständige[n] Gesinnung«, die sich in »Verlogenheit, Rachsucht und Geldgier« zeigte, dazu »trotz aller Gerissenheit eine kindliche Leichtgläubigkeit den unmöglichsten Gerüchten gegenüber und Mangel jeglichen Willens«.[24]

Alles in allem kam die Marine zu dem Schluss, dass eine militärische Verwendung der »Chinesenkompagnie« als geschlossene Einheit nicht möglich sei. Deshalb verfügte der Gouverneur im November 1900, die Zahl der chinesischen Söldner auf 56 Fußsoldaten und zwölf Reiter zu reduzieren. Von diesen sollte der größere Teil im Polizeidienst arbeiten. Zur Vorbereitung auf ihre Tätigkeit als Polizisten absolvierten die Männer einen sechswöchigen Kurs.[25] Der Rest musste in verschiedenen Lagern Wach- und Arbeitsdienste verrichten. Die nicht mehr weiter beschäftigten Soldaten fanden zumeist sehr schnell Arbeit als Aufseher von Arbeitern, als Dolmetscher oder Händler.[26] Im September 1901 wurde die »Chinesenkompagnie« offiziell aufgelöst, ihre Angehörigen traten nun ganz zur Polizei über. Anfangs standen noch einmal pro Woche zwei Stunden Exerzieren und Zielübungen auf dem Dienstplan der Polizeisoldaten sowie einmal im Monat Schießen mit scharfer Munition. Wegen der schlechten Schießleistungen wurden die Schießübungen schließlich ganz eingestellt. Die Arbeit war auch in Friedenszeiten nicht ganz ungefährlich. Mehrmals wurden chinesische Söldner von Unbekannten ermordet. So starben im Januar bzw. Februar 1900 der Soldat Lin und der Geheimpolizist Lü, im August 1909 der Geheimpolizist Nr. 135 eines gewaltsamen Todes.[27]

Ein chinesischer Soldat verdiente anfangs monatlich acht Dollar, rund 16 Reichsmark, die ihm auch im Krankheitsfalle zustanden. Ursprünglich wollte

Meldung an das Gouvernement Kiautschou, dass der Reiter Nr. 80 in der Nacht vom 23. auf den 24. September 1900 desertiert ist und eine Reihe von Ausrüstungsgegenständen mitgenommen hat.

das Gouvernement den Männern weniger zahlen, doch da die Chinesen in britischen Diensten ebenfalls acht Dollar erhielten, musste man sich anpassen, um als Arbeitgeber attraktiv zu sein. Von dem Sold wurden jeden Monat zwei Mark einbehalten und einem Konto gutgeschrieben. Dieses Geld erhielt der Mann erst bei seiner ordnungsgemäßen Entlassung. Darüber hinaus hatte jeder Söldner Anspruch auf freie Verpflegung. Im September 1901 erhöhte man den monatlichen Lohn auf 22 Mark. Dafür mussten die Soldaten von nun an ihre Lebensmittel selbst kaufen. Treue zum Arbeitgeber belohnte dieser mit Geldprämien. Chinesen, die bereits sechs Jahre Dienst hinter sich hatten, erhielten für jedes weitere Jahr zehn Mark zusätzlich.[28] Langgediente Soldaten konnten darüber hinaus zu Obersoldaten oder Soldaten 1. Klasse befördert werden.[29] Im Vergleich zum Lohnniveau in der Provinz Schantung verdienten die chinesischen Soldaten nicht schlecht. So kam ein Schmied nur auf etwa 14 Pfennig am Tag. Andere in der Kolonie arbeitende Chinesen erzielten dagegen einen ähnlich hohen, teilweise sogar höheren Lohn: Kulis zwischen 16 und 24 Mark im Monat, ein Koch zwischen 24 und 60 Mark.[30]

Obwohl sie damit auf einen Teil ihres Soldes verzichteten, beendeten viele chinesische Soldaten ihren Dienst vorzeitig. Bis Ende 1900 verließen von insgesamt 200 eingestellten Rekruten immerhin 93 eigenmächtig ihre Einheit. Die Gründe für Fahnenflucht waren vielfältig. Manchen Männern gefiel die Behandlung durch ihre Vorgesetzten nicht, anderen waren angeblich die deutschen Ansprüche an Reinlichkeit, Ordnung und geregelte Lebensverhältnisse zu hoch.[31] Einige hatten den Militärdienst nur als Möglichkeit gesehen, kurzfristig schlechte Zeiten zu überbrücken. Eine dritte Gruppe stellte die Loyalität zur Familie über die zum Arbeitgeber. Sie kehrten bei Trauerfällen und Hochzeiten oder zur Unterstützung von Angehörigen in Notfällen sofort nach Hause zurück, wie es in der konfuzianischen Gesellschaft Pflicht war.[32] Auch die Angst vor Bestrafung nach einem Dienstvergehen war ein Grund für Fahnenflucht. Einzelne Deserteure traten später in die chinesische Armee ein, wo sie aufgrund ihrer »deutschen« Ausbildung gleich mit dem Rang eines Unteroffiziers eingestellt wurden und damit mehr verdienen konnten.[33]

Durch die zahlreichen Desertionen hatten die Deutschen ständig Bedarf an neuen Soldaten. Deren Anwerbung versuchten fremdenfeindliche Chinesen immer wieder zu sabotieren. Um mögliche Interessenten vom Eintritt in den Dienst für das Deutsche Reich abzuhalten, verbreiteten chinesische Beamte das Gerücht, dass allen Rekruten der Zopf abgeschnitten würde, zur damaligen Zeit eine Demütigung.[34] Außerdem behaupteten sie, dass jedem Soldaten eine Tätowierung auf dem Arm eingebrannt oder eingeätzt würde, was in China eine Form der Bestrafung war. Auch die vorgeschriebenen medizinischen Untersuchungen durch einen deutschen Arzt waren manchem Interessenten suspekt und ließen ihn im letzten Moment wieder abspringen. Zudem hatte sich herumgesprochen, dass während des Boxerkrieges Angehörige von chinesischen Söldnern mit dem Tod bedroht worden waren.[35]

Trotz dieser Störmanöver gab es aber meist mehr Bewerber als freie Stellen, so dass das Gouvernement sich die Männer auswählen konnte. Dabei hingen die Einstellungskriterien sehr von der Person des jeweiligen Verantwortlichen ab. Ein Polizeichef beispielsweise hatte eine Vorliebe für »lange Kerls«, weshalb eine Zeit lang nur Bewerber ab einer Körpergröße von 1,85 Metern eine Chance hatten, eingestellt zu werden.[36]

In der chinesischen Bevölkerung innerhalb und außerhalb Tsingtaus waren die Söldner nicht gerade beliebt. So machte der Führer der Kompanie während des ersten Kampfeinsatzes im Jahr 1900 die Erfahrung, dass »man niemals Chinesen außer unter Führung eines Deutschen auf einen weiteren Patrouillengang schicken« dürfe, da man sonst nicht sicher sein könne, dass sie nicht »im nächsten Dorf im Namen ihres Vorgesetzten Kontributionen eintreiben würden«.[37] Auch im Pachtgebiet nutzten chinesische Soldaten und Polizisten ihre Stellung als Staatsorgan aus, um »Schutzgelder« zu erpressen oder Verwarnungsgelder in die eigene Tasche zu stecken. Darüber hinaus gab es immer wieder Beschwerden chinesischer Männer, dass Söldner ihre Frauen belästigt hätten. Angesichts der zahlreichen Vergehen forderten chinesische Kaufleute vergeblich vom Gouverneur die Entlassung aller einheimischen Polizeisoldaten.

Bei kriminellen Handlungen und Vergehen im Dienst drohten chinesischen Söldnern teilweise drakonische Strafen. Eine am 20. Dezember 1901 erlassene »Verordnung betr. der Rechtsverhältnisse der chinesischen Angehörigen der Chinesentruppe« erlaubte als zulässige Strafen Prügelstrafen bis zu 100 Schlägen, Geldstrafen bis zu 5000 Dollar, Freiheitsstrafen bis zu 15 Jahren, lebenslängliche Haft sowie die Todesstrafe.[38] Die Strafen durften auch in Verbindung miteinander verhängt werden. Zusätzlich konnte der Dienstherr die Ausweisung aus der Kolonie verfügen. Für kleinere Dienstvergehen war als Strafe Arrest vorgesehen. Da dieser nach Meinung der deutschen Vorgesetzten bei den chinesischen Soldaten aber nicht den gewünschten Eindruck hinterließ, verzichtete man nach und nach auf diese Art der Strafmaßnahme. Stattdessen wurden Delinquenten auf der Wache angebunden.[39]

Bestraft wurden Söldner schon für geringe Vergehen. Soldat Nr. 75 beispielsweise musste wegen der Zertrümmerung eines Gefäßes eine Geldstrafe von 50 Pfennig zahlen. Soldat Nr. 121 bekam wegen eigenmächtigen Verlassens des Lagers zwei Tage Lattenarrest, eine in Preußen bereits 1832 abgeschaffte Strafe, bei welcher der Fußboden einer leeren Gefängniszelle mit scharfkantigen, etwa fünf Zentimeter breiten Latten bedeckt war, um den Aufenthalt dort so unbequem wie möglich zu machen. Und der Reiter Nr. 49 wurde sogar zu fünf Monaten Gefängnis, 100 Stockschlägen, Verlust aller erdienten Ansprüche und Ausweisung aus dem Pachtgebiet verurteilt, weil er einen Kameraden bestohlen hatte.[40] Die Todesstrafe gegen Söldner wurde erstmals im Februar 1900 verhängt. Damals verurteilte ein Gericht vier Soldaten wegen räuberischer Erpressung zum Tode. Vollzogen wurde die Exekution am 23. März durch Erschießen.[41] Angesichts der harten Strafen versuchte mancher Söldner, einer Verurteilung durch Fahnenflucht zu entgehen, was deutsche Richter hin und wieder als strafmildernd ansahen. Im März 1910 berichteten die *Tsingtauer Neuesten Nachrichten* über einen eingefangenen Deserteur, der nur zu vier Monaten Gefängnis ohne Prügelstrafe verurteilt wurde, weil das Gericht seine Furcht vor Strafe als Milderungsgrund wertete.[42]

Allerdings zog nicht jedes Vergehen eines Söldners automatisch eine Strafe nach sich. Erledigte der Mann seinen Dienst ansonsten zur Zufriedenheit seiner Vorgesetzten, drückten diese bei kleineren Straftaten gegenüber der Bevölkerung hin und wieder ein Auge zu. Ein Beispiel hierfür ist der Polizist Nr. 11, den der Kolonialbeamte Ernst Grosse in seinen Erinnerungen als »halben Teufel« charakterisierte. Der als außergewöhnlich mutig beschriebene Polizist wurde bevorzugt zu besonders gefährlichen Einsätzen eingeteilt, die er stets erfolgreich ausführte. Nach Ansicht Grosses hatte die Furcht der Bevölkerung vor dem korrupten und brutalen Polizeisoldaten mit dazu beigetragen, »das im Hinterlande herumziehende heimatlose Gesindel vom Schutzgebiet fern zu halten«.[43] Dafür sah er wohlwollend über seine gelegentlichen Erpressungen hinweg. Erst als Nr. 11 den Bogen überspannte, sah sich das Gouvernement gezwungen einzugreifen. Wegen Amtsvergehen in elf Fällen verurteilte ein Gericht den Mann zu fünf Jahren Gefängnis, 100 Stockschlägen und anschließender Ausweisung.[44]

Doch Polizist Nr. 11 musste nur einen Teil seiner Strafe verbüßen. Kurz nach seiner Verurteilung brach der Erste Weltkrieg aus. Nr. 11 wurde aus dem Gefängnis entlassen und im Nachrichtendienst verwendet. Verkleidet als chinesischer Kuli hielt er sich hinter den japanischen Linien auf und informierte die Deutschen über die Stärke der Belagerer und ihre Truppenbewegungen. Der Polizist blieb unerkannt und kehrte nach der Kapitulation Tsingtaus am 7. November 1914 unversehrt in seine Heimat zurück.[45] Wie die übrigen rund 100 chinesischen Polizeisoldaten während der Kämpfe um die Kolonie eingesetzt wurden und wie es ihnen nach dem Einmarsch der japanischen Truppen erging, ist nicht bekannt.

Überlebensstrategien
Söldner nach dem Ende der deutschen Kolonialherrschaft

Das Ende des deutschen Kolonialreichs kam mit dem Ersten Weltkrieg. Bereits 1914 eroberten alliierte Truppen Togo, Samoa, Mikronesien, Deutsch-Neuguinea und Kiautschou. Im Sommer 1915 kapitulierte Deutsch-Südwestafrika; Kamerun fiel im Februar 1916 in alliierte Hände. In Deutsch-Ostafrika vermied Paul von Lettow-Vorbeck bis zum Kriegsende eine Kapitulation, indem er mit einer kleinen Kampfgruppe den Krieg in die benachbarten Kolonien trug. Wann das Arbeitsverhältnis eines »farbigen« Söldners mit seinem deutschen Arbeitgeber endete, war also sehr individuell. Viele gerieten im Lauf des Krieges in Gefangenschaft, aus der sie erst nach Monaten oder sogar Jahren entlassen wurden. Nicht wenige versuchten der Gefangenschaft und der oft damit verbundenen Zwangsarbeit zu entgehen, indem sie in die alliierten Kolonialstreitkräfte eintraten. Andere, die genug von den Strapazen des Krieges hatten, desertierten. Allein von den angeblich so treuen Askari begingen 2847 zwischen 1914 und 1918 Fahnenflucht. Sie versuchten entweder ihre Heimat auf eigene Faust zu erreichen oder schlossen sich zu marodierenden und die ortsansässige Bevölkerung terrorisierenden Banden zusammen, wie es sie noch im Februar 1919 in Portugiesisch-Ostafrika zahlreich gab.[1] Immerhin 7000 Söldner standen bei Kriegsende im November 1918 noch auf der deutschen Gehaltsliste.

Rund 1200 von ihnen ergaben sich am 13. November 1918 in Ostafrika den britischen Streitkräften, die die Askari in Internierungslager steckten, wo sie auf den Rücktransport in ihre Heimat warteten. Begleitet wurden die Söldner von mehreren deutschen Offizieren unter der Leitung von Hauptmann Paul Stemmermann, die sich um die ordnungsgemäße Bezahlung der Männer kümmern sollten. In den Lagern blieben die Askari nicht von der zu dieser Zeit auf der ganzen Welt grassierenden Spanischen Grippe verschont. Rund 250 Afrikaner im ostafrikanischen Tabora und über 100 im Lager Kalambo bei Bismarckburg am Tanganyika-See erkrankten. 300 von ihnen starben.[2] Für ihre Repatriierung wurden die Askari je nach Volk und Heimat in Gruppen eingeteilt. Die Entlassung der ersten Männer begann Mitte Dezember 1918, der fast täglich weitere folgten. Alle mussten den Heimweg ohne Geld antreten, da die britische Regierung auf die Bitte Lettow-Vorbecks nicht reagiert hatte, ihm 1,5 Millionen Rupien, ungefähr 1,87 Millionen Reichsmark, zu leihen, um die noch ausstehenden Löhne der Askari begleichen zu können. Die ehemaligen Soldaten bekamen jedoch Gutscheine über die ihnen noch zustehenden Gelder. Kriegsversehrte erhielten darüber hinaus Empfehlungsschreiben von Hauptmann Stemmermann, mit denen

Nach der Kapitulation der »Schutztruppe« am 13. November 1918. Deutsche Askari in einem provisorischen Gefangenenlager in Kasama, Nordrhodesien.

sie sich bei Europäern um Arbeit bewerben konnten. Anfang Januar 1919 waren beide Lager bis auf wenige Personen leer. Weitere 1400 Askari aus einem Kriegsgefangenenlager in Uganda trafen am 7. Februar 1919 in Daressalam ein, um von dort in ihre Heimat geschickt zu werden.[3]

Die auf der zu Spanien gehörenden Insel Fernando Po internierten »farbigen« Söldner aus Kamerun mussten noch bis Mitte 1919 ausharren, bevor mit den Vorbereitungen für ihren Rücktransport begonnen wurde. Dazu fertigte eine eigens ins Leben gerufene Repatriierungskommission Transportlisten in vierfacher Ausfertigung an, die Personalien und Heimatdaten jedes einzelnen Mannes enthielten. Außerdem überprüfte sie alle Lohnbücher. Ihre Uniformen und Schlafdecken durften die Söldner behalten; alle anderen Ausrüstungsgegenstände mussten sie abgeben. Ende August 1919 begann der Abtransport nach Duala mit der Einschiffung der beiden ersten von insgesamt zwölf Kompanien auf französischen Dampfern. In Abständen von 14 Tagen folgten weitere etwa gleichstarke Transporte. Alle Soldaten erhielten bis zum Tag der Einschiffung ihr Gehalt sowie reichlich Verpflegung für sich und ihre Angehörigen vom Deutschen Reich. Am 18. Oktober 1919 ging die letzte Kompanie an Bord ihres Schiffes.[4]

Für viele waren der Verlust ihres Arbeitsplatzes und der damit verbundene soziale Abstieg eine Zäsur in ihrem Leben. Manche brauchten einige Zeit, bevor sie sich davon erholten und sich auf die Veränderungen einstellten. Der ehemalige Askari Ali Kalikilima beispielsweise arbeitete zunächst auf verschiedenen

Chari Maigumeri (* um 1893, † nach 1953)

Chari Maigumeri wurde in dem im Nordosten Nigerias gelegenen Distrikt Maiduguri gebo-ren.[1] Seine Eltern gehörten zum muslimischen Volk der Kanuri, in der Haussa-Sprache auch Beriberi genannt. 1913 trat Maigumeri in die deutsche Kolonialtruppe von Kamerun ein. Während des Ersten Weltkriegs nahm er an zahlreichen Gefechten teil und erhielt für seine dabei bewiesene Tapferkeit die Kriegerverdienstmedaille in Silber.[2] Im Sommer 1915 geriet Maigumeri während der Kämpfe um Garua in britische Kriegsgefangenschaft. Anfang 1917 ließ sich der ehemalige Söldner für die britische Kolonialarmee anwerben und wurde in das Nigeria Regiment eingestellt. Zusammen mit seiner Einheit wurde Maigumeri nach Deutsch-Ostafrika verschifft, wo er gegen seinen früheren Arbeitgeber kämpfte.

Nach dem Ende des Ersten Weltkrieges blieb Maigumeri in der britischen Armee und machte dort Karriere. 1920 wurde er zum Sergeanten, vier Jahre später zum Company Ser-geant Major (Kompaniefeldwebel) und 1928 schließlich zum Regimental Sergeant Major befördert. Damit war Maigumeri der dienstgradhöchste Unteroffizier in seinem Regiment. Während des Zweiten Weltkriegs kämpfte er zunächst 1940/41 gegen die italienischen Streitkräfte in Äthiopien und Eritrea. Für seinen Einsatz auf diesem Kriegsschauplatz erhielt Maigumeri die Military Medal. Von 1943 bis 1945 beteiligte er sich an der Vertreibung der japanischen Truppen aus der britischen Kolonie Burma. Hier verdiente sich der Nigeria-ner eine namentliche Erwähnung im offiziellen Kriegsbericht und die British Empire Me-dal. 1953 schied er nach 36 Dienstjahren aus der britischen Armee aus. Als Anerkennung für seine lange und loyale Dienstzeit wurde Chari Maigumeri auf Anweisung von Königin Elisabeth II. vor seinem Abschied noch zum Hauptmann ehrenhalber (Honorary Captain) befördert.

Maigumeri war im Lauf seines Lebens mehrmals in Großbritannien. Unter anderem ver-trat er das Nigeria Regiment 1935 bei den Feierlichkeiten zum 25-jährigen Thronjubiläum des britischen Königs Georg V. in London, bei der großen Siegesparade 1945 sowie bei der Krönung von Elisabeth II. im Jahr 1953. Nach seinem Abschied ließ sich Maigumeri in der im Norden Nigerias gelegenen Stadt Kaduna nieder. In der nigerianischen Armee gilt Maigumeri heute als Vorbild. Ihm zu Ehren benannte das Verteidigungsministerium An-fang 2000 eine Kaserne in Lokoja in Chari Maigumeri Barracks um. Am 15. Februar 2007 enthüllte Generalleutnant Owoye Azazi, Generalstabschef des nigerianischen Heeres, ein Denkmal des Soldaten Chari Maigumeri in der Kaserne, die seinen Namen trägt.

1 Zur Lebensgeschichte Maigumeris vgl. Haywood/Clarke: The History of the Royal West African Frontier Force, S. 502.
2 Britische Autoren behaupten immer wieder, dass Maigumeri während des Ersten Weltkriegs mit dem Eisernen Kreuz 2. Klasse ausgezeichnet worden sei. Das ist jedoch mehr als unwahrscheinlich. Wie in dem Kapitel »Behufs Dekorierung von Schwarzen« nachzulesen ist, durften afrikanische Söldner der Kolonialtruppe nur mit eigens für sie geschaffenen Ehrenzeichen dekoriert werden. Afrikaner dagegen, die im Rahmen des deutschen Heeres in Europa kämpften, konnten auch das Eiserne Kreuz erhalten.

Sisalplantagen, um überhaupt eine bezahlte Beschäftigung zu haben. Die harte körperliche Arbeit sagte ihm jedoch nicht zu. Deshalb nahm er eine Stelle bei der britischen Kolonialpolizei in Tanganyika, wie Deutsch-Ostafrika seit 1919 hieß, an. Nach kurzer Zeit kündigte Kalikilima wieder, weil ihm der Militärdienst nicht mehr gefiel. Er kehrte in sein Heimatdorf zurück und hielt sich mit dem Verkauf von Honig und von Stoßzähnen illegal geschossener Elefanten über Wasser. Schließlich ließ er sich von der britischen Verwaltung als Kundschafter anwerben.[5] Andere Männer wie der Togolese Fare Napo wollten weiter in ihrem erlernten Beruf arbeiten und traten in die Kolonialarmeen der neuen Herrscher ein, wo sie häufig Karriere machten. Im ehemaligen Deutsch-Ostafrika lebten jedoch die meisten ehemaligen Soldaten vom Ackerbau, wie eine deutsche Kommission 1921 in Tanganyika feststellen konnte.[6]

Schwieriger hatte es dagegen die unbekannte Zahl von Söldnern, die während des Krieges zu Krüppeln geschossen worden waren oder deren Gesundheit durch Krankheit ruiniert war. Zwar hatte beispielsweise das Gouvernement von Deutsch-Ostafrika am 12. Dezember 1914 eine Bestimmung erlassen, dass während des Krieges verwundete oder erkrankte Askari, die ganz oder teilweise arbeitsunfähig waren, eine Unterstützungszahlung bis zur Hälfte eines Monatslohns erhalten konnten.[7] Doch diese Zahlungen, wenn sie überhaupt geleistet wurden, endeten spätestens mit dem Zusammenbruch der deutschen Verwaltung im Jahr 1916. Einige Kriegsversehrte hatten Glück und wurden von deutschen Missionaren angestellt. So beschäftigte die Missionsstation St. Maria in Daressalam zwei ehemalige Askari, von denen der eine das rechte Bein verloren und der andere einen Fuß durchschossen hatte, mit dem Flechten von Palmblättern zum Dachdecken.[8] Andere konnten wohl nur durch Betteln oder mit Hilfe ihrer Familie überleben. Angesichts dieses von der ehemaligen Kolonialmacht weitgehend unbeachteten Leids forderte der Maler Themistokles von Eckenbrecher in einem Zeitungsartikel, Deutschland solle eine Behörde einrichten, die sich der afrikanischen Kriegsbeschädigten und Hinterbliebenen annehme. Doch niemand griff diesen Vorschlag auf.[9]

Obwohl gesunde ehemalige Söldner in der Regel kaum Probleme hatten, eine Anstellung in der Verwaltung oder der Armee der neuen Kolonialherren zu finden, wurden sie dort oft nur mit einem niedrigeren Rang eingestellt. Um diesen Statusverlust zu kompensieren, suchten die Männer woanders nach Bestätigung. In Ostafrika etwa gewannen kurz nach dem Krieg die sogenannten Beni Ngoma, untereinander konkurrierende Musikvereine, für ehemalige Askari an Bedeutung. Die Vereine führten Tänze auf, die sich den militärischen Drill europäischer Kolonialarmeen zum Vorbild nahmen. Innerhalb der Musikgruppen gab es strenge Hierarchien, deren Rangbezeichnungen sich an den Dienstgraden beim Militär orientierten.[10] Andere ehemalige Söldner schlossen sich mit Gleichgesinnten zu Vereinen zusammen, die sich auch politisch engagierten. So gründete zum Beispiel der ehemalige Soldat Mukuri Dikongue den »Kamerun Eingeborenen Deutsch Gesinnten Verein«.[11] Ehemalige togolesische Regierungsangestellte bildeten den »Deutsch-Togo-Bund«.

Mitglieder des Deutsch-Togo-Bunds, darunter ehemalige Polizeisoldaten, in Accra an der Goldküste, 1920er Jahre.

In der Weimarer Republik versuchten kolonialbegeisterte Kreise, die Söldner für den Kampf gegen die sogenannte Kolonialschuldlüge zu instrumentalisieren. Mit dem Vorwurf, die Deutschen seien unfähig, indigene Völker zu beherrschen, hatten die Alliierten die Annektierung der deutschen Kolonien gerechtfertigt. Dagegen argumentierte Deutschland mit der angeblichen Treue seiner Söldner. Die Tatsache, dass Afrikaner bis zum Kriegsende auf deutscher Seite gekämpft hätten, sei der Beweis, dass die Behauptung der Alliierten nicht stimmen könne. Im Rahmen dieser Kampagne drängten einflussreiche Persönlichkeiten wie Paul von Lettow-Vorbeck oder Heinrich Schnee die deutsche Regierung, so bald wie möglich die noch ausstehenden Askari-Löhne zu begleichen. Als das Geld während des Ersten Weltkriegs in Deutsch-Ostafrika knapp geworden war, hatten nämlich viele afrikanische Soldaten ganz oder teilweise auf die Auszahlung ihres Solds verzichtet und ihren Lohn lieber gespart. Einige Männer brachten es so auf erhebliche Guthaben. Ein Effendi hatte über 5300 Mark auf seinem Konto angesammelt, mancher einfache Askari immerhin bis zu 1600 Mark.[12] Bereits im März 1918, also noch vor Beendigung des Krieges, machte man sich im Oberkommando der »Schutztruppen« Gedanken, was mit den gestundeten Löhnen passieren sollte. Der hiermit beauftragte Hauptmann Harald von Linde-Suden ging zwar davon aus, dass in den wenigsten Fällen zweifelsfrei festzustellen sei, welche Summe einem Askari noch zustehe, da die meisten Abrechnungsbücher und Lohnlisten verloren gegangen waren. Trotzdem empfahl er, die Erstattung in jedem Fall durchzuführen und bei der Auszahlung »unter allen Umständen mit Großzügigkeit« zu verfahren, wolle man nicht das Vertrauen der Söldner verlieren, was die Beschaffung neuer Soldaten nach einer möglichen Rückgabe der Kolonie an Deutschland sehr erschweren würde.[13]

Doch im Nachkriegsdeutschland hatte man andere Sorgen. Zwar waren im Finanzministerium und im Reichsministerium für Wiederaufbau mehrere Beamte mit dieser Frage beschäftigt, »wirkliches Interesse an der Sache«, so der Eindruck des ehemaligen Kolonialoffiziers Erich Müller, schien aber nur der Bearbeiter Linde-Suden zu haben, »bei den anderen ist das Interesse wohl nur äußerer Schein«.[14] Selbst die Drohung Paul von Lettow-Vorbecks, der seit seiner Rückkehr nach Deutschland im März 1919 die treibende Kraft bei der Begleichung der »Ehrenschuld« war, »das Interesse der Öffentlichkeit auf diesen Punkt« zu lenken, fruchtete nichts.[15] Vor allem das Finanzministerium sperrte sich. Es wollte den Abfluss von Devisen verhindern und war nur bereit, die Afrikaner in deutscher Papiermark zu bezahlen. Das hätte aber bedeutet, dass nach dem damaligen Umrechnungskurs die Männer nur ein Zwanzigstel der ihnen zustehenden Summe erhalten hätten. Hauptmann von Linde-Suden riet deshalb, unter diesen Bedingungen auf eine Auszahlung ganz zu verzichten.[16]

Das Einsetzen der Inflation bot der Regierung einen willkommenen Anlass, die unliebsame Frage auf unbestimmte Zeit zu vertagen. Erst auf der Kabinettssitzung am 4. Mai 1923 stand der Punkt »Zahlung der Askari-Löhne« wieder auf der Tagesordnung. In seinem Gutachten zu der Vorlage betonte Franz Kempner, Ministerialreferent in der Reichskanzlei, die Wichtigkeit des Themas: »Zahlreiche Schwarze sind im Kriege für uns gefallen, zahlreichere zu Krüppeln geschossen. Wie die bisherige Nichtzahlung der geschuldeten Löhne bei den Stämmen vom Sudan bis zum Kap bekannt ist, so wird auch die erfolgte Zahlung rasch in großen Teilen Afrikas bekannt werden. Rechtliche und ethische Gründe sprechen in gleich starkem Maße für die Zahlung.«[17] Dieser Verpflichtung wollte sich das Kabinett nicht entziehen und stimmte »grundsätzlich« der Auszahlung von zwölf Millionen Goldmark an ehemalige Söldner zu.

Unternommen wurde allerdings nichts. Auch das Einbringen der Frage in den Reichstag am 3. Juni 1924 durch Abgeordnete der Deutschen Volkspartei konnte die Auszahlung nicht forcieren.[18] Schuld daran war erneut das Reichsfinanzministerium. Es war bei der derzeitigen wirtschaftlichen Lage in Deutschland nicht bereit, die Verantwortung für die Zahlung einer so hohen Summe zu übernehmen. Hinzu kamen politische Bedenken: »Der Geldstrom, welcher auf Deutschlands Kosten nach Ostafrika geleitet würde, käme z. Z. ausschließlich dem britischen Handel und der britischen Verwaltung zu Gute, und ein deutsches Argument für die Rückgabe des Landes an uns, nämlich der Hinweis auf das bisher schlechte Geschäft, das Britannien in Ostafrika gemacht hat, würde bei der Höhe der Summe wesentlich beeinträchtigt werden.«[19] Ein Geheimer Oberregierungsrat im Auswärtigen Amt schlug am 11. September 1924 vor, den Askari statt Bargeld »Andenken und Waren« zu geben, war sich allerdings nicht sicher, ob die britische Regierung hierzu ihre Zustimmung geben würde.[20]

Erst im Januar 1925 konnte der Finanzminister dazu bewogen werden, die erforderliche Summe von zwölf Millionen Goldmark endlich zur Verfügung zu stellen. Trotzdem mussten die ehemaligen deutschen Askari noch über ein Jahr auf das ihnen zustehende Geld warten. Am 8. Februar 1926 trafen zwei deutsche Beamte in Tanganyika ein, die die Auszahlung durchführen sollten. Zusammen mit einem Vertreter der britischen Mandatsverwaltung reisten sie durch das ganze Land, um möglichst viele anspruchsberechtigte Askari ausfindig zu machen. Innerhalb von 14 Monaten legten sie allein mit dem Auto rund 12000 Kilometer zurück. Zu ihrer Überraschung konnten viele Afrikaner noch ihre Originalbescheinigungen vorzeigen, wenn auch bei einigen das Entziffern schwer fiel. Insgesamt erfüllte die Kommission über 70000 Forderungen, die von zwölf bis zu mehreren Tausend Mark gingen. Bis Juli 1927 kamen so rund sechs Millionen Mark zusammen.[21]

Das 1927 in Daressalam errichtete Askari-Denkmal soll an die im 1. Weltkrieg gefallenen Ostafrikaner erinnern.

Die Nachricht über die Auszahlung verbreitete sich rasend schnell im Land. Viele Afrikaner verließen einfach ihren Arbeitsplatz, denn ihnen war bewusst, dass dies die einzige Gelegenheit war, um ihre Ansprüche anzumelden. Mancher versuchte dabei, mehr herauszuholen, als ihm zustand. Deshalb holte sich die Kommission zwei ehemalige afrikanische Feldwebel zu Hilfe, die die Aussagen der Männer überprüften. Betrüger erhielten zur Abschreckung 25 Schläge mit der Nilpferdpeitsche. Glaubt man Paul von Lettow-Vorbeck, war die Bezahlung der noch ausstehenden Löhne der erhoffte Propagandaerfolg, die Kunde von dem Ereignis hätte sich weit über Tanganyika hinaus verbreitet.[22] Der britische Offizier C. L. Walsh wertete die Aktion dagegen als völligen Fehlschlag. Da der Krieg schon sehr lange her sei, hätten die meisten Afrikaner gar keine Vorstellungen mehr über die Art und Höhe ihrer Forderungen. Deshalb machten viele gegenüber den deutschen Beamten »ungeheuer übertriebene« Summen geltend. Wenn diese dann nicht erfüllt würden, »betrachteten die Eingeborenen sich als betrogen« und seien unzufrieden.[23]

Einige wenige ehemalige Soldaten suchten nach dem Ersten Weltkrieg ihr Glück in Deutschland. Während Martin Bormann, Stabsleiter bei Hitlers Stellvertreter Rudolf Hess, ihre Zahl im Jahr 1935 auf fast 50 schätzte, gehen andere

Quellen von 30 bis 40 aus.[24] Ihre tatsächliche Zahl dürfte weitaus niedriger gewesen sein und betrug wohl nicht mehr als ein Dutzend.[25] Zu den in Deutschland lebenden Veteranen gehörte der 1890 in Daressalam geborene Juma bin Abdallah. In Ostafrika während des Krieges zweimal verwundet, arbeitete er zunächst als »Negerreklameträger für das Übersetzungsbüro Fix« in Hamburg und unterrichtete am Seminar für Afrikanische Sprachen Kiswahili. Nach seiner Heirat mit einer chinesischen Dolmetscherin tingelte der ehemalige Askari durch Deutschland, um auf Weihnachtsmärkten und Rummelplätzen Akrobatik und »unverfälschtes Stammesleben« vorzuführen. 1940 erteilte ihm die Reichspropagandaleitung ein generelles Auftrittsverbot. Nach dem Krieg arbeitete Abdallah wieder als Sprachgehilfe in Hamburg. Dort starb er im März 1952.[26]

Auch der 1893 als Sohn eines Chiefs im togolesischen Anecho geborene Kwassi Bruce war für kurze Zeit Kolonialsoldat gewesen. Als Dreijähriger kam er zusammen mit seinem Vater nach Berlin. Dieser gehörte zur Truppe der afrikanischen Kontraktarbeiter, die bei der Ersten Deutschen Kolonialausstellung afrikanisches Alltagsleben simulieren sollten. Nach deren Ende nahm ein kinderloses deutsches Ehepaar den kleinen Kwassi in Pflege. Mit zehn Jahren kam er auf das Gymnasium, das er mit dem »Einjährigen« beendete. Danach besuchte Bruce ein privates Konservatorium und wurde Pianist. 1913 reiste er erstmals wieder nach Togo, um Verwandte zu besuchen. Beim Ausbruch des Krieges meldete Bruce sich als Kriegsfreiwilliger bei der Polizeitruppe und verbrachte einige Zeit in französischer Kriegsgefangenschaft. Nach seiner Entlassung kehrte er zurück nach Deutschland. Dort gründete Bruce seine eigene Musikkapelle, mit der er zahlreiche Tourneen unternahm. Angesichts der immer schwieriger werdenden Lage für Schwarze im »Dritten Reich« ging Bruce 1939 nach Togo und kehrte erst 1947 wieder nach Deutschland zurück. Hier hielt er es jedoch nicht lange aus. Bruce zog nach Paris, wo er 1964 starb.[27]

Obwohl die beiden ehemaligen Askari Juma bin Abdallah und Mahjub bin Adam Mohamed, besser bekannt unter seinem in Deutschland angenommenen Namen Bayume Mohammed Hussein[28], von deutschen Behörden nicht immer gut behandelt wurden, ließen sie sich von der staatlichen Propaganda vereinnahmen. In ihrer Freizeit engagierten sie sich in den kolonialen Veteranenvereinen, und auf Reichskriegertagen sowie Kolonialtagungen traten sie immer wieder in ihrer Askari-Uniform auf. Sicher genossen sie die Aufmerksamkeit, die sie bei derartigen Veranstaltungen erlebten, und fühlten sich ein Stück weit gleichberechtigt. Vielen Deutschen missfiel jedoch die Teilnahme von Afrikanern an Treffen der Kolonialbewegung. Alfred Guhlmann, der als Soldat in Deutsch-Südwestafrika gedient hatte, beschwerte sich 1926 hierüber sogar bei Theodor Seitz, dem Präsidenten der Deutschen Kolonialgesellschaft. Seitz ließ in seiner Antwort keinen Zweifel aufkommen, dass er die Anwesenheit der Schwarzen allein aus propagandistischen Gründen befürwortete, denn wenn man ein realistisches Bild der früheren »Schutztruppen« in Ostafrika, Kamerun und Togo geben wolle, könne man die schwarzen Askari nicht vergessen. Es handle sich dabei also nicht um »eine Sensation«, sondern lediglich um »die Erinnerung der Tatsachen«.[29] Guhl-

Ein namentlich nicht bekannter ehemaliger Askari gibt dem Essener Oberbürgermeister Just Dillgardt eine Spende für das Winterhilfswerk, Essen 1938.

mann war aber nicht überzeugt. In einem weiteren, jedoch ebenfalls folgenlosen Schreiben forderte er noch einmal nachdrücklich, endlich mit dem ganzen »Askarikult« ein Ende zu machen.[30]

Mit der Machtübernahme der Nationalsozialisten im Januar 1933 verschlimmerte sich auch die Situation der Afrikaner in Deutschland. Vergleichsweise gut ging es nur den ehemaligen Söldnern. Da sich einige Beamte im »Dritten Reich« für eine Rückgabe der ehemaligen deutschen Kolonien einsetzten, sollten die Veteranen besser als die übrigen »Farbigen« behandelt werden, um keine antideutschen Stimmungen in den früheren »Schutzgebieten« zu provozieren. Deshalb betone Martin Bormann 1935 in einem Schreiben an das Auswärtige Amt nachdrücklich, Adolf Hitler wünsche nicht, »dass den in Deutschland lebenden ehemaligen Kolonialnegern, die größtenteils für Deutschland gekämpft haben, bei ihren Bemühungen, in Arbeit und Brot zu gelangen, Schwierigkeiten bereitet werden, und dass sie auch sonst nicht belästigt werden«.[31] Eine entsprechende Anordnung sollte allen Parteidienststellen zugehen. Die Schwierigkeit war nur, so Bormann weiter, »dass sich im einzelnen Fall nicht immer gleich feststellen lässt, ob es sich um einen um Deutschland verdienten Kolonialneger handelt oder nicht«.

Bei allen Planspielen Adolf Hitlers, wie eine Kolonialverwaltung in Zukunft aussehen könnte, spielten Einheimische aber keine Rolle. Bereits im März 1939 untersagte er dem Reichsleiter des Kolonialpolitischen Amtes der NSDAP, Franz

Xaver Ritter von Epp, ausdrücklich, irgendwelche Schritte zum Aufbau von »farbigen« Truppeneinheiten zu unternehmen, falls Deutschland einmal seine ehemaligen Kolonien zurückerhielte.[32] Das Verbot bekräftigte er im Juli 1940 in einem Gespräch mit dem Chef des Oberkommandos der Wehrmacht, Generalfeldmarschall Wilhelm Keitel. In den Überseegebieten sollten nur reguläre Einheiten der Wehrmacht stationiert werden, an den Aufbau einer Kolonialtruppe nach dem Vorbild der »Kaiserlichen Schutztruppen« sei nicht gedacht.[33] Epp und Keitel waren jedoch anderer Meinung. Sie ließen von einem ehemaligen Kolonialoffizier, Major Eymael, ein Memorandum ausarbeiten, dass die Notwendigkeit für den Einsatz »farbiger« Söldner beweisen sollte. Darin wurden die schon im Kaiserreich geäußerten Argumente wiederholt. Einheimische seien billiger als deutsche Soldaten, weniger anfällig für Krankheiten und im heißen Tropenklima leistungsfähiger. Neu war das Argument, nur der Einsatz von Einheimischen könne eine große Zahl von Mischlingskindern verhindern, da man deutsche Soldaten selbst bei Androhung härtester Strafen nicht davon abhalten könne, sexuelle Kontakte zu einheimischen Frauen zu unterhalten.[34] Spätestens mit der deutschen Niederlage bei Stalingrad Anfang 1943 wurden alle derartigen Überlegungen hinfällig.

Nach dem Zweiten Weltkrieg gerieten die ehemaligen Soldaten zunächst vollkommen in Vergessenheit in Deutschland. Erst durch die Unabhängigkeit Kameruns im Jahr 1960 befassten sich deutsche Medien wieder mit dem Thema, denn einige dort lebende Veteranen hielten noch Lohnforderungen an ihren einstigen Arbeitgeber aufrecht. Im Frühjahr des gleichen Jahres schrieb der frühere Söldner Johannes Fudda aus einem Dorf bei Jaunde an die Bundesregierung und bat um seinen noch ausstehenden Sold. Als Deutschland bald darauf seine Botschaft in der Hauptstadt Jaunde eröffnete, machten sich viele ehemalige Söldner auf den Weg dorthin. In abgewetzten Uniformen der »Schutztruppe« meldeten sie sich beim Botschafter, salutierten und verlangten ihr Geld. Die deutsche Regierung erklärte sich schließlich bereit, jedem von ihnen eine Nachzahlung in Höhe von 1000 Mark zu geben. Rund 300 Anspruchsberechtigte aus Kamerun wurden bei der Botschaft registriert. Die Anträge blieben jedoch auf dem Schreibtisch eines Beamten liegen und wurden vorerst nicht weiter bearbeitet.[35]

Offiziell unterstützt wurden die Forderungen der Kameruner von ehemaligen Kolonialoffizieren wie Paul von Lettow-Vorbeck und dem Traditionsverband ehemaliger Schutz- und Überseetruppen e.V. Intern äußerten Mitglieder des Verbandes aber Zweifel an der Rechtmäßigkeit der Forderungen. Nach Angaben des früheren Kolonialoffiziers Max Köhn hatten alle afrikanischen Soldaten in Kamerun bis zum Ende ihrer Dienstzeit den ihnen zustehenden Lohn erhalten. Er vermutete deshalb, dass es sich bei den Antragstellern um Deserteure handeln könnte, die allerdings in seinen Augen »durch ihre verräterische Handlungsweise natürlich jeden Anspruch verwirkt« hätten.[36] Ein von der Bundesregierung in Auftrag gegebenes juristisches Gutachten stellte dagegen fest, dass weder in Kamerun noch in Togo die deutschen Schulden vollständig beglichen worden seien, eine Zahlungsverpflichtung bestehe jedoch nicht. Aufgrund der öffentlichen

Meinung in Deutschland sah sie sich jedoch gezwungen, sogenannte Gratial-zahlungen, also Gnadenlöhnungen, zu leisten.[37]

Zwischen 1962 und 1968 erhielten rund 450 Togolesen, 1500 Kameruner sowie Einzelpersonen in Ghana, Nigeria und Gabun die einmalige Summe von 1000 Mark ausbezahlt.[38] Einige der Männer wie der Kameruner Akili, der Mitglied im Veteranenverband »ex-German soldier's union of Mamfe« war, teilten ihr Geld mit anderen ehemaligen Söldnern, die keinen »Ehrensold« erhalten hatten.[39] Die Zahlung entsprach dem Monatslohn eines mittleren Beamten und stellte für den Empfänger eine bedeutende Summe dar. In Togo sollen die Gratialzahlungen Mitauslöser für den Militärputsch von 1963 gewesen sein. Ein Jahr zuvor, im Februar 1962, hatte Frankreich 600 aus Togo stammende Soldaten, die während des Algerienkrieges in der französischen Kolonialarmee gekämpft hatten, entlas-sen. Um den Rückkehrern die Wiedereingliederung in ihre Heimat zu erleichtern, stellte die französische Regierung Togo eine relativ hohe Summe zur Verfügung. Der togolesische Staatschef Sylvanus Olympio zahlte das Geld jedoch nicht aus, sondern überwies es auf sein eigenes Bankkonto. Auch die Bitte der Soldaten auf Einstellung in die togolesische Armee lehnte er ab. Als diese dann von den deut-schen Zahlungen an die Veteranen erfuhren, verstärkte sich ihre Unzufriedenheit noch. Deshalb unterstützten sie das Militär bei einem Putsch, in dem Olympio ermordet wurde.[40]

Auch die ehemaligen Askari in dem inzwischen unabhängigen Tansania wur-den mit Unterstützungszahlungen bedacht. Im Mai 1962 berichtete der deutsche Botschafter in Daressalam dem Auswärtigen Amt über die Lebenssituation von ehemaligen deutschen Söldnern in der Stadt. Zwar hätten alle ein Dach über dem Kopf und genug zu essen, ihnen fehle aber das nötige Kleingeld für ein wenig Luxus: »hin und wieder etwas Kleidung, ein wenig Tabak, ein paar Shillings für Pombe [Kiswahili: einheimisches Bier – d. Verf.] und die Möglichkeit, sich gelegentlich einmal zu einem ›Weißt-Du-noch-Abend‹ zu treffen«.[41] Einen Monat später meldete die Botschaft, dass die Ehemaligen eine Veteranenorganisation, die »Tanganyika Association of former German Askaris«, gegründet hätten. Zum Vorsitzenden sei Thomas Plantan, Sohn des auch von den Deutschen sehr geschätzten Plantan Effendi, gewählt worden. Anlass für die Gründung sei eine gewisse Unzufriedenheit gewesen. Sie fühlten sich gegenüber ihren Lands-leuten, die in der britischen Kolonialarmee gedient hatten und inzwischen der Veteranenorganisation »British Legion« angehörten, »zurückgesetzt, vereinsamt und vergessen«.[42]

Aufgrund der Berichte aus Tansania schuf das Auswärtige Amt 1963 einen Härtefonds für ehemalige Askari. Auf Bitten des Verteidigungsministers Kai-Uwe von Hassel spendeten Deutsche Soldatenverbände wie der Kyffhäuserbund hierfür rund 10 000 Mark, die der Bundesminister für Wohnungsbau, Paul Lü-cke, im Dezember 1963 einer Abordnung von 40 ehemaligen Askari in Daressa-lam übergab.[43] Den deutschen Legationsrat Hans Georg Steltzer, der den Minis-ter begleitete, beeindruckte vor allem die »straffe, selbstbewusste Haltung« der zwischen 65 und 80 Jahre alten Männer.[44] Zuvor hatten die ehemaligen Askari aber auch schon von anderer Seite Geld erhalten. Der in Tansania lebende deutsche Geschäftsmann Karl Heinen sammelte in der Bundesrepublik Spenden in Höhe von 50 000 Mark für Pensionen, die er im Frühjahr 1963 ausbezahlte. Zum Nachweis ihres Anspruchs mussten Afrikaner ihre von den früheren deutschen Vorgesetzten erhaltenen Tapferkeitsmedaillen vorlegen oder die Namen von Offizieren nennen.[45]

Ins Bewusstsein einer breiten Öffentlichkeit rückte das Thema aber erst durch die am 11. Januar 1964 im WDR ausgestrahlte Fernsehsendung »Reichsadler und Giraffe«, die sich mit Deutsch-Ostafrika beschäftigte. In der Sendung traten alte deutsche Askari auf, die die Unterstützungskasse für »former German Askari« aufsuchten. Ein Deutscher überwachte die Auszahlung an die Männer, die namentlich aufgerufen wurden und den Empfang mit ihrem Fingerabdruck quittierten. Dann zeigte der Film, wie das Schild an der Kasse abgeschraubt und weggeworfen wurde. Der Kommentar erwähnte, dass die Unterstützungskasse kein Geld mehr hätte, und betonte sowohl die materielle Armut und Hilfebedürftigkeit der Askari als auch deren Glauben an ein großes, mächtiges Deutschland.[46] Die Sendung sorgte dafür, dass beim WDR, bei der Bundesregierung und sogar bei der Gattin des Bundespräsidenten Heinrich Lübke zahlreiche Briefe eingingen, »in denen Zweifel« geäußert wurden, ob die Bundesregierung wirklich alles getan habe, »um die Notlage ehemaliger Askaris, die heute alt und bedürftig sind, zu lindern«.[47] Angesichts des gewaltigen öffentlichen Drucks rief die Bundesregierung nicht nur die Bevölkerung zu Spenden auf, sondern wollte auch den früheren Askari in Zukunft einen jährlichen Ehrensold gewähren. Die Auszahlung sollte die »Ex-Askari Association« übernehmen. Über die Höhe des Betrags gibt es allerdings unterschiedliche Angaben. Während der Journalist Jürgen Petschull von 50 Mark schreibt, ist in einem anderen Artikel von 100 Mark die Rede. Nach Angaben des ehemaligen Afrika-Korrespondenten der Wochenzeitung *Die Zeit*, Bartholomäus Grill, erhielten die Askari sogar umgerechnet 240 Mark im Jahr.[48] Auch von privater Seite, vom Traditionsverband und vom Deutschen Offiziersbund, erfolgten bis in die 1990er Jahre jährliche Spenden. Die Auszahlung führten meist im Land lebende Missionare oder Entwicklungshelfer durch.[49]

Erst in den 1960er Jahren begannen Historiker und Publizisten in Deutschland, die nichtweißen Soldaten kritischer zu sehen. Dem verklärten Bild vom »treuen« Kämpfer setzten nun Historiker in der DDR das des brutalen und mordenden »Kolonialsöldners« entgegen.[50] Gemeinsam war beiden Seiten, dass sie die Söldner nicht als handelnde Subjekte mit einem eigenen Willen wahrnahmen. Während die Kolonialapologeten die militärischen Fähigkeiten der Männer nur auf die deutsche Erziehung »vom wilden Buschneger zum pflichttreuen deutschen Soldaten« zurückführten[51], glaubten die Kolonialkritiker, dass die Söldner gegen ihren Willen »zur bedingungslosen Unterwürfigkeit sowie zur Missachtung humanen Empfindens und oft genug zu Exzessen der Brutalität gegenüber der einheimischen Bevölkerung« von ihren Vorgesetzten gezwungen worden seien.[52] Echtes Interesse an den Menschen hatten aber weder Bewunderer noch Kritiker.

Noch in den 1960er Jahren arbeitete diese deutsche Bier-Werbung mit dem Mythos des »treuen Askari«.

Obwohl noch zahlreiche Veteranen lebten, befragte kein deutscher Historiker die Männer über ihr Leben als Soldaten, die Motive ihrer Berufswahl sowie ihre Erfahrungen mit den Europäern. Welche Chance dadurch verpasst wurde, zeigen die Interviews, die der amerikanische Historiker Melvin E. Page Anfang der 1970er Jahre mit ehemaligen malawischen Söldnern der King's African Rifles führte.[53] Erst in den 1980er und 1990er Jahren entdeckten deutsche Journalisten das Thema »Askari« für sich und besuchten die noch wenigen Überlebenden in Tansania. Aufgrund des hohen Alters der Befragten und vor allem wegen der langen Zeitspanne, die vergangen war und die Anfang des 20. Jahrhunderts erlebten Ereignisse überdeckte, brachten die Interviews aber kaum neue Erkenntnisse.

Der vermutlich letzte noch lebende Söldner war der in Tansania wohnende Ibrahim Khalil. Sein Vater stammte aus dem Sudan und hatte sich 1889 oder Anfang der 1890er Jahre für die »Schutztruppe« anwerben lassen. Auch Ibrahim schlug die Soldatenlaufbahn ein und begann seine Karriere als Signalschüler. Während des Ersten Weltkriegs kämpfte er auf deutscher Seite. Nach dem Ende der deutschen Herrschaft trat er in die britische Kolonialarmee ein und erlebte den Zweiten Weltkrieg in britischer Uniform. Nach seinem Ausscheiden ließ er sich in Kondoa nieder. Ende 1999 besuchte ihn der Journalist Hans-Josef Dreckmann, um einen Beitrag für die Sendung *Weltspiegel* über ihn zu drehen. Drei Wochen nach den Dreharbeiten starb Khalil im Alter von rund 105 Jahren. Sein ältester Sohn vermutete einen Zusammenhang zwischen dem Besuch des Europäers und dem Tod seines Vaters und zerstörte deshalb alle schriftlichen Zeugnisse wie Tagebücher, alte Kalender und Militärpapiere aus dessen Militärzeit am Tag seiner Beerdigung. Ibrahim Khalils Tod war in Deutschland keine Nachricht wert.[54]

Heute erinnert in den ehemaligen Kolonien nur noch wenig an die Söldner in deutschen Diensten. Bis Mitte der 1980er Jahre befand sich in Namibia auf dem Soldatenfriedhof am Waterberg ein Grabstein mit der Inschrift: »Hier ruhen treue Kaffernsoldaten der Kaiserl. Schutztruppe«. Inzwischen ist an der Friedhofsmauer eine Plakette zu ihrem Gedenken eingelassen.[55] Im Stadtzentrum der tansanischen Hafenstadt Daressalam steht immer noch das 1927 von dem britischen Bildhauer J. A. Stevenson geschaffene Askari-Denkmal. In das Monument sind die angeblich von dem bekannten Schriftsteller Rudyard Kipling stammenden Worte in Arabisch, Englisch und Kiswahili eingemeißelt: »Zum Gedenken an die einheimischen afrikanischen Truppen, die kämpften; ein Lob all den Trägern, die so wichtig für die Armee waren; mögen die Söhne der Gefallenen, die in Ostafrika von 1914–1918 umkamen, deren Namen in Erinnerung halten.« Obwohl die Bronzefigur eindeutig eine britische Uniform trägt, glauben viele, dass das Denkmal vor allem an die Askari in deutschen Diensten erinnern soll. Außerdem gibt es in einigen tansanischen Städten wie beispielsweise in Iringa noch kleine sudanesische Minderheiten, die Nachkommen der in Ägypten angeworbenen Söldner sind.[56] Und 1987 brachte die Post von Papua-Neuguinea zum Gedenken an die 100. Jahrestag der Polizei des Landes vier Sonderbriefmarken heraus, von denen eine melanesische Soldaten der Polizeitruppe von Deutsch-

Sonderbriefmarke aus Papua-Neuguinea mit melanesischen Soldaten der deutschen Polizeitruppe, 1987.

Neuguinea zeigt. Insgesamt ist das Interesse an den einheimischen Söldnern in den früheren Kolonien allerdings eher gering, denn dort werden die Männer in erster Linie immer noch als Kollaborateure angesehen.

In Deutschland haben die Söldner noch weniger Spuren hinterlassen. Im Münchner Stadtteil Trudering gibt es einen »Askaripfad«, in Essen eine »Askaristraße«. Beide Straßen erhielten ihre Namen während des »Dritten Reichs«, um den Kolonialgedanken im deutschen Volk wachzuhalten. Ebenfalls aus den 1930er Jahren stammen die von dem Künstler und ehemaligen Kolonialoffizier Walter von Ruckteschell geschaffenen Askari-Reliefs in Hamburg-Jenfeld, die aus zwei Figurengruppen aus Terrakotta bestehen und mehrere afrikanische Söldner und Träger sowie einen Deutschen als Befehlshaber darstellen. Da sich das der »Schutztruppe« von Deutsch-Ostafrika gewidmete Ehrenmal auf dem Gelände der Estorff-Kaserne befand, war es lange Zeit nur für wenige Menschen zugänglich. Als die Kaserne 1999 geschlossen wurde, baute man das Kunstwerk ab und lagerte es ein. 2002 sollte das Relief in der Nähe der Kaserne wiedererrichtet werden und gemeinsam mit dem Tansania-Pavillon der EXPO 2000 den »Tansania-Park« bilden. Proteste über den unkritischen Umgang mit der deutschen Kolonialvergangenheit, vor allem mit der Rolle der Askari, verhinderten eine Umsetzung der Pläne. Die Askari-Reliefs wurden 2003 trotzdem in

einem ummauerten Bereich am Rande der ehemaligen Kaserne wieder aufgestellt, der nur nach Anmeldung betreten werden kann. Die anhaltende Kritik
führte Ende 2005 zur Bildung eines Beirats durch den Bezirk Wandsbek, der ein
neues Konzept für die zukünftige Gestaltung der Denkmalsanlage entwickeln
soll.[57] Vor kurzem ist eine weitere Spur hinzugekommen. Im Herbst 2007 wurde
zum Gedenken an den 1944 im Konzentrationslager Sachsenhausen umgekom-
menen ehemaligen Askari Mahjub bin Adam Mohamed alias Bayume Mohamed
Hussein ein »Stolperstein« in Berlin verlegt.

Anhang

Anmerkungen

Vorwort (S. 7–9)

1 Vandervort, Bruce: Wars of imperial conquest in Africa, 1830–1914. London 1998, S. 29 f.
2 Die genauen bibliographischen Angaben sind im Literaturverzeichnis zu finden.

Experimentierphase 1885–1891 (S. 10–22)

1 Instruktion Bismarcks an Nachtigall, 19. 5. 1884. Zit. nach Herrfurth, Kurt: Fürst Bismarck und die Kolonialpolitik. Berlin 1909, S. 87.
2 Stenographische Berichte über die Verhandlungen des Reichstages. 6. Legislaturperiode, II. Session 1885/1886, Bd. 86. Berlin 1886, S. 117.
3 Morlang, Thomas: Die Polizeitruppe Deutsch-Neuguineas 1887–1914. In: Archiv für Polizeigeschichte (ArchPolGesch), 4 (1993), S. 39 f.
4 Im Weiteren wird die Kurzbezeichnung Mark für Reichsmark verwendet.
5 Pfeil, Joachim von: Zur Erwerbung von Deutsch-Ostafrika. Ein Beitrag zu seiner Geschichte. Berlin 1907, S. 184, 192.
6 Heusner an Chef der Admiralität, 19.12.1887, Bundesarchiv (BArch), R 1001/2978, Bl. 19 f.
7 Rose an Caprivi, 9. 9. 1891, BArch, R 1001/2670, Bl. 38 f.
8 Schmidt, Rochus: Aus kolonialer Frühzeit. Berlin 1922, S. 31, 41.
9 Schmidt, Rochus: Deutschlands Kolonien. Ihre Gestaltung, Entwicklung und Hilfsquellen, Bd. 1. Berlin 1894, S. 39.
10 Kurtze, Bruno: Die Deutsch-Ostafrikanische Gesellschaft. Ein Beitrag zum Problem der Schutzbriefgesellschaften und zur Geschichte Deutsch-Ostafrikas. Jena 1913, S. 89 f.
11 Arendt an Bismarck, 3. 3. 1886. Zit. nach Müller, Fritz Ferdinand: Deutschland-Zanzibar-Ostafrika. Geschichte einer deutschen Kolonialeroberung 1884–1890. Berlin 1959, S. 237.
12 Vorstand DKGSWA an Bismarck, 17.12.1887. Zit. nach Sander, Louis: Geschichte der Kolonialgesellschaft für Südwest-Afrika, Bd. 1. Berlin 1910, S. 45.
13 Drechsler, Horst: Südwestafrika unter deutscher Kolonialherrschaft. Die großen Land- und Minengesellschaften (1885–1914). Stuttgart 1996, S. 56.
14 Vgl. Sander: Geschichte der Kolonialgesellschaft, Bd. 1, S. 45–48.
15 Ebd., Bd. 2, S. 435 f.
16 Herrfurth: Fürst Bismarck und die Kolonialpolitik, S. 175.
17 Treue, Wolfgang: Die Jaluit-Gesellschaft auf den Marschall-Inseln 1887–1914. Berlin 1976, S. 82, Anm. 239.
18 Ebd., S. 81.
19 Trierenberg, Georg: Togo – Die Aufrichtung der deutschen Schutzherrschaft und die Erschließung des Landes. Berlin 1914, S. 60.
20 Buchner, Max: Aurora colonialis. Bruchstücke eines Tagebuchs aus dem ersten Beginn unserer Kolonialpolitik 1884/85. München 1914, S. 84.

21 Buchner, Max: Kamerun. Skizzen und Betrachtungen. Leipzig 1887, S. 167.

22 Ebd.

23 Herrfurth: Fürst Bismarck und die Kolonialpolitik, S. 332.

24 Soden an Bismarck, 30.6.1888. Zit. nach Rüger, Adolf: Der Aufstand der Polizeisoldaten (Dezember 1893). In: Stoecker, Helmuth (Hg.): Kamerun unter deutscher Kolonialherrschaft. Studien, Bd. 1. Berlin 1960, S. 103.

25 Sander, Geschichte der Kolonialgesellschaft, Bd. 2, S. 437.

26 Gründer, Horst: Geschichte der deutschen Kolonien. 4. Aufl., Paderborn u.a. 2000, S. 81.

27 Zur Bildung der François-Truppe vgl. Kaulich, Udo: Die Geschichte der ehemaligen Kolonie Deutsch-Südwestafrika (1884–1914). Eine Gesamtdarstellung. Frankfurt a.M. 2001, S. 143–146.

28 Schweinitz, Hans Herman von: Deutsch-Ostafrika im Krieg und Frieden. Berlin 1894, S. 4.

29 Randbemerkung Bismarcks, Vorschlag zur Formierung einer militärischen Expedition zur Wiedernahme und Entsetzung der Küstenplätze an der deutsch-ostafrikanischen Küste und Kosten-Anschlag, 28.11.1888, BArch, R 1001/693, Bl. 127.

30 Bericht Wissmanns mit dem Titel »Wie wird eine Landblockade Deutsch-Ost-Afrikas, als den wichtigsten Schritt zur Unterdrückung des Sklavenhandels, mit möglichst geringen Mitteln nachdrücklich durchzuführen sein«, 21.12.1888, BArch, R 1001/730, Bl. 145–152.

31 Zur Theorie der »kriegerischen Rassen« vgl. u.a. Streets, Heather: Martial races: the military, race, masculinity in British imperial culture, 1857–1914. Manchester u.a. 2004; Kirk-Greene, Anthony H. M.: »Damnosa hereditas«: ethnic ranking and the martial races imperative in Africa. In: Ethnic and Racial Studies, 3 (1980), S. 394–410.

32 Hill, Richard/Hogg, Peter: A Black Corps d'Élite. An Egyptian Sudanese Conscript Battalion with the French Army in Mexico, 1863–1867, and its survivors in Subsequent African History. East Lansing 1995.

33 Im Januar 1879 marschierten britische Truppen in das Zululand ein, um das bis dahin unabhängige Königreich zu erobern. Dabei überfiel die Hauptstreitmacht der Zulu eine der vorrückenden britischen Abteilungen und machte sie fast vollständig nieder. Von den rund 1800 britischen Soldaten und afrikanischen Söldnern starben über 1300. Vgl. hierzu Vandervort: Wars of imperial conquest in Africa, S. 105–109.

34 Behr, Hugold Felix von: Kriegsbilder aus dem Aufstand in Deutsch-Ostafrika. Berlin 1891, S. 96.

35 Brauer an Bismarck, 1.3.1889, BArch, R 1001/736, Bl. 69.

36 Brauer, Arthur von: Im Dienste Bismarcks. Persönliche Erinnerungen (bearb. und hg. von Helmuth Rogge). Berlin 1936, S. 233.

37 Behr: Kriegsbilder aus dem Aufstand, S. 19.

38 Ebd., S. 21, 44.

39 Barros Gomés an dt. Botschafter, 18.1.1889, BArch, R 1001/736, Bl. 18.

40 Vgl. Glassman, Jonathon: Feasts and Riot: Revelry, Rebellion, and Popular Consciousness on the Swahili Coast, 1856–1888. Portsmouth, New Haven 1995, S. 250.

41 Vgl. Iliffe, John: A Modern History of Tanganyika. Cambridge 1979, S. 95.

42 Wissmann an AA, 20.5.1889, BArch, R 1001/737, Bl. 45.

43 Vgl. Trierenberg: Togo, S. 62 f.

44 Zur Reorganisation der Polizeitruppe vgl. Morlang: Die Polizeitruppe Deutsch-Neuguineas. In: ArchPolGesch, 4 (1993), S. 79 f.

45 Vgl. Morlang, Thomas: Die farbigen Soldaten und Hilfskrieger der deutschen Kolonialtruppen (unveröffentlichte Magisterarbeit). Münster 1990, S. 25–27.

46 Zum Streit zwischen Schnee und Lettow-Vorbeck vgl. Schulte-Varendorff, Uwe: Kolonialheld für Kaiser und Führer. General Lettow-Vorbeck – Mythos und Wirklichkeit. Berlin 2006.

47 Koloniale Zeitschrift, 11 (1910), S. 73.

48 Rudin, Harry S.: Germans in the Cameroons, 1884–1914. A case Study in modern Imperialism. New Haven 1938, S. 194.

49 Zusammengestellt nach Angaben über die etatmäßige Stärke in den Statistischen Jahrbüchern für das Deutsche Reich. Vgl. Morlang: Die farbigen Soldaten und Hilfskrieger der deutschen Kolonialtruppen, S. 29–32.

»Schwarze Landsknechte« (S. 23–37)

1 Die Bezeichnung »schwarze Landsknechte« stammt ursprünglich aus Deutsch-Ostafrika; vgl. Hauer, August: Als Frontarzt im Zuge Lettows. In: Medizinische Wochenschrift, 60 (1934), S. 1854; Bericht Trothas über seine dreijährige Tätigkeit in Deutsch-Ostafrika, 8.5.1898, BArch, R 1001/774, Bl. 176.
2 Sebald, Peter: Togo 1884–1914. Eine Geschichte der deutschen »Musterkolonie« auf der Grundlage amtlicher Quellen. Berlin 1988, S. 96 f.
3 Trierenberg: Togo, S. 69.
4 Puttkamer an Bismarck, 18.3.1890. Zit. nach Sebald: Togo 1884–1914, S. 97.
5 Vandervort: Wars of imperial conquest in Africa, S. 96.
6 Vgl. hierzu Trierenberg: Togo, S. 69.
7 Sebald, Peter: Malam Musa – Gottlob Adolf Krause 1850–1938. Forscher – Wissenschaftler – Humanist. Leben und Lebenswerk eines antikolonial gesinnten Afrika-Wissenschaftlers unter den Bedingungen des Kolonialismus. Berlin 1972, S. 125.
8 Real, Jürgen: Verwaltung des Deutschen Schutzgebietes Togo. Findbuch zu den Akten der deutschen Behörden in Togo (1884–1914). Koblenz/Lomé 1980, S. 9.
9 Trierenberg: Togo, S. 85, 136.
10 Ebd., S. 70.
11 Klose: Heinrich: Togo unter deutscher Flagge. Reisebilder und Betrachtungen. Berlin 1899, S. 44.
12 Ebd., S. 42 f.
13 Trierenberg: Togo, S. 70.
14 Gruner, Hans: Vormarsch zum Niger. Die Memoiren des Leiters der Togo-Hinterlandexpedition 1894/95 (hg. und eingeleitet von Peter Sebald). Berlin 1997, S. 216.
15 Klose: Togo unter deutscher Flagge, S. 43.
16 Interview mit Fare Napo, 15./16.12.1980. In: Simtaro, Dadja Halla-Kawa: Le Togo »Musterkolonie«. Souvenirs de l'Allemagne dans la Société Togolaise, Bd. 2. Aix-en-Provence 1982, S. 701.
17 Zu den Muslimen in der Polizeitruppe vgl. Sebald: Togo 1884–1914, S. 175, 415, 465.
18 Klose: Togo unter deutscher Flagge, S. 43.
19 Trotha, Trutz von: Koloniale Herrschaft. Zur soziologischen Theorie der Staatenentstehung am Beispiel des »Schutzgebietes Togo«. Tübingen 1994, S. 44.
20 Klose: Togo unter deutscher Flagge, S. 45.
21 Trierenberg. Togo, S. 70.
22 Ebd., S. 74.
23 Rentzell, Werner von: Unvergessenes Land. Von glutvollen Tagen und silbernen Nächten in Togo. Hamburg 1922, S. 188 f.
24 Trierenberg: Togo, S. 74.
25 Mecklenburg an Staatssekretär RKA, 28.3.1913. Zit. nach Nußbaum, Manfred: Togo – eine Musterkolonie? Berlin 1962, S. 49.
26 Klose: Togo unter deutscher Flagge, S. 43.
27 Simtaro: Le Togo »Musterkolonie«, Bd. 1, S. 190.
28 Klose: Togo unter deutscher Flagge, S. 43.
29 Trierenberg: Togo, S. 75.
30 Sebald: Togo 1884–1914, S. 283.

31 Rentzell: Unvergessenes Land, S. 189.

32 Deutsches Kolonialblatt (DKBl), 11 (1900), S. 53 f.

33 Trierenberg: Togo, S. 147; Sebald: Togo 1884–1914, S. 191; zum Begriff »Hilfskrieger« vgl. Morlang, Thomas: »Die Wahehe haben ihre Vernichtung gewollt.« Der Krieg der »Kaiserlichen Schutztruppe« gegen die Hehe in Deutsch-Ostafrika (1890–1898). In: Klein, Thoralf/Schumacher, Frank (Hg.): Kolonialkriege. Militärische Gewalt im Zeichen des Imperialismus. Hamburg 2006, S. 98 f.

34 Trotha: Koloniale Herrschaft, S. 50.

35 Sebald: Togo 1884–1914, S. 215, 220.

36 Zit. nach Trotha: Koloniale Herrschaft, S. 51.

37 Gruner: Vormarsch zum Niger, S. 197.

38 Simtaro: Le Togo »Musterkolonie«, Bd. 2, S. 699.

39 Zit. nach ebd., S. 728.

40 Rentzell: Unvergessenes Land, S. 206–208.

41 Interview mit Yendjè Dalare, 13.12.1980. Zit. nach Simtaro: Le Togo »Musterkolonie«, Bd. 2, S. 724.

42 Interview mit Tooli Windjim, 12.12.1980. Ebd., S. 714.

43 Nußbaum: Togo – eine Musterkolonie?, S. 38.

44 Sebald: Togo 1884–1914, S. 215.

45 Kersting an Gouvernement, 9.9.1904. BArch, R 1001/5378, Bl. 247 f.

46 Dienstanweisung des Gouverneurs von Togo vom 10.1.1906, betr. die Ausübung der Strafgerichtsbarkeit und der Disziplinargewalt gegenüber den Eingeborenen gemäß der Verfügung des Reichskanzlers vom 22. April 1896. In: Die Deutsche Kolonialgesetzgebung, Bd. 10. Berlin 1907, S. 11.

47 Steudel an AA-KA, 21.10.1903, BArch, R 1001/5378, Bl. 169.

48 Ebd.

49 Killingray, David: The ›Road of Empire‹: The Debate of Corporal Punishment in the British African Colonial Forces, 1888–1946. In: Journal of African History, 35 (1994), S. 201–216.

50 Puttkamer an Caprivi, 14.4.1893. Zit. nach Sebald: Togo 1884–1914, S. 99.

51 Gruner: Vormarsch zum Niger, S. 379.

52 Sebald: Togo 1884–1914, S. 97.

53 Ebd., S. 101, Anm. 142.

54 Trierenberg: Togo, S. 70.

55 Zu den Löhnen anderer Berufsgruppen vgl. Sebald: Togo 1884–1914, S. 282; Gruner: Vormarsch zum Niger, S. 36.

56 Sebald: Togo 1884–1914, S. 509.

57 Doering an RKA, 25.7.1914. Zit. nach Sebald: Togo 1884–1914, S. 353.

58 Trierenberg: Togo, S. 70.

59 Gehrts, Meg: Weiße Göttin der Wangora. Eine Filmschauspielerin 1913 in Afrika. Wuppertal 1999, S. 166.

60 Rodenwaldt, Ernst: Ein Tropenarzt erzählt sein Leben. Stuttgart 1957, S. 76.

61 Klose: Togo unter deutscher Flagge, S. 46; Rentzell: Unvergessenes Land, S. 189.

62 Rentzell: Unvergessenes Land, S. 200.

63 Gehrts: Weiße Göttin der Wangora, S. 166, 258.

64 Zur Spielsucht der Söldner vgl. Klose: Togo unter deutscher Flagge, S. 46.

65 Rentzell: Unvergessenes Land, S. 185.

66 Ebd., S. 191.

67 Trierenberg: Togo, S. 70 f.

68 Trotha: Koloniale Herrschaft, S. 48, Anm. 10.

69 Trierenberg: Togo, S. 75.

70 Die Institution des »Häuptlingspolizisten« wurde um 1900 eingeführt, um das geringe Ansehen der oft von den Deutschen eingesetzten Chiefs bei der Bevölkerung zu heben und diese bei der Ausführung der ihnen übertragenen Aufgaben zu unterstützen. Häufig übernahmen Familienangehörige eines »Häuptlings« den Posten. Vor ihrem Einsatz erhielten »Häuptlingspolizisten« eine dreimonatige militärische Ausbildung. Im Dienst waren sie uniformiert, bis auf ein Seitengewehr aber unbewaffnet. Vgl. hierzu Erbar, Ralph: Ein »Platz an der Sonne«? Die Verwaltungs- und Wirtschaftsgeschichte der deutschen Kolonie Togo 1884–1914. Stuttgart 1991, S. 58–61.

71 Gehrts: Weiße Göttin der Wangora, S. 166.

72 DKBl, 25 (1914), S. 860.

73 Bericht von Paul Möller, undatiert. Zit. nach Sebald: Togo 1884–1914, S. 602.

74 Ebd., S. 604f.

75 Zit. nach ebd., S. 741, Anm. 77.

»Behufs Dekorierung von Schwarzen« (S. 38–41)

1 Erwähnt wird Chomba Wadi Hamit u. a. bei Sturtz, J./Wangemann, J.: Land und Leute in Deutsch-Ostafrika. Erinnerungen aus der ersten Zeit des Aufstandes und der Blockade. Berlin 1890, S. 44f. sowie bei Maercker, Georg: Unsere Schutztruppe in Ost-Afrika. Berlin 1893, S. 70.

2 So zum Beispiel in den Neuesten Mittheilungen v. 9.4.1889.

3 Wissmann an Bismarck, 15.6.1889, BArch, R 1001/739, Bl. 50.

4 Antwort Wissmanns auf den angeforderten Bericht über das von Kaiser Wilhelm II. geschenkte Nordenfield-Geschütz, 28.11.1889, BArch, R 1001/743, Bl. 61f.

5 Hollmann an Senden-Bibran, 21.4.1892, Bundesarchiv-Militärarchiv Freiburg (BA-MA), RM 2/1843, Bl. 193.

6 Allerhöchste Verordnung, betr. Verleihung von Kriegermedaillen. In: DKBl, 3 (1892), S. 296.

7 Allerhöchster Erlass, betr. die Verleihung von Krieger-Verdienstmedaillen an farbige Angehörige der Schutztruppen vom 25.3.1893. In: DKBl, 4 (1893), S. 189.

8 Allerhöchste Verordnung, betr. die Einführung von vergoldeten Kriegerverdienst-Medaillen vom 2.10.1895. In: DKBl, 6 (1895), S. 533.

9 DKBl, 7 (1896), S. 535.

10 Deutschlands koloniale Wehrmacht in ihrer gegenwärtigen Organisation und Schlagfähigkeit. Bearbeitet von einem höheren Offizier. Berlin 1906, S. 20.

11 Befehl des stellvertr. Kommandanten Gravenreuth, 29.9.1889. In: Befehls-Buch der »Deutschen Schutztruppe für Ostafrika« und des »Kaiserlichen Deutschen Kommissariats für Ostafrika« vom 4. Mai 1889 bis 9. November 1890. Vom Original übertragen und bearbeitet von Klaus Goebel. Halle a. d. S. 2007, S. 90.

12 Gesuchsliste des Kaiserlichen Kommandos für Deutsch-Ostafrika, ohne Datum (vermutlich Anfang 1897), BArch, R 1001/288, Bl. 47f.

13 Drei Männer erhielten die Kriegerverdienstmedaille 1. Klasse in Gold, 18 die Kriegerverdienstmedaille 1. Klasse in Silber, 116 die der 2. Klasse in Gold und 1354 die 2. Klasse in Silber. Vgl. http://www.sammlergemeinschaft-deutscherauszeichnungen.org/wbb4/thread.php?postid=73254 (Stand: 29.04.2007).

14 Oberkommando der Kaiserlichen Schutztruppen an Lettow-Vorbeck, April 1918, BArch, R 1001/874, Bl. 304.

15 Gunzert an Lettow-Vorbeck, 18.5.1936, BArch, R 1001/876, Bl. 224.

16 Schulte-Varendorff: Kolonialheld für Kaiser und Führer, S. 99f.

17 Lettow-Vorbeck an AA, 20.5.1936, BArch, R 1001/876, Bl. 226.

18 Bechhaus-Gerst, Marianne: Treu bis in den Tod. Von Deutsch-Ostafrika nach Sachsenhausen – Eine Lebensgeschichte. Berlin 2007, S. 96–99.

1   Trierenberg: Togo, S. 61.
2   DKBl, 3 (1892), S. 80, 178.
3   Schötz, Hermann: Nach 40 Jahren. Erlebnisse nach Tagebuchaufzeichnungen während der Jahre 1894–1897 eines der letzten noch lebenden Unteroffiziere von den Gründern der ehm. Kais. Schutztruppe für »Kamerun«. Wiesbaden 1934, S. 38.
4   Zum Verlauf der Meuterei vgl. das Kapitel »Eine Art von Streik. Meutereien afrikanischer Söldner«.
5   Dominik, Hans: Kamerun. Sechs Kriegs- und Friedensjahre in deutschen Tropen. 2. Aufl., Berlin 1911, S. 5–7.
6   Ebd., S. 28.
7   Zit. nach Bülow, Heinrich von: Deutschlands Kolonien und Kolonialkriege. Dresden/Leipzig 1900, S. 193 f.
8   Deutsche Kolonialzeitung, 7 (1894), S. 135.
9   Seitz, Theodor: Vom Aufstieg und Niederbruch deutscher Kolonialmacht, Bd. 1. Karlsruhe 1927, S. 6 f.
10 Dominik: Kamerun, S. 48; Koloniale Zeitschrift, 10 (1909), S. 185.
11 Dominik: Kamerun, S. 9 f.
12 Wittum, Johanna: Unterm Roten Kreuz in Kamerun und Togo. Heidelberg 1899, S. 23.
13 Puttkamer, Jesko von: Gouverneursjahre in Kamerun. Berlin 1912, S. 143–145.
14 Carnap-Quernheimb, Ernst von: Ernste Betrachtungen über die »Perle unserer Kolonien« Kamerun, nach langjähriger eigener Erfahrung. In: Beiträge zur Kolonialpolitik und Kolonialwirtschaft, 2 (1900/1901), S. 194 f.
15 Hoffmann, Florian: Okkupation und Militärverwaltung in Kamerun. Etablierung und Institutionalisierung des kolonialen Gewaltmonopols 1891–1914. Münster 2007 (Dissertation), S. 18.
16 Carnap-Quernheimb: Ernste Betrachtungen über die »Perle unserer Kolonien« Kamerun, S. 201.
17 Jahresbericht über die Entwicklung der deutschen Schutzgebiete in Afrika und der Südsee im Jahre 1900/1901. Berlin 1902, S. 38.
18 Scheunemann, Peter: Buschgeschichten. Ernstes und Heiteres aus Kameruns guter alter Zeit. Berlin 1925, S. 149 f.
19 Gewald, Jan-Bart: Mbadamassi of Lagos: A soldier for King and Kaiser, and a deportee to German South West Africa. In: Newsletter Namibia Scientific Society, 41 (2000), S. 6.
20 Lange, Fried: Massa, wann kommst du wieder? Zwischen Tschadsee und Götterberg. Erlebnisse im Kampf um Kamerun. Düsseldorf 1942, S. 39.
21 Langheld, Wilhelm: Zwanzig Jahre in deutschen Kolonien. Berlin 1909, S. 393.
22 Zintgraff, Eugen: Nord-Kamerun. Berlin 1895, S. 339.
23 Puttkamer: Gouverneursjahre in Kamerun, S. 98.
24 Ebd.; Dominik: Kamerun, S. 255.
25 Zur Nationalität einheimischer Soldaten vgl. Jahresbericht über die Entwicklung der deutschen Schutzgebiete in Afrika und der Südsee 1902/1903. Berlin 1904, S. 45; Die deutschen Schutzgebiete in Afrika und der Südsee 1912/1913. Berlin 1914, S. 73.
26 Pürschel, Herbert: Die kaiserliche Schutztruppe für Kamerun. Gefüge und Aufgabe. Berlin 1936, S. 19.
27 Keller: Über Kolonialtruppen. In: Jahrbücher für die deutsche Armee und Marine, 118 (1901), S. 150.
28 Ebd., S. 151.
29 Stenographische Berichte über die Verhandlungen des Reichstages. 12. Legislaturperiode, I. Session, Bd. 235. Berlin 1909, S. 7253 f.
30 Die deutschen Schutzgebiete in Afrika und der Südsee 1909/1910. Berlin 1911, S. 62.

31 Die deutschen Schutzgebiete in Afrika und der Südsee 1910/1911. Berlin 1912, S. 55.

32 Verteilungsplan der Kaiserlichen Schutztruppe für Kamerun am 9. Juli 1914. In: Pürschel: Die kaiserliche Schutztruppe für Kamerun, S. 19, Anm. 34.

33 Gouvernement an RKA, 28.2.1914, BArch, R 1001/4015, Bl. 23 f.

34 Hoffmann: Okkupation und Militärverwaltung in Kamerun, S. 18.

35 Runderlass (RE) Nr. 52 zur Ergänzung des RE Nr. 5/13 über die Anwerbung von Rekruten für die Schutztruppe und die Polizeitruppe, 21.9.1913, BArch, R 1001/4015, Bl. 5.

36 Michels, Stefanie: Imagined Power Contested. Germans and Africans in the Upper Cross River Area of Cameroon 1887–1915. Münster 2004, S. 355.

37 Ritter, August: Frieden und Krieg in Kamerun. Ein Erlebnisbericht. Suhl 1939, S. 31.

38 Michels: Imagined Power Contested, S. 354.

39 Vgl. Dominik, Hans: Vom Atlantik zum Tschadsee. Krieg- und Forschungsfahrten in Kamerun. Berlin 1908, S. 26 f.

40 Deutschlands koloniale Wehrmacht, S. 114.

41 Königs, Paul: Als Schutztruppler und Jäger in Kamerun. Leipzig 1943, S. 17.

42 Dominik: Kamerun, S. 128.

43 Ebd., S. 29.

44 Dominik an Müller, 23.4.1906, BA-MA, RM 31/805, Bl. 186.

45 Verordnung des Gouverneurs vom 31.3.1913. In: Koloniale Zeitschrift, 14 (1913), S. 486.

46 Pürschel: Die kaiserliche Schutztruppe für Kamerun, S. 87, Anm. 165.

47 Ebd., S. 18; Deutschlands koloniale Wehrmacht, S. 111

48 Hierzu vgl. Die deutschen Schutzgebiete in Afrika und der Südsee 1911/1912. Berlin 1913, S. 61; Surén, Hans: Kampf um Kamerun: Garua. Berlin 1934, S. 322, Anm. 34.

49 Pürschel: Die kaiserliche Schutztruppe für Kamerun, S. 19.

50 Hoffmann: Okkupation und Militärverwaltung in Kamerun, S. 23.

51 Zur Höhe des Solds vgl. Surén: Kampf um Kamerun, S. 322, Anm. 34.

52 Lange: Massa, wann kommst du wieder, S. 210.

53 Ebd.

54 Hoffmann: Okkupation und Militärverwaltung in Kamerun, S. 23.

55 Zur Person Mboaris vgl. Scheunemann: Buschgeschichten, S. 107–109.

56 Königs: Als Schutztruppler und Jäger in Kamerun, S. 145.

57 Zum Alkoholkonsum der Sudanesen vgl. Dominik: Kamerun, S. 30; Immediatbericht des Reichskanzlers v. Caprivi an Wilhelm II., 24.8.1894, BA-MA, MSg 101/147; Deutsche Kolonialzeitung, 7 (1894), S. 135.

58 Bekanntmachung des Gouverneurs von Kamerun für die Dualadörfer Tokoto, Jossdorf, Belldorf und Akwadorf, betr. den Verkehr der Eingeborenen mit den Gouvernementssoldaten, 24.5.1894. In: Die Deutsche Kolonialgesetzgebung, Bd. 6. Berlin 1903, S. 79.

59 Verordnung, betr. die Verabfolgung von geistigen Getränken an die farbigen Angehörigen der Kais. Schutztruppe und Polizeitruppe, 21.3.1907. In. DKBl, 18 (1907), S. 556 f.

60 Surén: Kampf um Kamerun, S. 161.

61 Ebd., S. 149.

62 Zum Alltag vgl. Dominik: Kamerun, S. 161; Zimmermann, Oskar: Durch Busch und Steppe vom Campo zum Schari 1892–1902. Ein Beitrag zur Geschichte der Schutztruppe von Kamerun. Berlin 1909, S. 76.

63 Chamier-Glisczinski, Hans von: In Kamerun. Reise- und Expeditionsskizzen eines ehemaligen Schutztruppenoffiziers. Berlin 1925, S. 91.

64 Dominik: Kamerun, S. 45.

65 Königs: Als Schutztruppler und Jäger in Kamerun, S. 18 f.

66 Midel, Monika: Fulbe und Deutsche in Adamaua (Nord-Kamerun) 1809–1916. Auswirkungen afrikanischer und kolonialer Eroberung. Frankfurt a. M. u. a. 1990, S. 156.

67 Kuczynski, Robert R.: The Cameroons and Togoland. A Demography Study. London u. a. 1939, S. 50.
68 Pürschel: Die kaiserliche Schutztruppe für Kamerun, S. 31.
69 Michels: Imagined Power Contested, S. 170.
70 Puttkamer an Kommando der Schutztruppe, 13.4.1903, Archives nationales du Cameroun (ANC), FA 1/75, Bl. 63 f.
71 Surén: Kampf um Kamerun, S. 112.
72 Zit. nach Hoffmann: Okkupation und Militärverwaltung in Kamerun, S. 21.
73 RE Nr. 64/13 über die Beurlaubung der farbigen Mannschaften der Polizeitruppe, 16.12.1913, BArch, R 1001/4015, Bl. 22. Für die Angehörigen der Schutztruppe gab es eine gleichlautende Anordnung.
74 Külz, Ludwig: Blätter und Briefe eines Arztes aus dem tropischen Deutsch-Afrika. Berlin 1906, S. 222.
75 Zit. nach Hausen, Karin: Deutsche Kolonialherrschaft in Afrika. Wirtschaftsinteressen und Kolonialverwaltung in Kamerun vor 1914. Zürich/Freiburg i.Br. 1970, S. 136, Anm. 237.
76 Michels, Stefanie: Treue Askari – gefürchtete German soldiers. Kosmopolitische Perspektiven. Unter: www.vad-ev.de/2006/download/01frankfurt2006/012cfp/panel8-michels.pdf, S. 4.
77 Michels: Imagined Power Contested, S. 172.
78 Dominik: Kamerun, S. 30.
79 Puttkamer an AA-KA, 6.5.1905, BArch, R 1001/5378, Bl. 255.
80 Fachgutachten des Generalarztes beim Kommando der Schutztruppen, Emil Steudel, zum Bericht des Gouverneurs von Kamerun, 23.6.1906, BArch, R 1001/5379, Bl. 29.
81 Ebd.
82 Asmis, Rudolf: Kalamba Na M'Putu. Koloniale Erfahrungen und Beobachtungen. Berlin 1942, S. 124.
83 Dominik: Kamerun, S. 10.
84 Lutteroth, Ascan Roderich: Manuskript zu »Tunakwenda. Auf Kriegssafari in Deutsch-Ostafrika«. Privatarchiv Christian Baust, S. 95.
85 Zit. nach Ritter: Frieden und Krieg in Kamerun, S. 9 f.
86 Hoffmann: Okkupation und Militärverwaltung in Kamerun, S. 21.
87 Pürschel: Die kaiserliche Schutztruppe für Kamerun, S. 21.
88 Michels: Imagined Power Contested, S. 292, Anm. 202.
89 Ebd., S. 354.
90 Ebd., S. 355.
91 Brief Sambas an Curt von Morgen, 12.12.1902. Zit. nach Zeller, Joachim / Michels, Stefanie: Kamerunischer Nationalheld – treuer deutscher Diener und Soldat Mebenga m'Ebono alias Martin Paul Samba. In: Heyden, Ulrich van der / Zeller, Joachim (Hg.): »… Macht und Anteil an der Weltherrschaft«. Berlin und der deutsche Kolonialismus. Münster 2005, S. 238.
92 Zu den Zahlen vgl. Hoffmann: Okkupation und Militärverwaltung in Kamerun, S. 22; Student, Erich: Kameruns Kampf 1914/16. Berlin 1937, S. 28.
93 Surén: Kampf um Kamerun, S. 284; Pürschel: Die kaiserliche Schutztruppe für Kamerun, S. 99.
94 Dt. Militärattaché in Spanien an AA, 21.1.1917, BArch, R 1001/3977.

»Eingeborene Soldaten« (S. 61–71)

1 Sander: Geschichte der Kolonialgesellschaft, Bd. 1, S. 49.
2 Ebd.; François, Curt von: Deutsch-Südwestafrika. Geschichte der Kolonisation bis zum Ausbruch des Krieges mit Witbooi im April 1893. Berlin 1899, S. 21.

3 Fabri, Friedrich: Fünf Jahre deutscher Kolonialpolitik. Rück- und Ausblicke. Gotha 1889, S. 72.

4 Lokaletat für das südwestafrikanische Schutzgebiet auf das Etatsjahr 1890/91. In: Herrfurth: Fürst Bismarck und die Kolonialpolitik, S. 366.

5 AA-KA an Landeshauptmannschaft Windhuk, 8.3.1895. Zit. nach Sudholt, Gert: Die deutsche Eingeborenenpolitik in Südwestafrika. Von den Anfängen bis 1904. Hildesheim/New York 1975, S. 134.

6 Bericht Leutweins an AA-KA, 3.5.1895. In: DKBl, 6 (1895), S. 547.

7 Leutwein an Bethe und Burgsdorff, 7.5.1895. Zit. nach Sudholt: Die deutsche Eingeborenenpolitik in Südwestafrika, S. 135.

8 Rundschreiben Leutweins an alle Bezirkshauptmänner, 23.7.1896. In: DKBl, 7 (1896), S. 644.

9 Bericht Leutweins an AA-KA, 3.5.1895. In: DKBl, 6 (1895), S. 547.

10 Deutschlands koloniale Wehrmacht, S. 87; Schwabe, Kurd: Mit Schwert und Pflug in Deutsch-Südwestafrika. 2. Aufl., Berlin 1904, S. 264f.

11 Bericht Leutweins zu dem mit den Baster geschlossenen Wehrvertrag, 26.7.1895. In: DKBl, 6 (1895), S. 548.

12 Rundschreiben Leutweins an die Bezirkshauptmänner, 23.7.1896. In: DKBl, 7 (1896), S. 642.

13 Bericht Leutweins zu dem mit den Baster geschlossenen Wehrvertrag, 26.7.1895. In: DKBl, 6 (1895), S. 548.

14 Rundschreiben Leutweins an die Bezirkshauptmänner, 23.7.1896. In: DKBl, 7 (1896), S. 644.

15 Instruktionen für die Bezirkshauptmannschaften, Militär- und Polizeidistrikte sowie die detachierten Feldkompanien, ohne Datum. In: Leutwein, Theodor: Elf Jahre Gouverneur in Deutsch-Südwestafrika. 2. Aufl., Berlin 1907, S. 555f.

16 Bülow: Deutschlands Kolonien und Kolonialkriege, S. 6.

17 Leutwein: Elf Jahre Gouverneur in Deutsch-Südwestafrika, S. 218f.

18 Die Kämpfe der deutschen Truppen in Südwestafrika. Auf Grund amtlichen Materials bearbeitet von der Kriegsgeschichtlichen Abteilung I des Großen Generalstabs. Bd. 1: Der Feldzug gegen die Hereros. Berlin 1906, S. 80.

19 Gallus: Das deutsche Kolonialheer nach dem Etat 1900/1901. In: Beiträge zur Kolonialpolitik und Kolonialwirtschaft, 1 (1899/1900), S. 526.

20 Franke, Victor: Die Tagebücher des Schutztruppenoffiziers Victor Franke. Bd. 1: Tagebuchaufzeichnungen vom 26.5.1896–27.5.1904. Delmenhorst 2002, S. 225.

21 Seiner, Franz: Bergtouren und Steppenfahrten im Hererolande. Berlin 1904, S. 110.

22 Die Kämpfe der deutschen Truppen in Südwestafrika, S. 16.

23 Auer, G.: In Südwestafrika gegen die Hereros. Nach den Kriegs-Tagebüchern des Obermatrosen G. Auer (bearb. von M. Unterbeck). 2. Aufl., Berlin 1911, S. 51.

24 Leutwein: Elf Jahre Gouverneur in Deutsch-Südwestafrika, S. 218f.

25 Auer: In Südwestafrika gegen die Hereros, S. 105.

26 Direktiven für den Angriff gegen die Herero, 4.8.1904. Zit. nach: Die Kämpfe der deutschen Truppen in Südwestafrika, S. 155.

27 Schmidt, Max: Aus unserem Kriegsleben in Südwestafrika. Erlebnisse und Erfahrungen. Berlin 1907, S. 118.

28 Rafalski, Hans: Vom Niemandsland zum Ordnungsstaat. Geschichte der ehemaligen Kaiserlichen Landespolizei für Deutsch-Südwestafrika. Berlin 1930, S. 105.

29 Nach anderen Quellen betrug die Zahl der angeworbenen Afrikaner 24. Vgl. Rafalski: Vom Niemandsland zum Ordnungsstaat, S. 156.

30 Streitwolf, Kurt: Der Caprivizipfel. Berlin 1911, S. 157.

31 Rafalski: Vom Niemandsland zum Ordnungsstaat, S. 156, 158.

32 Ebd., S. 156.

33 Ebd., S. 160.

34 Zur Baster-Kompanie vgl. Oelhafen, Hans von: Der Feldzug in Südwest von 1914–1915. Berlin 1923, S. 144–154.

35 Ebd., S. 158f.

Jenseits des Treue-Mythos (S. 72–92)

1 Brief Wolfrums v. 12.6.1890. In: Wolfrum, Wilhelm: Briefe und Tagebuchblätter aus Ostafrika (hg. von Walter Bormann). München 1893, S. 36.

2 Denkschrift über die Entwicklung der Deutschen Schutzgebiete im Jahre 1894/95. In: Stenographische Berichte über die Verhandlungen des Reichstages. 9. Legislaturperiode, IV. Session 1895/1897, 2. Anlagenband, Bd. 152. Berlin 1896, Aktenstück 88, S. 897.

3 Schnee an Staatssekretär RKA, 31.12.1913, BArch, R 1001/923, Bl. 172.

4 Brauer: Im Dienste Bismarcks, S. 241.

5 Bismarck an Waecker-Gotter, 18.12.1889, BArch, R 1001/743, Bl. 8.

6 Becker, Alexander: Aus Deutsch-Ostafrikas Sturm- und Drangperiode. Erinnerungen eines alten Afrikaners. Halle a.d.S. 1911, S. 105f.

7 Maercker: Unsere Schutztruppe in Ost-Afrika, S. 51.

8 Bericht des Kommandeurs von Schleinitz über die Erfahrungen aus dem letzten Eingeborenen-Aufstand, 1.6.1907, BA-MA, RM 5/6036, Bl. 327.

9 Boell, Ludwig: Die Operationen in Ost-Afrika. Weltkrieg 1914–1918. Hamburg 1951, S. 19.

10 Nigmann, Ernst: Geschichte der Kaiserlichen Schutztruppe für Deutsch-Ostafrika. Berlin 1911, S. 70f.

11 Schmidt: Aus kolonialer Frühzeit, S. 96.

12 Vorschriften über die Handhabung des Dienstbetriebs auf den Stationen, 4.11.1890. In: DKBl, 2 (1891), S. 56.

13 Tagebucheintrag vom 10.6.1896. In: Prince, Magdalene von: Eine deutsche Frau im Innern Deutsch-Ostafrikas. Nach Tagebuchblättern erzählt. Berlin 1903, S. 19.

14 Nigmann: Geschichte der Kaiserlichen Schutztruppe, S. 72.

15 Wissmann, Hermann: Afrika. Schilderungen und Ratschläge zur Vorbereitung für den Aufenthalt und den Dienst in den Deutschen Schutzgebieten. Berlin 1895, S. 64.

16 Kommandobefehl (KB), undatiert, BA-MA, RW 51/10, Bl. 58.

17 Schmidt: Aus kolonialer Frühzeit, S. 193f.

18 Hermann an RKA, 5.12.1908, BArch, R 1001/701, Bl. 137.

19 Ebd.

20 Wendt an Gouvernement, 26.7.1908, BArch, R 1001/701, Bl. 65; Göring, Wilhelm: Beurteilung der militärischen Lage in Ostafrika. In: Jahrbuch über die deutschen Kolonien, 2 (1909), S. 99.

21 Rechenberg an RKA, 22.5.1909, BArch, R 1001/701, Bl. 181.

22 Militärstation Iringa an Gouvernement, 11.2.1909, Tanzania National Archives (TNA), G 9/46, Bl. 189.

23 Poeschel, Hans: Bwana Hakimu, Richterfahrten in Deutsch-Ostafrika. Leipzig 1922, S. 92.

24 Schnee, Heinrich: Deutsch-Ostafrika im Weltkriege. Wie wir lebten und kämpften. Leipzig 1919, S. 134.

25 KB v. 31.1.1910, BA-MA, RW 51/10, Bl. 20.

26 Erzberger, Matthias: Die Kolonial-Bilanz. Bilder aus der deutschen Kolonialpolitik auf Grund der Verhandlungen des Reichstags im Sessionsabschnitt 1905/06. Berlin 1906, S. 92f.

27 Schloifer, Otto: Bana Uleia. Ein Lebenswerk in Afrika. Berlin 1939, S. 32f. Zur Person Leopold Surrors vgl. Morlang, Thomas: Vom Diener in Europa zum Kolonialsoldaten in Afrika. Das abenteuerliche Leben des deutsch-österreichischen Untertan Leopold Surror. In: Heyden, Ulrich

van der (Hg.): Schwarze Biographien. Afrikaner im deutschsprachigen Raum vom 18. Jahrhundert bis zum Ende des Zweiten Weltkrieges. Berlin 2008 (im Druck).

28 Protokoll der Kommissionsberatung über den Reichshaushalts-Etat, 26.2.1908, BArch, R 1001/701, Bl. 108.

29 Morlang, Thomas: »Ich habe die Sache satt hier, herzlich satt.« Briefe des Kolonialoffiziers Rudolf von Hirsch aus Deutsch-Ostafrika 1905–1907. In: Militärgeschichtliche Zeitschrift, 61 (2002), S. 516, 519 f.

30 Gundolf, Hubert: Maji-Maji – Blut für Afrika. Auf den Spuren des 1905 in Ostafrika ermordeten Missionsbischofs Cassian Spiss OSB. Sankt Ottilien 1984, S. 56 f.

31 RE Schnees an alle Polizeiabteilungen, 19.7.1913, BArch, R 1001/923, Bl. 162.

32 Schnee an Staatssekretär RKA, 31.12.1913, BArch, R 1001/923, Bl. 172.

33 Verordnung Schmidts an alle Stationschefs, 10.8.1890, BArch, R 1001/746, Bl. 189.

34 KB, undatiert, BA-MA, RW 51/10, Bl. 8.

35 Leue: Dar-es-Salaam, S. 160.

36 Vgl. Hauer, August: Ali Moçambique. Bilder aus dem Leben eines schwarzen Fabeldichters. Berlin 1922, S. 23, 70, 72.

37 Heye, Artur: Steppe im Sturm. Erlebnisse im Buschkrieg. 3. Aufl., Zürich 1942, S. 117.

38 Leue: Dar-es-Salaam, S. 243.

39 A Handbook of German East Africa. Compiled by the Geographical Section of the Naval Intelligence Division, Naval Staff, Admirality. London [1921], S. 202.

40 Page, Melvin E.: Black Men in a White Men's War. In: Page, Melvin E. (Hg.): Africa and the First World War. London/New York 1987, S. 6.

41 Schele, Friedrich von: Über die Organisation der Kaiserlichen Schutztruppe in Deutsch-Ostafrika und die kriegerischen Operationen daselbst während der Jahre 1893/94. Vortrag. Berlin 1896, S. 7.

42 Sakafu, A. L.: The Pastor: Yohane Nyagava. In: Iliffe (Hg.): Modern Tanzanians, S. 194.

43 Prince, Tom von: Gegen Araber und Wahehe. Erinnerungen aus meiner ostafrikanischen Leutnantszeit 1890–1895. 2. Aufl., Berlin 1914, S. 76.

44 Fortie, Marius: Black and Beautiful. A Life in Safari Land. Indianapolis/New York 1938, S. 5.

45 Zu den Namen vgl. Fonck, Heinrich: Deutsch-Ost-Afrika. Eine Schilderung deutscher Tropen nach 10 Wanderjahren. Berlin 1910, S. 74; Fonck, August: Die Schutztruppe in Deutsch-Ostafrika. In: Süsserot, Wilhelm (Hg.): Süsserot's Illustrierter Kolonialkalender 1914. Berlin 1914, S. 38.

46 Fonck: Deutsch-Ost-Afrika, S. 73.

47 Zu den Spitznamen siehe ebd.; Heye, Artur: Vitani. Kriegs- und Jagderlebnisse in Ostafrika 1914–1916. Leipzig 1926, S. 192; Viehweg, Rudolf: Unter Schwarz-Weiß-Rot in fernen Zonen. Erlebnisse eines Matrosen auf dem Kreuzer »Königsberg« sowie im Feldzug 1914–1918 in Ost-Afrika sowie im Gefangenen-Lager zu Malta. Leipzig 1933, S. 169.

48 Lutteroth, Ascan Roderich: Tunakwenda. Auf Kriegssafari in Deutsch-Ostafrika. Hamburg 1938, S. 296.

49 Deutschlands koloniale Wehrmacht, S. 8, Anm.

50 Leue an Kommando der Schutztruppe, 30.5.1895, BA-MA, RM 2/1846, Bl. 170.

51 Trotha an RMA, 22.7.1895, BA-MA, RM 2/1847, Bl. 178.

52 Tagebuch Phillip Correck, Eintrag vom 6.10.1907, Bayerisches Hauptstaatsarchiv München (BayHStA), Abt. IV Kriegsarchiv, Bestand HS 908, ohne Paginierung.

53 Zur Höhe des Gehalts beim Militär und den anderen Berufen im Land vgl. Morlang: Die farbigen Soldaten und Hilfskrieger der deutschen Kolonialtruppen, S. 76.

54 Farwell, Byron: The Great War in Africa, 1914–1918. New York/London 1986, S. 110.

55 Winterer, Wilhelm: Werben und Sterben. Ein Traum aus Deutsch-Ostafrika. Freiburg i.Br. 1923, S. 299 f.

56 Fonck: Deutsch-Ost-Afrika, S. 48.

57 Bengerstorf, Hermann von: Unter der Tropensonne Afrikas. Ernstes und Heiteres. Hamburg o.J., S. 7.

58 Verordnung, betr. den Verkauf von Opium und gleichartigen Genussmitteln, 2.9.1891. In: Die Deutsche Kolonialgesetzgebung, Bd. 1. Berlin 1893, S. 390.

59 Werther, Waldemar: Zum Victoria Nyanza. Eine Antisklaverei-Expedition und Forschungsreise. 2. Aufl., Berlin1894, S. 42.

60 Meyer, Hans: Der Kilimandjaro. Reisen und Studien. Berlin 1900, S. 118.

61 Zum Folgenden vgl. Fonck: Deutsch-Ost-Afrika, S. 64; Paasche, Hermann: Deutsch-Ostafrika. Wirtschaftliche Studien. Berlin 1906, S. 98.

62 Tagebuch Phillip Correck, Eintrag vom 21.8.1906, BayHStA, Bestand HS 908, ohne Paginierung.

63 Zu den Soldatenfrauen vgl. Schweinitz: Deutsch-Ostafrika im Krieg und Frieden, S. 186; Fonck: Deutsch-Ost-Afrika, S. 9f., 64; Deutschlands koloniale Wehrmacht, S. 32; Paasche, Hans: Im Morgenlicht. Kriegs-, Jagd- und Reise-Erlebnisse in Ostafrika. Berlin 1907, S. 300.

64 Bericht Habers über die innenpolitische Lage am Kilimandjaro, 5.3.1905, BArch, R 1001/700, Bl. 115.

65 Krieg, Robert von: Deutsch-Ostafrika. Briefabschriften von 1900 bis 1906, Staatliche Museen zu Berlin (SMB), Archiv des Ethnologischen Museums, Bl. 116, 122, 137, 143.

66 Dundas, Charles: Report on German Administration in East Africa. O.O. 1919, BArch, KlErw 555, Bl. 99.

67 RE v. 27.7.1897, BArch, R 1001/786/3, Bl. 119.

68 Fonck: Deutsch-Ost-Afrika, S. 69.

69 Zur Versorgung entlassener Sudanesen vgl. Fonck: Deutsch-Ost-Afrika, S. 9; DKBl, 12 (1901), S. 595; DKBl, 14 (1903), S. 678; Götzen, Gustav Adolf von: Deutsch-Ostafrika im Aufstand 1905/1906. Berlin 1909, S. 163.

70 Bericht des Kommandeurs von Schleinitz über die Erfahrungen aus dem letzten Eingeborenen-Aufstand, 1.6.1907, BA-MA, RM 5/6036, Bl. 330f.

71 Bock von Wülfingen, Karl: Die militärische Lage in Deutsch-Ostafrika. In: Jahrbuch über die deutschen Kolonien, 6 (1913), S. 53.

72 KB v. 31.5.1912, BA-MA, RW 51/23, Bl. 128.

73 Schnee an Staatssekretär RKA, 20.9.1913, BArch, R 1001/829, Bl. 188.

74 Nigmann: Geschichte der Kaiserlichen Schutztruppe, S. 146–148.

75 Leue: Dar-es-Salaam, S. 127.

76 Brief Hirschs an seine Eltern und Geschwister, 28.7.1906. Zit. nach Morlang: »Ich habe die Sache satt hier, herzlich satt«, S. 515.

77 Moesta, Karl: Die Einwirkungen des Krieges auf die Eingeborenenbevölkerung in Deutsch-Ostafrika. In: Koloniale Rundschau, 1–3/1919, S. 7.

78 Vgl. u.a. Wienholt, Arnold: The Story of a Lion Hunt. London 1922, S. 173.

79 Vieweg, Burkhard: Macho Porini. Die Augen im Busch. Kautschukpflanzer Karl Vieweg in Deutsch-Ostafrika. Authentische Berichte 1910–1919. Weikersheim 1996, S. 239.

80 Von der Zensur zurückgehaltener Brief Eleija-Kimus an seine Frau, 23.10.1914. Page, Melvin E.: Malawians in the Great War and After, 1914–1925. East Lansing 1977 (Dissertation), S. 137.

81 Bericht betr. Wiederbesetzung von Deutsch-Ostafrika des Hauptmanns von Linde-Suden für RKA und Kommando der Schutztruppen, 20.3.1918, BArch, R 1001/875, Bl. 50.

82 Deutsche Kolonialzeitung, 33 (1916), S. 19. Das Blatt zitiert aus einem in der Kölnischen Volks-Zeitung veröffentlichten Brief eines Angehörigen der Schutztruppe vom 20.10.1915.

83 Zum Mythos vom »treuen Askari« vgl. ausführlich Schulte-Varendorff: Kolonialheld für Kaiser und Führer.

84 Zu den Verlustzahlen vgl. Boell: Die Operationen in Ost-Afrika, S. 427.

85 Methner, Wilhelm: Unter drei Gouverneuren. 16 Jahre Dienst in deutschen Tropen. Breslau 1938,
    S. 390 f.; Wenig, Richard: Kriegs-Safari. Erlebnisse und Eindrücke auf den Zügen Lettow-Vor-
    becks durch das östliche Afrika. Berlin 1920, S. 113.

Eine Art von Streik (S. 93–96)

1 Vgl. hierzu Brüning an Staatssekretär RMA, 6.9.1893, BArch, R 1001/283, Bl. 121 f.
2 Bericht AA-KA, 23.11.1892, BArch, R 1001/281, Bl. 156.
3 Trotha an RMA, undatiert, BA-MA, RM 2/1846, Bl. 121.
4 Schele an Staatssekretär der Kaiserlichen Marine, 27.2.1895, BA-MA, RM 2/1846, Bl. 164.
5 Ebd., Bl. 164 f.
6 Ebd., Bl. 167.
7 Trotha an Marinekabinett, 14.8.1895, BA-MA, RM 2/1847, Bl. 47.
8 Bericht Trothas über seine dreijährige Tätigkeit in Deutsch-Ostafrika, 8.5.1898, BArch,
   R 1001/774, Bl. 177.
9 Aussage des Exerziermeisters Lewoning, 17.2.1894. Zit. nach Rüger: Der Aufstand der Polizeisoldaten, S. 114.
10 Rose an Caprivi, 6.2.1894. Zit. nach ebd., S. 107.
11 Götzen an AA-KA, 21.9.1905, BArch, R 1001/722, Bl. 145.
12 Bericht des Kommandeurs von Schleinitz über die Erfahrungen aus dem letzten Eingeborenen-
    Aufstand, 1.6.1907, BA-MA, RM 5/6036, Bl. 304.

»Diebe fängt man am besten durch Diebe« (S. 97–113)

1 Der Begriff »Polizeijunge« findet sich u. a. bei Hahl, Albert: Gouverneursjahre in Neuguinea.
   Berlin 1937, S. 23.
2 Bennigsen an AA-KA, 4.4.1900, BArch R1001/2669, Bl. 20.
3 Ebd., Bl. 21.
4 Ebd., Bl. 21 f.
5 Moor, Jaap de: The recruitment of Indonesian soldiers fort the Dutch Colonial Army, c.
   1700–1950. In: Killingray, David/Omissi, David (Hg.): Guardians of empire. The armed forces
   of the colonial powers c. 1700–1964. Manchester/New York 1999, S. 57 f.
6 Gouvernement von Deutsch-Ostafrika an AA-KA, 6.11.1900, BArch, R 1001/2669, Bl. 46.
7 Bennigsen an AA-KA, 14.12.1900, BArch, R 1001/2669, Bl. 49.
8 Verfügung zur Herbeiführung größerer Sesshaftigkeit der Polizeijungen, 7.3.1900, R 1001/2988,
   Bl. 5.
9 Krug, Alexander: »Der Hauptzweck ist die Tötung von Kanaken.« Die deutschen Strafexpeditionen in den Kolonien der Südsee 1872–1914. Tönning 2005, S. 182 f.
10 Jahresbericht über die Entwicklung der deutschen Schutzgebiete in Afrika und der Südsee im
    Jahre 1899/1900. Berlin 1901, S. 183.
11 Vgl. Hahl: Gouverneursjahre in Neuguinea, S. 63 f.
12 Zum Tod Hagens, Rangas und Opias vgl. Wendland, Wilhelm: Im Wunderland der Papuas. Ein
    deutscher Kolonialarzt erlebt die Südsee. Berlin 1939, S. 96–106.
13 Hiery, Hermann Joseph: Das Deutsche Reich in der Südsee (1900–1921). Eine Annäherung an
    die Erfahrungen verschiedener Kulturen. Göttingen/Zürich 1995, S. 225, Anm. 24.
14 Ebd., S. 224.
15 Zu den Anwerbegebieten vgl. Schnee, Heinrich (Hg.): Deutsches Kolonial-Lexikon, Bd. 3. Leip-
    zig 1920, S. 77.

16 Ribbe, Carl: Zwei Jahre unter den Kannibalen der Salomo-Inseln. Reiseerlebnisse und Schilderungen von Land und Leuten. Dresden 1903, S. 328.

17 Spiegel von und zu Peckelsheim, Edgar Freiherr: Kriegsbilder aus Ponape. Erlebnisse eines Seeoffiziers im Aufstande auf den Karolinen. 3. Aufl., Stuttgart u. a. 1912, S. 48.

18 Bennigsen an AA-KA, 4.4.1900, BArch, R 1001/2669, Bl. 20.

19 Hahl an Bezirksamt Jaluit, 16.1.1909, BArch, R1001/2674, Bl. 107.

20 Nationalzeitung v. 29.8.1900.

21 Dempwolff, Otto: Sagen und Märchen aus Bilibili. In: Baessler-Archiv. Beiträge zur Völkerkunde. Bd. 1, Leipzig/Berlin 1911, S. 63. Zum Einsatz von Melanesiern in Deutsch-Ostafrika siehe das Kapitel »Schade um das Geld«. Söldner aus der Südsee in Ostafrika.

22 Dempwolff, Otto: Meine ersten braunen Freunde. In: Zache, Hans (Hg.): Das deutsche Kolonialbuch. Berlin/Leipzig 1925, S. 472.

23 Zit. nach Krug: »Der Hauptzweck ist die Tötung von Kanaken«, S. 186.

24 Manganau, Otto: My Grandfather's Experience with the Germans. In: Oral History, 1 (1973), S. 18.

25 Krug: »Der Hauptzweck ist die Tötung von Kanaken«, S. 204.

26 Wendland: Im Wunderland der Papuas, S. 8.

27 Ebd., S. 31.

28 Bennigsen an AA-KA, 4.4.1900, BArch, R1001/2669, Bl. 20.

29 Wendland: Im Wunderland der Papuas, S. 21.

30 Bennigsen an AA-KA, 4.4.1900. BArch, R 1001/2669, Bl. 20.

31 Dempwolff: Meine ersten braunen Freunde, S. 472 f.

32 Krug: »Der Hauptzweck ist die Tötung von Kanaken«, S. 185.

33 Wendland: Im Wunderland der Papuas, S. 31 f.

34 Zur Höhe des Solds vgl. Hahl an Stationschef von Kaewieng, 17.12.1905, BArch, R 1001/2669, Bl. 77.

35 Bennigsen an AA-KA, 14.12.1900, BArch, R 1001/2669, Bl. 50.

36 Hahl an Stationschef von Kaewieng, 17.12.1905, BArch, R 1001/2669, Bl. 77.

37 Spiegel von und zu Peckelsheim: Kriegsbilder aus Ponape, S. 112.

38 Hahl an Stationschef von Kaewieng, 17.12.1905, BArch, R 1001/2669, Bl. 77.

39 Hahl: Gouverneursjahre in Neuguinea, S. 182.

40 Berichte der Rheinischen Missionsgesellschaft 1912, 69 (1912), S. 248 f.

41 Hiery: Das Deutsche Reich in der Südsee, S. 147.

42 Spiegel von und zu Peckelsheim, Edgar Freiherr: Meere – Inseln – Menschen. Vom Seekadetten zum U-Boot-Kommandanten. Berlin 1934, S. 68.

43 Jahresbericht über die Entwicklung der deutschen Schutzgebiete in Afrika und der Südsee im Jahre 1899/1900. Berlin 1901, S. 197.

44 Hiery: Das Deutsche Reich in der Südsee, S. 76.

45 Jahresbericht über die Entwicklung der deutschen Schutzgebiete in Afrika und der Südsee im Jahre 1901/1902. Anlagen: Anlage H. Medizinal-Berichte. Berlin 1903, S. 335.

46 Wendland: Im Wunderland der Papuas, S. 146.

47 Hiery: Das Deutsche Reich in der Südsee, S. 138.

48 Dempwolff: Meine ersten braunen Freunde, S. 472.

49 Hiery: Das Deutsche Reich in der Südsee, S. 256.

50 Die Herz-Jesu-Mission auf Neu-Pommern (Bismarck-Archipel). In: Kreuz und Schwert im Kampfe gegen Sklaverei und Heidentum, 7 (1899), S. 182.

51 Frommund, Bernhard: Deutsch-Neuguinea, eine Perle der Südsee. Erlebnisse und Eindrücke aus Deutsch-Neuguinea 1905–1908. Hamburg 1926, S. 52.

52 Zu den verschiedenen Tätigkeiten im Rahmen der Arbeitseinsätze vgl. Krug: »Der Hauptzweck ist die Tötung von Kanaken«, S. 184. Dass die Arbeitseinsätze unbeliebt waren, lassen die

Schilderungen des ehemaligen Söldners Wehible vermuten. Vgl. Manganau: My Grandfather's Experience with the Germans, S. 19.

53 Frommund: Deutsch-Neuguinea, eine Perle der Südsee, S. 53.

54 Krug: »Der Hauptzweck ist die Tötung von Kanaken«, S. 67.

55 Hierzu Mühlhäusler, Peter: Die deutsche Sprache im Pazifik. In: Hiery, Hermann Joseph (Hg.): Die deutsche Südsee 1884–1914. Ein Handbuch. Paderborn u. a. 2001, S. 253.

56 Spiegel von und zu Peckelsheim: Kriegsbilder aus Ponape, S. 50.

57 Schlunk, Martin: Die Schulen für Eingeborene in den deutschen Schutzgebieten am 1. Juni 1911. Auf Grund einer statistischen Erhebung der Zentralstelle des Hamburgischen Kolonialinstituts. Hamburg 1914, S. 269.

58 Vieweg, Burkhard: Big Fellow Man. Muschelgeld und Südseegeister. Authentische Berichte aus Deutsch-Neuguinea 1906–1909. Weikersheim 1990, S. 124.

59 Krug: »Der Hauptzweck ist die Tötung von Kanaken«, S. 142.

60 Bericht Prey, 27.10.1912. Zit. nach ebd., S. 204.

61 Fleck, Max: Mit »Seeadler« in der deutschen Südsee 1899–1900. Leipzig 1925, S. 44.

62 Hoffmann, Albert: Lebenserinnerungen eines Rheinischen Missionars, Bd. 1. Wuppertal 1948, S. 247.

63 Krug: »Der Hauptzweck ist die Tötung von Kanaken«, S. 186 f.

64 Nationalzeitung v. 29.8.1900.

65 Verordnung, betr. die Erhaltung der Disziplin unter den farbigen Arbeitern, 22.10.1888. In: Die Deutsche Kolonialgesetzgebung, Bd. 1. Berlin 1893, S. 552 f.

66 Verordnung, betr. die Erhaltung der Disziplin unter den farbigen Arbeitern, 20.6.1900. In: Die Deutsche Kolonialgesetzgebung, Bd. 6. Berlin 1903, S. 248 f.

67 Zit. nach Krug: »Der Hauptzweck ist die Tötung von Kanaken«, S. 188.

68 Firth, Stewart: New Guinea under the Germans. Melbourne 1982, S. 109.

69 Frommund: Deutsch-Neuguinea, eine Perle der Südsee, S. 13.

70 Krug: »Der Hauptzweck ist die Tötung von Kanaken«, S. 67.

71 Jahresbericht der Expeditionstruppe (1. April 1912–1. April 1913), verfasst von Oberleutnant Prey, 25.7.1913, BArch, R 1001/2/1913, Bl. 121 f.

72 Krug: »Der Hauptzweck ist die Tötung von Kanaken«, S. 185.

73 Firth: New Guinea under the Germans, S. 105.

74 Detzner, Hermann: Vier Jahre unter Kannibalen. Von 1914 bis zum Waffenstillstand unter deutscher Flagge in unerforschtem Innern von Neuguinea. 4. Aufl., Berlin 1921, S. 90.

75 Hiery, Hermann Joseph: Der Erste Weltkrieg und das Ende des deutschen Einflusses in der Südsee. In: Hiery (Hg.): Die deutsche Südsee 1884–1914, S. 838.

76 Hiery, Hermann Joseph: The Neglected War. The German South Pacific and the Influence of World War I. Honolulu 1995, S. 289, Anm. 82.

77 Wendland: Im Wunderland der Papuas, S. 231.

78 Rowley, Charles D.: The Australians in German New Guinea 1914–1921. Melbourne 1958, S. 211 f.

»Schade um das Geld« (S. 114–116)

1 Jahresbericht über die Entwicklung der deutschen Schutzgebiete in Afrika und der Südsee im Jahre 1905/1906. Anlagen: Anlage A. Deutsch-Ostafrika. Berlin 1907, S. 144.

2 Bericht von Schleinitz über Erfahrungen aus dem letzten Eingeborenen-Aufstand, 1.6.1907, BA-MA, RM 5/6036, Bl. 326.

3 Goetzen, Gustav Adolf von: Deutsch-Ostafrika im Aufstand 1905/1906. Berlin 1909, S. 88.

4 Hahl an AA-KA, 11.12.1905, BArch, R 1001/727, Bl. 20 f.

5 Hahl an Goetzen, 7.12.1905, BArch, R 1001/727, Bl. 15.
6 Tagebuch Phillip Correck, Eintrag vom 14.2.1906, BayHStA, HS 908, ohne Paginierung.
7 Ebd.
8 Tagebuch Philip Correck, Eintrag vom 3.2.1906, BayHStA, HS 908, ohne Paginierung.
9 Haber an AA, 15.5.1906, BArch, R 1001/727, Bl. 37.
10 Haber an AA, 6.6.1906, BArch, R 1001/727, Bl. 46.
11 Randbemerkung Bülows, 17.5.1906, R 1001/727, Bl. 36 (Hervorhebung im Original).

»Tunlichst Häuptlingssöhne« (S. 117–127)

1 Eintrag Amboinesen. In: Schnee (Hg.): Deutsches Kolonial-Lexikon, Bd. 1, S. 39.
2 Bericht Hahls, 8.7.1899, BArch, R 1001/2671, Bl. 8 f.
3 AA-KA an Ledeboer, 13.7.1899, BArch, R 1001/2671, Bl. 53.
4 Generalkonsul für Niederländisch-Indien an Hohenlohe-Schillingsfürst, 15.7.1899, BArch, R 1001/2671, Bl. 28.
5 Bericht Bennigsens, 21.12.1899, BArch, R 1001/2669, Bl. 5.
6 Vgl. Moor: The recruitment of Indonesian soldiers for the Dutch Colonial Army, S. 62–65.
7 Bescheinigung des Bezirksamts Ponape, 13.10.1902, BArch, R 1001/2671, Bl. 139.
8 Ledeboer & CO. an Bennigsen, 14.9.1899, BArch, R 1001/2671, Bl. 51 f.
9 Vertrag geschlossen am 7.10.1899 an Bord des Dampfers Kudat. Zit. nach Krug: »Der Hauptzweck ist die Tötung von Kanaken«, S. 179.
10 Fritz an AA-KA, 18.1.1903, BArch, R 1001/2671, Bl. 148.
11 Ebd.
12 BArch, R 1001/2671, Bl. 108.
13 Jahresbericht über die Entwicklung der deutschen Schutzgebiete in Afrika und der Südsee im Jahre 1899/1900. Berlin 1901, S. 207.
14 Born an dt. Konsulat Makassar, 12.11.1902, BArch, R 1001/2671, Bl. 143.
15 Eschke an Gumprecht, 13.3.1903, BArch, R1001/2671, Bl. 153.
16 Deeken, Richard: Die Karolinen. Nach eigenen Reisebeobachtungen, älteren Monographien und den neuesten amtlichen Berichten. Berlin [1912], S. 107.
17 Jahresbericht über die Entwicklung der deutschen Schutzgebiete in Afrika und der Südsee im Jahre 1899/1900. Berlin 1901, S. 207.
18 Ballendorf, Dirk Anthony: Agents, Alcohol and Aliens: Ancient »Bones of Contention« in German Palau, and their Present-Day Implications, in: Wilfried Wagner (Hg.): Rassendiskrimierung, Kolonialpolitik und ethnisch-nationale Identität. Münster/Hamburg 1992, S. 315.
19 Rittlinger, Herbert: Südseefahrt. Leipzig 1936, S. 52.
20 Zit nach Hiery, Hermann Joseph: Zur Einführung: Die Deutschen und die Südsee. In: Hiery (Hg.): Die deutsche Südsee 1884–1914, S. 16.
21 Jahresbericht über die Entwicklung der deutschen Schutzgebiete in Afrika und der Südsee im Jahre 1902/1903. Berlin 1904, S. 109.
22 Bennigsen an AA-KA, 26.4.1900, BArch, R 1001/2671, Bl. 64 f.
23 Telegramm der Firma Mohrmann an AA-KA, 3.10.1900, BArch, R 1001/2669, Bl. 38 f.
24 Hahl an AA-KA, 16.3.1901, BArch, R 1001/2671, Bl. 82.
25 Verfügung des Vizegouverneurs Berg, 16.5.1902, BArch, R 1001/2671, Bl. 121.
26 Berg an AA-KA, 31.12.1905, BArch, R 1001/2672, Bl. 3.
27 Ebd.
28 Bericht Bergs über eine Reise nach den Ostkarolinen. In: DKBl, 17 (1906), S. 553.
29 Berg an AA-KA, 31.12.1905, BArch, R 1001/2672, Bl. 3 f.
30 Hahl, Albert: Gouverneursjahre in Neuguinea. Berlin 1937, S. 105.

31 Bennigsen an AA-KA, 26.4.1900, BArch, R 1001/2671, Bl. 64.
32 Bennigsen an Hahl, 15.1.1900, BArch, R 1001/2671, Bl. 66.
33 Die Zahl 50 findet sich bei Deeken: Die Karolinen, S. 115. Von 24 Melanesiern schreibt dagegen Hiery: Das Deutsche Reich in der Südsee, S. 283.
34 Haber an Staatssekretär RKA, 2.6.1914, BArch, R 1001/2611, Bl. 6f.
35 Jaluit-Gesellschaft an Staatssekretär RKA, 27.5.1907, BArch, R 1001/2674, Bl. 11.
36 Bezirksamt Jaluit an Staatssekretär RKA, 17.12.1907, BArch, R 1001/2674, Bl. 55.
37 Zur Löhnung und Verpflegung vgl. Bezirksamtmann der Marshallinseln an Staatssekretär RKA, 8.8.1908, BArch, R 1001/2674, Bl. 88f.
38 Hiery: Das Deutsche Reich in der Südsee, S. 147.
39 Koloniale Zeitschrift, 13 (1912), S. 395.
40 Hiery: Das Deutsche Reich in der Südsee, S. 152.
41 Wagner, Rudolf: Wir Schutztruppler. Die Deutsche Wehrmacht Übersee. Berlin 1913, S. 220.
42 Hiery: Der Erste Weltkrieg und das Ende des deutschen Einflusses in der Südsee, S. 838.
43 Hiery: The Neglected War, S. 32.
44 Ebd., S. 150.

»Vorzüglicher Korpsgeist« (S. 128–136)

1 Becker an Bismarck, 9.1.1888, BArch, R 1001/2673, Bl. 3.
2 Fritzen an Chef der Admiralität, 13.8.1888, BArch R 1001/2673, Bl. 28.
3 Zur Gründung der Truppe vgl. Hiery, Hermann Joseph: Die Polizei im deutschen Samoa. Deutsche Hoffnungen und samoanische Erwartungen. In: Beck, Thomas u.a. (Hg.): Barrieren und Zugänge. Die Geschichte der europäischen Expansion. Festschrift für Eberhard Schmitt zum 65. Geburtstag. Wiesbaden 2004, S. 269f.
4 Zu den Löhnen vgl. die Grundsätze für die Auslöhnung, Verpflegung und Bekleidung der Polizeitruppe, 1.4.1905, BArch, R 1001/2673, Bl. 33.
5 Hiery, Hermann Joseph: Die deutsche Verwaltung Samoas 1900–1914. In: Hiery (Hg.): Die deutsche Südsee 1884–1914, S. 658.
6 Koloniale Zeitschrift, 13 (1912), S. 36.
7 Grundsätze für die Auslöhnung, Verpflegung und Bekleidung der Polizeitruppe, 1.4.1905, BArch, R 1001/2673, Bl. 33.
8 Deeken, Richard: Manuia Samoa. Samoanische Reiseskizzen und Beobachtungen. Berlin u.a. [1901], S. 71f.
9 Riedel, Otto: Der Kampf um Deutsch-Samoa. Erinnerungen eines Hamburger Kaufmanns. Berlin 1938, S. 166.
10 Notiz des Polizeimeisters Eckenweber, 8.7.1901. Zit. nach: Hiery: Die Polizei im deutschen Samoa, S. 270.
11 Coerper an Wilhelm II., 16.5.1909, BArch, R 1001/2673, Bl. 37.
12 Die Fita-Fita in Samoa, Vorlage für den Reichstag, eingeg. am 20.1.1909, BArch, R 1001/2673, Bl. 35.
13 Schultz an Solf, 18.9.1903. Zit. nach Hiery: Die Polizei im deutschen Samoa, S. 271.
14 Die Verhaftung des deutschen Pflanzers Matzat durch einen samoanischen Polizisten hatte sogar zur Folge, dass die Kolonialabteilung Erkundigungen in allen deutschen Kolonien über die Befugnisse »farbiger« Polizisten gegenüber Weißen einholte. Vgl. Morlang, Thomas: »Prestige der Rasse« contra »Prestige des Staates«. Die Diskussionen über die Befugnisse farbiger Polizeisoldaten gegenüber Europäern in den deutschen Kolonien. In: Zeitschrift für Geschichtswissenschaft, 49 (2001), S. 498–509.
15 Koloniale Zeitschrift, 5 (1904), S. 220f.

16 Coerper an Wilhem II., 16.5.1909, BArch, R 1001/2673, Bl. 37.

17 Ebd.

18 Reisner an AA-KA, 25.10.1903. Zit. nach Krug: »Der Hauptzweck ist die Tötung von Kanaken«, S. 360.

19 Coerper an Wilhelm II., 16.5.1909, BArch, R 1001/2673, Bl. 37.

20 Koloniale Zeitschrift, 11 (1910), S. 196.

21 Koloniale Zeitschrift, 3 (1902), S. 316; Coerper an Wilhelm II., 16.5.1909, BArch, R 1001/2673, Bl. 36; Koloniale Zeitschrift, 11 (1910), S. 196.

22 Schultz-Ewerth, Erich: Erinnerungen an Samoa. Berlin 1926, S. 138.

23 Hiery: Die Polizei im deutschen Samoa, S. 272f.

24 Deutsche Kolonialzeitung, 31 (1914), S. 270.

25 Riedel: Der Kampf um Deutsch-Samoa, S. 232f.

26 Löhneysen an Graf von Bernstorff, 30.9.1914, BArch, R 1001/2624, Bl. 87.

»Weniger wertvolles Menschenmaterial« (S. 137–146)

1 Hierzu Huang, Fu-teh: Qingdao. Chinesen unter deutscher Herrschaft 1897–1914. Bochum 1999, S. 137f.

2 Diederichs an RMA, 15.2.1898. Zit. nach Leutner, Mechthild (Hg.): »Musterkolonie Kiautschou«: Die Expansion des Deutschen Reiches in China. Deutsch-chinesische Beziehungen 1897 bis 1914. Eine Quellensammlung. Berlin 1997, S. 197.

3 Zur Aufstellung vgl. Huang: Qingdao, S. 140; Leupold, Bernd: Chinesen in deutscher Uniform. Der Alltag der chinesischen Soldaten in der deutschen Interessenzone. In: Hiery, Hermann Joseph/Hinz, Hans-Martin (Hg.): Alltagsleben und Kulturaustausch. Deutsche und Chinesen in Tsingtau 1897–1914. Wolfratshausen 1999, S. 121.

4 Zur Entstehung und Geschichte des Boxerkrieges vgl. Leutner, Mechthild/Mühlhahn, Klaus (Hg.): Kolonialkrieg in China. Die Niederschlagung der Boxerbewegung 1900–1901. Berlin 2007.

5 Bestimmungen über die Anwerbung von chinesischen Soldaten, 21.7.1899. Zit. nach Huang: Qingdao, S. 140f.

6 Das First Chinese Regiment wurde am 8. November 1898 in der von der britischen Marine verwalteten Kolonie Weihaiwei aufgestellt. Während des Boxerkrieges nahm die Einheit an den Kämpfen um Tientsin teil. Am 1. Juni 1906 löste man das Regiment wieder auf, ein Teil der Männer wurde als Polizisten weiter beschäftigt.

7 Leupold: Chinesen in deutscher Uniform, S. 122.

8 Dannhauer, Otto: Die deutsche Chinesenkompanie in Litzun. In: Die Woche, 4/1900, S. 159.

9 Leupold: Chinesen in deutscher Uniform, S. 122.

10 Huang: Qingdao, S. 141.

11 Leupold: Chinesen in deutscher Uniform, S. 123.

12 Huguenin, C.: Geschichte des III. See-Bataillons. Tsingtau 1912, S. 69.

13 Leupold: Chinesen in deutscher Uniform, S. 123.

14 Dannhauer, Die deutsche Chinesenkompanie, S. 160.

15 Stenographische Berichte über die Verhandlungen des Reichstages. 10. Legislaturperiode, 1. Session 1898/1900. Bd. 170, Berlin 1900, S. 4866.

16 Jaeschke an Staatssekretär RMA, betr. Verwendung christlicher Soldaten bei der Chinesenkompagnie, 2.6.1900. Zit. nach Leupold: Chinesen in deutscher Uniform, S. 124.

17 Ebd.

18 Bunge, M.: In Kriegs- und Friedenszeiten beim III. Seebataillon 1898/1901. Erinnerungen eines ehemaligen Seesoldaten. Tsingtau 1914, S. 71.

19 Huang: Qingdao, S. 142.

20 Huguenin: Geschichte des III. See-Bataillons, S. 71.

21 Jahresbericht der Chinesenkompagnie, Schoeler an Kommando des III. Seebataillons, 24.9.1900. Zit. nach Biener Annette S.: Das deutsche Pachtgebiet Tsingtau in Schantung 1897–1914. Institutioneller Wandel durch Kolonialisierung. Bonn 2001 (Dissertation), S. 57.

22 Jaeschke an Tirpitz, 5.11.1900. Zit. nach Huang: Qingdao, S. 143.

23 Jahresbericht der Chinesenkompagnie, Schoeler an Kommando des III. Seebataillons, 24.9.1900. Zit. nach Leupold: Chinesen in deutscher Uniform, S. 124.

24 Jahresbericht der Chinesenkompagnie, Schoeler an Kommando des III. Seebataillons, 24.9.1900. Zit. nach Biener: Das deutsche Pachtgebiet Tsingtau, S. 343.

25 Leupold: Chinesen in deutscher Uniform, S. 126.

26 Biener: Das deutsche Pachtgebiet Tsingtau, S. 57.

27 Huang: Qingdao, S. 145, Anm. 162.

28 Zu den Löhnen vgl. Huang: Qingdao, S. 140, 143, Anm. 157; Leupold: Chinesen in deutscher Uniform, S. 121.

29 Biener: Das deutsche Pachtgebiet Tsingtau, S. 58.

30 Huang: Qingdao, S. 131; Leupold: Chinesen in deutscher Uniform, S. 121.

31 Huang: Qingdao, S. 142, Anm. 152.

32 Biener: Das deutsche Pachtgebiet Tsingtau, S. 68.

33 Leupold: Chinesen in deutscher Uniform, S. 126.

34 Dannhauer: Die deutsche Chinesenkompagnie, S. 160.

35 Biener: Das deutsche Pachtgebiet Tsingtau, S. 57.

36 Grosse, Ernst: Ostasiatische Erinnerungen eines Kolonial- und Ausland-Deutschen. München 1938, S. 245.

37 Jahresbericht der Chinesenkompagnie, Schoeler an Kommando des III. Seebataillons, 24.9.1900. Zit. nach Huang: Qingdao, S. 145.

38 Mohr, Friedrich Wilhelm: Handbuch für das Schutzgebiet Kiautschou. Tsingtau 1911, S. 77f.

39 Leupold: Chinesen in deutscher Uniform, S. 124.

40 Huang: Qingdao, S. 146; Biener: Das deutsche Pachtgebiet Tsingtau, S. 55.

41 Die Woche v. 19.5.1900.

42 Tsingtauer Neueste Nachrichten v. 9.3.1910. Zit. nach Biener: Das deutsche Pachtgebiet Tsingtau, S. 55, Anm. 29.

43 Grosse: Ostasiatische Erinnerungen, S. 265.

44 Huang: Qingdao, S. 146.

45 Grosse: Ostasiatische Erinnerungen, S. 266f.

Überlebensstrategien (S. 147–162)

1 Iliffe: A Modern History of Tanganyika, S. 248.

2 Tagebuchaufzeichnungen von Rudolf Wieland, undatiert, BA-MA, N 103/93, Bl. 24–27.

3 Ebd., Bl. 29f., 40.

4 Köhn, Max: Der letzte Geschichtsabschnitt der deutschen Schutztruppe in Kamerun. In: Mitteilungsblatt des Traditionsverbandes ehemaliger Schutz- und Überseetruppen, 44/1967, S. 8–10.

5 MacDonnell, Bror Urme: Mzee Ali. The biography of an African slave-raider turned askari & scout. Johannesburg 2006, S. 218.

6 Meyer-Gerhard an Lettow-Vorbeck, 29.10.1921, BA-MA, N103/94, Bl. 31.

7 RE betr. die Fürsorge für die Kriegsdienstverwundeten Farbigen und für die Hinterbliebenen der im Kriegsdienst verstorbenen Farbigen, 12.12.1914, BArch, R 1001/870, Bl. 41.

8 Chronik von St. Maria Daressalaam/Ostafrika. 1. Januar 1914–31. Dezember 1919, Privatarchiv Christian Baust, S. 298.

9 Groß-Lichterfelder Lokal-Anzeiger v. 24.9.1919, BArch, R 1001/875, Bl. 157.

10 Ranger, Terence Osborn: Dance and Society in Eastern Africa, 1890–1970: The Beni Ngoma. Berkely/Los Angeles 1975, S. 52–58.

11 Stoecker, Helmuth: Germanophilie und Hoffnung auf Hitler in Togo und Kamerun zwischen den Weltkriegen. In: Heine, Peter/Heyden, Ulrich van der (Hg.): Studien zur Geschichte des deutschen Kolonialismus in Afrika. Festschrift zum 60. Geburtstag von Peter Sebald, Münster 1993, S. 497.

12 Deppe, Ludwig: Mit Lettow-Vorbeck durch Afrika. Berlin 1919, S. 448.

13 Linde-Suden an RKA u. Kommando der Schutztruppen, 20.3.1918, BArch, R 1001/875, Bl. 53.

14 Müller an Lettow-Vorbeck, 13.12.1920, BA-MA, N103/94, Bl. 6.

15 Lettow-Vorbeck an Meyer-Gerhard, 28.1.1921, BA-MA, N103/94, Bl. 12.

16 Linde-Suden an Lettow-Vorbeck, 10.10.1921, BA-MA, N103/94, Bl. 27.

17 Akten der Reichskanzlei. Das Kabinett Cuno. 22. Nov. bis 12. August 1923. Bearbeitet von Karl-Heinz Harbeck. Boppard 1968, S. 462, Anm. 3.

18 Verhandlungen des Reichstags. 2. Wahlperiode 1924. Anlagen zu den Stenographischen Berichten. Nr. 1 bis 310, Bd. 382, Berlin 1924, Aktenstück Nr. 128.

19 Akten zur Deutschen Auswärtigen Politik 1918–1945. Aus dem Archiv des Auswärtigen Amtes. Serie A: 1918–1925, Bd. XI. 5. August bis 31. Dez. 1924. Göttingen 1993, S. 189 f.

20 Ebd., S. 190.

21 Auszahlung der Askari in Deutsch-Ostafrika. In: Der Kolonialdeutsche, 7 (1927), S. 334.

22 Lettow-Vorbeck, Paul von: Afrika, wie ich es wiedersah. München 1955, S. 55.

23 Der Kolonialdeutsche, 7 (1927), S. 157.

24 Zum Quellennachweis vgl. Bechhaus-Gerst, Marianne: »Hinrichtung 6.18 Uhr durch das Fallbeilgerät« – Ein Askari vor dem Sondergericht Hamburg. In: Bechhaus-Gerst, Marianne/Klein-Arendt, Reinhard (Hg.): Die (koloniale) Begegnung. AfrikanerInnen in Deutschland 1880–1945. Deutsche in Afrika 1880–1918. Frankfurt a.M. u.a. 2003, S. 42.

25 Ebd.

26 Henrichsen, Dag/Selmeci, Andreas: Das Schwarzkommando. Thomas Pynchon und die Geschichte der Herero. Bielefeld 1995, S. 31 f.

27 Zu Kwassi Bruce siehe Brändle, Rea: Nayo Bruce. Geschichte einer afrikanischen Familie in Europa. Zürich 2007.

28 Die Lebensgeschichte von Mahjub bin Adam Mohamed erzählt ausführlich Bechhaus-Gerst: Treu bis in den Tod.

29 Seitz an Guhlmann, 3.6.1926. Zit. nach Maß, Sandra: Weiße Helden, schwarze Krieger. Zur Geschichte kolonialer Männlichkeit in Deutschland 1918–1964. Köln 2006, S. 68.

30 Ebd., S. 69.

31 Bormann an AA, 31.10.1935. Zit. nach Henrichsen/Selmeci: Das Schwarzkommando, S. 29 f.

32 Weinberg, Gerhard L.: German Colonial Plans and Policies 1938–1942. In: Besson, Waldemar/Hiller von Gaertringen, Friedrich Freiherr (Hg.): Geschichte und Gegenwartsbewußtsein. Historische Betrachtungen und Untersuchungen. Festschrift für Hans Rothfels zum 70. Geburtstag. Göttingen 1963, S. 467.

33 Hildebrand, Klaus: Vom Reich zum Weltreich. Hitler, NSDAP und koloniale Frage 1919–1945. München 1969, S. 668.

34 Weinberg: German Colonial Plans and Policies, S. 485 f.

35 Der Spiegel v. 7.2.1962.

36 Köhn: Der letzte Geschichtsabschnitt der deutschen Schutztruppe, S. 7.

37 Michels, Stefanie: »Reichsadler und Giraffe«. Askari am Grab von Lettow-Vorbeck. In: Bechhaus-Gerst, Marianne/Gieseke, Sunna (Hg.): Koloniale und postkoloniale Konstruktionen von Afrika und Menschen afrikanischer Herkunft in der deutschen Alltagskultur. Frankfurt a.M. 2006, S. 326.

38 Ebd.

39 Michels: Imagined Power Contested, S. 355.

40 Wülker, Gabriele: Togo – Tradition und Entwicklung. Stuttgart 1966, S. 43.

41 Botschaft an AA, 2.5.1962. Zit. nach Michels: »Reichsadler und Giraffe«, S. 327.

42 Botschaft an AA, 23.6.1962. Zit. nach ebd., S. 327.

43 Bulletin des Presse- und Informationsamtes der Bundesregierung v. 18.4.1964.

44 Steltzer, Hans Georg: Die Deutschen und ihr Kolonialreich. Frankfurt a.M. 1984, S. 7.

45 Stern v. 21.4.1963.

46 Michels: »Reichsadler und Giraffe«, S. 329.

47 Bulletin des Presse- und Informationsamtes der Bundesregierung v. 18.4.1964.

48 Zur Höhe des Ehrensolds vgl. Petschull, Jürgen: Der Wahn vom Weltreich: die Geschichte der
    deutschen Kolonien. Hamburg 1984, S. 239; Kumpf, Dieter: Bonn zahlt immer noch Ehren-
    sold für die Askaris. Lettow-Vorbecks letzte kaiserliche Garde. In: Aachener Volks-Zeitung
    v. 20.12.1986; Grill, Bartholomäus: Ach, Afrika. Berichte aus dem Innern eines Kontinents.
    4. Aufl., München 2005 (Taschenbuchausgabe), S. 106.

49 Vieweg: Macho Porini, S. 437.

50 Vgl. Michels, Stefanie: Treue Askari – gefürchtete German soldiers, S. 2f.

51 Boemcken, Julius von: Unsere Schutztruppen. In: Zache (Hg.): Das deutsche Kolonialbuch,
    S. 116.

52 Bernhard, Horst: Die Philosophie der Eroberer in der Praxis. In: Büttner, Kurt/Loth, Heinrich
    (Hg.): Philosophie der Eroberer und koloniale Wirklichkeit. Ostafrika 1884–1914. Berlin 1981,
    S. 178.

53 Page: Malawians in the Great War and After.

54 Die Informationen über Ibrahim Khalil verdanke ich Reinhard Klein-Arendt.

55 Krüger, Gesine: Kriegsbewältigung und Geschichtsbewußtsein. Realität, Deutung und Verarbei-
    tung des deutschen Kolonialkriegs in Namibia 1904 bis 1907. Göttingen 1999, S. 73, Anm. 13.

56 Diesen Hinweis verdanke ich Reinhard Klein-Arendt.

57 Zur Diskussion um die Askari-Reliefs vgl. Bechhaus-Gerst: Treu bis in den Tod, S. 159–162.

Quellen- und Literaturverzeichnis

Unveröffentlichte Quellen

Archives nationales du Cameroun (ANC) Yaoundé
Fonds Allemand
FA 1/75

Bayerisches Hauptstaatsarchiv (BayHStA) München, Abteilung IV Kriegsarchiv
Nachlass Philip Correck
HS908

Bundesarchiv (BArch)
Bestand Reichskolonialamt
R 1001/281, 283, 288, 693, 700-701, 722, 727, 730, 736-737, 739, 743-744, 774, 786/3, 829, 870, 874-876, 923, 2611-2612, 2624, 2669-2675, 2978, 2988, 2995-2996, 3063, 3977, 4015, 5378-5379, 9570
Kleine Erwerbungen
KlErw 555

Bundesarchiv-Militärarchiv (BA-MA) Freiburg im Breisgau
Bestand Kaiserliches Marinekabinett
RM 2/1843, 1846-1847
Bestand Admiralstab der Marine
RM 5/6036
Bestand Marinestation der Ostsee
RM 31/805
Bestand Kaiserliche Schutztruppen und sonstige deutsche Landstreitkräfte in Übersee
RW 51/10, 23
Sammlung zur Militärgeschichte
MSg 101/147
Nachlass Paul von Lettow-Vorbeck
N 103/93, 94

Staatliche Museen zu Berlin (SMB), Archiv des Ethnologischen Museums
Nachlass Robert von Krieg

Tanzania National Archives (TNA) Daressalam
German Records
G 9/46

Privatarchiv Christian Baust, Monheim
Chronik von St. Maria Daressalam/Ostafrika. 1. Januar 1914 – 31. Dezember 1919.
Lutteroth, Ascan Roderich: Manuskript zu »Tunakwenda. Auf Kriegssafari in Deutsch-Ostafrika«.
Hamburg o. J.

Veröffentlichte Quellen und Literatur

Akten der Reichskanzlei. Das Kabinett Cuno. 22. Nov. bis 12. August 1923. Bearbeitet von Karl-Heinz Harbeck. Boppard 1968.

Akten zur Deutschen Auswärtigen Politik 1918–1945. Aus dem Archiv des Auswärtigen Amtes. Serie A: 1918–1925, Bd. XI. 5. August bis 31. Dez. 1924. Göttingen 1993.

Asmis, Rudolf: Kalamba Na M'Putu. Koloniale Erfahrungen und Beobachtungen. Berlin 1942.

Auer, G.: In Südwestafrika gegen die Hereros. Nach den Kriegs-Tagebüchern des Obermatrosen G. Auer (bearbeitet von M. Unterbeck). 2. Aufl., Berlin 1911.

Balesi, Charles John: From Adversaries to Comrades-in Arms. West Africans and the French Military. Waltham 1979.

Ballendorf, Dirk Anthony: Agents, Alcohol and Aliens: Ancient «Bones of Contention» in German Palau, and their Present-Day Implications. In: Wagner, Wilfried (Hg.): Rassendiskriminierung, Kolonialpolitik und ethnisch-nationale Identität. Münster/Hamburg 1992, S. 307–320.

Bechhaus-Gerst, Marianne: »Hinrichtung 6.18 Uhr durch das Fallbeilgerät« – Ein Askari vor dem Sondergericht Hamburg. In: Bechhaus-Gerst, Marianne/Klein-Arendt, Reinhard (Hg.): Die (koloniale) Begegnung. AfrikanerInnen in Deutschland 1880–1945. Deutsche in Afrika 1880–1918. Frankfurt a. M. u. a. 2003, S. 41–49.

Bechhaus-Gerst, Marianne: Treu bis in den Tod. Von Deutsch-Ostafrika nach Sachsenhausen – Eine Lebensgeschichte. Berlin 2007.

Bechhaus-Gerst, Marianne/Gieseke, Sunna (Hg.): Koloniale und postkoloniale Konstruktionen von Afrika und Menschen afrikanischer Herkunft in der deutschen Alltagskultur. Frankfurt a. M. 2006.

Bechhaus-Gerst, Marianne/Klein-Arendt, Reinhard (Hg.): AfrikanerInnen in Deutschland und schwarze Deutsche – Geschichte und Gegenwart. Münster 2004.

Bechhaus-Gerst, Marianne/Klein-Arendt, Reinhard (Hg.): Die (koloniale) Begegnung. AfrikanerInnen in Deutschland 1880–1945. Deutsche in Afrika 1880–1918. Frankfurt a. M. u. a. 2003.

Beck, Thomas u. a. (Hg.): Barrieren und Zugänge. Die Geschichte der europäischen Expansion. Festschrift für Eberhard Schmitt zum 65. Geburtstag. Wiesbaden 2004.

Becker, Alexander: Aus Deutsch-Ostafrikas Sturm- und Drangperiode. Erinnerungen eines alten Afrikaners. Halle a. d. S. 1911.

Becker, Alexander: Die Schutztruppe für Deutschostafrika. In: Jahrbuch über die deutschen Kolonien, 7 (1914), S. 115–130.

Befehls-Buch der »Deutschen Schutztruppe für Ostafrika« und des »Kaiserlichen Deutschen Kommissariats für Ostafrika« vom 4. Mai 1889 bis 9. November 1890. Vom Original übertragen und bearbeitet von Klaus Goebel. Halle a. d. S. 2007.

Behr, Hugold Felix von: Kriegsbilder aus dem Aufstand in Deutsch-Ostafrika. Berlin 1891.

Bengerstorf, Hermann von: Unter der Tropensonne Afrikas. Ernstes und Heiteres. Hamburg o. J.

Bernhard, Horst: Die kaiserliche Kolonialtruppe für Ostafrika. Rolle und Funktion der Söldnertruppe in den Jahren zwischen militärischer Intervention (1889/90) und Maji-Maji-Aufstand (1905–1907). Leipzig 1973 (Dissertation).

Bernhard, Horst: Die Philosophie der Eroberer in der Praxis. In: Büttner, Kurt/Loth, Heinrich (Hg.): Philosophie der Eroberer und koloniale Wirklichkeit. Ostafrika 1884–1914. Berlin 1981, S. 153–250.

Biener, Annette S.: Das deutsche Pachtgebiet Tsingtau in Schantung 1897–1914. Institutioneller Wandel durch Kolonialisierung. Bonn 2001 (Dissertation).

Bock von Wülfingen, Karl: Die militärische Lage in Deutsch-Ostafrika. In: Jahrbuch über die deutschen Kolonien, 6 (1913), S. 50–53.

Boell, Ludwig: Die Operationen in Ost-Afrika. Weltkrieg 1914–1918. Hamburg 1951.

Boemcken, Julius von: Unsere Schutztruppen. In: Zache, Hans (Hg.): Das deutsche Kolonialbuch. Berlin/Leipzig 1925, S. 110–116.

Brändle, Rea: Nayo Bruce. Geschichte einer afrikanischen Familie in Europa. Zürich 2007.

Brauer, Arthur von: Im Dienste Bismarcks. Persönliche Erinnerungen (bearbeitet und hg. von Helmuth Rogge). Berlin 1936.

Buchner, Max: Aurora colonialis. Bruchstücke eines Tagebuchs aus dem ersten Beginn unserer Kolonialpolitik 1884/85. München 1914.

Buchner, Max: Kamerun. Skizzen und Betrachtungen. Leipzig 1887.

Bülow, Heinrich von: Deutschlands Kolonien und Kolonialkriege. Dresden/Leipzig 1900.

Bunge, M.: In Kriegs- und Friedenszeiten beim III. Seebataillon 1898/1901. Erinnerungen eines ehemaligen Seesoldaten. Tsingtau 1914.

Büttner, Kurt/Loth, Heinrich (Hg.): Philosophie der Eroberer und koloniale Wirklichkeit. Ostafrika 1884–1914. Berlin 1981.

Carnap-Quernheimb, Ernst von: Ernste Betrachtungen über die «Perle unserer Kolonien« Kamerun, nach langjähriger eigener Erfahrung. In: Beiträge zur Kolonialpolitik und Kolonialwirtschaft, 2 (1900/1901), S. 193–203.

Chamier-Glisczinski, Hans von: In Kamerun. Reise- und Expeditionsskizzen eines ehemaligen Schutztruppenoffiziers. Berlin 1925.

Dannhauer, Otto: Die deutsche Chinesenkompagnie in Litzun. In: Die Woche, 4/1900, S. 159–160.

Deeken, Richard: Die Karolinen. Nach eigenen Reisebeobachtungen, älteren Monographien und den neuesten amtlichen Berichten. Berlin [1912].

Deeken, Richard: Manuia Samoa. Samoanische Reiseskizzen und Beobachtungen. Berlin u.a. [1901].

Dempwolff, Otto: Meine ersten braunen Freunde. In: Zache, Hans (Hg.): Das deutsche Kolonialbuch. Berlin/Leipzig 1925, S. 471–476.

Dempwolff, Otto: Sagen und Märchen aus Bilibili. In: Baessler-Archiv. Beiträge zur Völkerkunde, Bd. 1. Leipzig/Berlin 1911, S. 63–102.

Detzner, Hermann: Vier Jahre unter Kannibalen. Von 1914 bis zum Waffenstillstand unter deutscher Flagge in unerforschtem Innern von Neuguinea. 4. Aufl., Berlin 1921.

Deutschlands koloniale Wehrmacht in ihrer gegenwärtigen Organisation und Schlagfähigkeit. Bearbeitet von einem höheren Offizier. Berlin 1906.

Die Deutsche Kolonialgesetzgebung. Sammlung der auf die deutschen Schutzgebiete bezüglichen Gesetze, Verordnungen, Erlasse und internationalen Vereinbarungen mit Anmerkungen und Sachregister. Auf Grund amtlicher Quellen hg. von Johannes Gerstmeyer, Otto Köbner u.a., 13 Bde. Berlin 1893–1910.

Die deutschen Schutzgebiete in Afrika und der Südsee. Amtliche Jahresberichte. Hg. vom Reichskolonialamt. Berlin 1909–1914.

Die Kämpfe der deutschen Truppen in Südwestafrika. Auf Grund amtlichen Materials bearbeitet von der Kriegsgeschichtlichen Abteilung I des Großen Generalstabs. Bd. 1: Der Feldzug gegen die Hereros. Berlin 1906.

Dominik, Hans: Kamerun. Sechs Kriegs- und Friedensjahre in deutschen Tropen. 2. Aufl., Berlin 1911.

Dominik, Hans: Vom Atlantik zum Tschadsee. Krieg- und Forschungsfahrten in Kamerun. Berlin 1908.

Drechsler, Horst: Südwestafrika unter deutscher Kolonialherrschaft. Die großen Land- und Minengesellschaften (1885–1914). Stuttgart 1996.

Dreisziger, Nándorf. (Hg.): Ethnic Armies. Polyethnic Armed Forces from the Time of the Habsburgs to the Age of the Superpowers. Waterloo, Ontario 1990.

Echenberg, Myron: Colonial Conscripts. The Tirailleurs Sénégalais in French West Africa, 1857–1960. Portsmouth, New Haven 1991.

Erbar, Ralph: Ein »Platz an der Sonne«? Die Verwaltungs- und Wirtschaftsgeschichte der deutschen Kolonie Togo 1884–1914. Stuttgart 1991.

Erzberger, Matthias: Die Kolonial-Bilanz. Bilder aus der deutschen Kolonialpolitik auf Grund der Verhandlungen des Reichstags im Sessionsabschnitt 1905/06. Berlin 1906.

Estorff, Ludwig von: Wanderungen und Kämpfe in Südwestafrika, Ostafrika und Südafrika 1894–1910 (hg. von Christoph-Friedrich Kutscher). Wiesbaden 1968.

Fabri, Friedrich: Fünf Jahre deutscher Kolonialpolitik. Rück- und Ausblicke. Gotha 1889.

Farwell, Byron: The Great War in Africa, 1914–1918. New York/London 1986.

Fleck, Max: Mit S.M.S. »Seeadler« in der deutschen Südsee 1899–1900. Leipzig 1925.

Fonck, August: Die Schutztruppe in Deutsch-Ostafrika. In: Süsserot, Wilhelm (Hg.): Süsserot's Illustrierter Kolonialkalender 1914. Berlin 1914, S. 33–42.

Fonck, Heinrich: Deutsch-Ost-Afrika. Eine Schilderung deutscher Tropen nach 10 Wanderjahren. Berlin 1910.

Fortie, Marius: Black and Beautiful. A Life in Safari Land. Indianapolis/New York 1938.

François, Curt von: Deutsch-Südwestafrika. Geschichte der Kolonisation bis zum Ausbruch des Krieges mit Witbooi im April 1893. Berlin 1899.

Franke, Victor: Die Tagebücher des Schutztruppenoffiziers Victor Franke. Bd. 1: Tagebuchaufzeichnungen vom 26.05.1896–27.05.1904. Delmenhorst 2002.

Frommund, Bernhard: Deutsch-Neuguinea, eine Perle der Südsee. Erlebnisse und Eindrücke aus Deutsch-Neuguinea 1905–1908. Hamburg 1926.

Gallus: Das deutsche Kolonialheer nach dem Etat 1900/1901. In: Beiträge zur Kolonialpolitik und Kolonialwirtschaft, 1(1899/1900), S. 517–533.

Gehrts, Meg: Weiße Göttin der Wangora. Eine Filmschauspielerin 1913 in Afrika. Wuppertal 1999.

Gewald, Jan-Bart: Mbadamassi of Lagos: A soldier for King and Kaiser, and a deportee to German South West Africa. In: Newsletter Namibia Scientific Society, 41(2000), S. 3–21.

Glassman, Jonathon: Feasts and Riot: Revelry, Rebellion, and Popular Consciousness on the Swahili Coast, 1856–1888. Portsmouth, New Haven 1995.

Goetzen, Gustav Adolf von: Deutsch-Ostafrika im Aufstand 1905/1906. Berlin 1909.

Göring, Wilhelm: Beurteilung der militärischen Lage in Ostafrika. In: Jahrbuch über die deutschen Kolonien, 2 (1909), S. 97–102.

Grill, Bartholomäus: Ach, Afrika. Berichte aus dem Innern eines Kontinents. 4. Aufl., München 2005 (Taschenbuchausgabe).

Grosse, Ernst: Ostasiatische Erinnerungen eines Kolonial- und Ausland-Deutschen. München 1938.

Gründer, Horst: Geschichte der deutschen Kolonien. 4. Aufl., Paderborn u. a. 2000.

Gruner, Hans: Vormarsch zum Niger. Die Memoiren des Leiters der Togo-Hinterlandexpedition 1894/95 (hg. und eingeleitet von Peter Sebald). Berlin 1997.

Guerriero, Ascanio: Ascari d'Eritrea. Volontari eritrei nelle forze armate italiane, 1889–1941. Firenze 2005.

Gundolf, Hubert: Maji-Maji – Blut für Afrika. Auf den Spuren des 1905 in Ostafrika ermordeten Missionsbischofs Cassian Spiss OSB. Sankt Ottilien 1984.

Hahl, Albert: Gouverneursjahre in Neuguinea. Berlin 1937.

Hauer, August: Ali Moçambique. Bilder aus dem Leben eines schwarzen Fabeldichters. Berlin 1922.

Hauer, August: Als Frontarzt im Zuge Lettows. In: Medizinische Wochenschrift, 60 (1934), S. 1852–1856.

Hausen, Karin: Deutsche Kolonialherrschaft in Afrika. Wirtschaftsinteressen und Kolonialverwaltung in Kamerun vor 1914. Zürich/Freiburg i. Br. 1970.

Haywood, Austin/Clarke, Frederick A. S.: The History of the Royal West African Frontier Force. Aldershot 1964.

Heine, Peter/Heyden, Ulrich van der (Hg.): Studien zur Geschichte des deutschen Kolonialismus in Afrika. Festschrift zum 60. Geburtstag von Peter Sebald. Münster 1993.

Henrichsen, Dag/Selmeci, Andreas: Das Schwarzkommando. Thomas Pynchon und die Geschichte der Herero. Bielefeld 1995.

Herff, Michael von: »They walk through the fire like the blondest German«. African Soldiers Serving the Kaiser in German East Africa (1888–1914). Montreal 1991 (unveröffentlichte Magisterarbeit).

Herrfurth, Kurt: Fürst Bismarck und die Kolonialpolitik. Berlin 1909.

Heyden, Ulrich van der (Hg.): Schwarze Biographien. Afrikaner im deutschsprachigen Raum vom 18. Jahrhundert bis zum Ende des Zweiten Weltkrieges. Berlin 2008 (im Druck).

Heyden, Ulrich van der/Zeller, Joachim (Hg.): Kolonialmetropole Berlin. Eine Spurensuche. Berlin 2002.

Heyden, Ulrich van der/Zeller, Joachim (Hg.): »… Macht und Anteil an der Weltherrschaft«. Berlin und der deutsche Kolonialismus. Münster 2005.

Heye, Artur: Steppe im Sturm. Erlebnisse im Buschkrieg. 3. Aufl., Zürich 1942.

Heye, Artur: Vitani. Kriegs- und Jagderlebnisse in Ostafrika 1914–1916. Leipzig 1926.

Hiery, Hermann Joseph: Das Deutsche Reich in der Südsee (1900–1921). Eine Annäherung an die Erfahrungen verschiedener Kulturen. Göttingen/Zürich 1995.

Hiery, Hermann Joseph (Hg.): Die deutsche Südsee. Ein Handbuch. Paderborn u. a. 2001.

Hiery, Hermann Joseph: Die Polizei im deutschen Samoa. Deutsche Hoffnungen und samoanische Erwartungen. In: Beck, Thomas u. a. (Hg.): Barrieren und Zugänge. Die Geschichte der europäischen Expansion. Festschrift für Eberhard Schmitt zum 65. Geburtstag. Wiesbaden 2004, S. 266–273.

Hiery, Hermann Joseph: The Neglected War. The German South Pacific and the Influence of World War I. Honolulu 1995.

Hiery, Hermann Joseph/Hinz, Hans-Martin (Hg.): Alltagsleben und Kulturaustausch. Deutsche und Chinesen in Tsingtau 1897–1914. Wolfratshausen 1999.

Hildebrand, Klaus: Vom Reich zum Weltreich. Hitler, NSDAP und koloniale Frage 1919–1945. München 1969.

Hill, Richard/Hogg, Peter: A Black Corps d'Élite. An Egyptian Sudanese Conscript Battalion with the French Army in Mexico, 1863–1867, and its survivors in Subsequent African History. East Lansing 1995.

Hoffmann, Albert: Lebenserinnerungen eines Rheinischen Missionars, Bd. 1. Wuppertal 1948.

Hoffmann, Florian: Okkupation und Militärverwaltung in Kamerun. Etablierung und Institutionalisierung des kolonialen Gewaltmonopols 1891–1914. Münster 2007 (Dissertation).

Huang, Fu-teh: Qingdao. Chinesen unter deutscher Herrschaft 1897–1914. Bochum 1999.

Huguenin, C.: Geschichte des III. See-Bataillons. Tsingtau 1912.

Iliffe, John: A Modern History of Tanganyika. Cambridge 1979.

Iliffe, John (Hg.): Modern Tanzanians. A volume of biographies. Nairobi 1973.

Jahresbericht über die Entwicklung der deutschen Schutzgebiete in Afrika und der Südsee. Beilage zum Deutschen Kolonialblatt. Berlin 1893–1909.

Kaulich, Udo: Die Geschichte der ehemaligen Kolonie Deutsch-Südwestafrika (1884–1914). Eine Gesamtdarstellung. Frankfurt a. M. 2001.

Keller: Über Kolonialtruppen. In: Jahrbücher für die deutsche Armee und Marine, 118 (1901), S. 127–162.

Kettlitz, Eberhardt: Afrikanische Soldaten aus deutscher Sicht seit 1871. Stereotype, Vorurteile, Feindbilder und Rassismus. Frankfurt a. M. u. a. 2007.

Killingray, David: The ›Road of Empire‹: The Debate of Corporal Punishment in the British African Colonial Forces, 1888–1946. In: Journal of African History, 35 (1994), S. 201–216.

Killingray, David/Omissi, David (Hg.): Guardians of empire. The armed forces of the colonial powers c. 1700–1964. Manchester/New York 1999.

Kirk-Greene, Anthony H. M.: »Damnosa hereditas«: ethnic ranking and the martial races imperative in Africa. In: Ethnic and Racial Studies, 3 (1980), S. 393–414.

Klein, Thoralf/Schumacher, Frank (Hg.), Kolonialkriege. Militärische Gewalt im Zeichen des Imperialismus. Hamburg 2006.

Klose, Heinrich: Togo unter deutscher Flagge. Reisebilder und Betrachtungen. Berlin 1899.

Köhn, Max: Der letzte Geschichtsabschnitt der deutschen Schutztruppe in Kamerun. In: Mitteilungsblatt des Traditionsverbandes ehemaliger Schutz- und Überseetruppen, 44/1967, S. 2–12.

Königs, Paul: Als Schutztruppler und Jäger in Kamerun. Leipzig 1943.

Krämer, Augustin: Palau, Bd. 1. Hamburg 1917.

Krug, Alexander: »Der Hauptzweck ist die Tötung von Kanaken«. Die deutschen Strafexpeditionen in den Kolonien der Südsee 1872–1914. Tönning 2005.

Krüger, Gesine: Kriegsbewältigung und Geschichtsbewußtsein. Realität, Deutung und Verarbeitung des deutschen Kolonialkriegs in Namibia 1904 bis 1907. Göttingen 1999.

Kuczynski, Robert R.: The Cameroons and Togoland. A Demography Study. London u. a. 1939.

Külz, Ludwig: Blätter und Briefe eines Arztes aus dem tropischen Deutsch-Afrika. Berlin 1906.

Kumpf, Dieter: Bonn zahlt immer noch Ehrensold für die Askaris. Lettow-Vorbecks letzte kaiserliche Garde. In: Aachener Volks-Zeitung v. 20.12.1986.

Kurtze, Bruno: Die Deutsch-Ostafrikanische Gesellschaft. Ein Beitrag zum Problem der Schutzbriefgesellschaften und zur Geschichte Deutsch-Ostafrikas. Jena 1913.

Lange, Fried: Massa, wann kommst du wieder? Zwischen Tschadsee und Götterberg. Erlebnisse im Kampf um Kamerun (nach Tagebuch-Aufzeichnungen und Schilderungen des Kamerunkämpfers K. E. Schulz). Düsseldorf 1942.

Langheld, Wilhelm: Zwanzig Jahre in deutschen Kolonien. Berlin 1909.

Lawrance, Benjamin N./Osborn, Emily Lynn/Roberts, Richard L. (Hg.): Intermediaries, Interpreters, and Clerks. African Employees in the Making of Colonial Africa. Madison 2006.

Leue, August: Dar-es-Salaam. Bilder aus dem Kolonialleben. Berlin 1903.

Leupold, Bernd: Chinesen in deutscher Uniform: Der Alltag der chinesischen Soldaten in der deutschen Interessenzone. In: Hiery, Hermann Joseph/Hinz, Hans-Martin (Hg.): Alltagsleben und Kulturaustausch. Deutsche und Chinesen in Tsingtau 1897–1914. Wolfratshausen 1999, S. 120–130.

Leutner, Mechthild (Hg.): »Musterkolonie Kiautschou«: Die Expansion des Deutschen Reiches in China. Deutsch-chinesische Beziehungen 1897 bis 1914. Eine Quellensammlung (bearbeitet von Klaus Mühlhahn). Berlin 1997.

Leutner, Mechthild/Mühlhahn, Klaus (Hg.): Kolonialkrieg in China. Die Niederschlagung der Boxerbewegung 1900–1901. Berlin 2007.

Lutteroth, Ascan Roderich: Tunakwenda. Auf Kriegssafari in Deutsch-Ostafrika. Hamburg 1938.

MacDonell, Bror Urme: Mzee Ali. The biography of an African slave-raider turned askari & scout. Johannesburg 2006.

Maercker, Georg: Unsere Schutztruppe in Ost-Afrika. Berlin 1893.

Manganau, Otto: My Grandfather's Experience with the Germans. In: Oral History, 1 (1973), S. 18–21.

Mann, Erick J.: Mikono ya damu: »Hands of Blood«. African Mercenaries and the Politics of Conflict in German East Africa, 1888–1904. Frankfurt a. M. u. a. 2002.

Marjomaa, Risto: The Martial Spirit: Yao Soldiers in British Service in Nyasaland (Malawi), 1895–1939. In: Journal of African History, 44 (2003), S. 413–432.

Marx, Christoph: Geschichte Afrikas. Von 1800 bis zur Gegenwart. Paderborn u. a. 2004.

Maß, Sandra: Weiße Helden, schwarze Krieger. Zur Geschichte kolonialer Männlichkeit in Deutschland 1918–1964. Köln 2006.

Methner, Wilhelm: Unter drei Gouverneuren. 16 Jahre Dienst in deutschen Tropen. Breslau 1938.

Meyer, Hans: Der Kilimandjaro. Reisen und Studien. Berlin 1900.

Michels, Eckard: Deutschlands bekanntester »Kolonialheld« und seine »Askari«: Paul von Lettow-Vorbeck und der Feldzug in Ostafrika im Ersten Weltkrieg. In: Revue d'Allemagne et des pays de langue allemande, 38 (2006), S. 541–554.

Michels, Stefanie: Askari – treu bis in den Tod? Vom Umgang der Deutschen mit ihren schwarzen Soldaten. In: Bechhaus-Gerst, Marianne/Klein-Arendt, Reinhard (Hg.): AfrikanerInnen in Deutschland und schwarze Deutsche – Geschichte und Gegenwart. Münster 2004, S. 171–186.

Michels, Stefanie: Imagined Power Contested. Germans and Africans in the Upper Cross River Area of Cameroon 1887–1915. Münster 2004.

Michels, Stefanie: »Reichsadler und Giraffe«. Askari am Grab von Lettow-Vorbeck. In: Bechhaus-Gerst, Marianne/Gieseke, Sunna (Hg.): Koloniale und postkoloniale Konstruktionen von Afrika und Menschen afrikanischer Herkunft in der deutschen Alltagskultur. Frankfurt a. M. 2006, S. 315–337.

Michels, Stefanie: Treue Askari – gefürchtete German soldiers. Kosmopolitische Perspektiven. Unter: www.vad-ev.de/2006/download/01frankfurt2006/012cfp/panel8-michels.pdf (Stand: 2.10.2007).

Midel, Monika: Fulbe und Deutsche in Adamaua (Nord-Kamerun) 1809–1916. Auswirkungen afrikanischer und kolonialer Eroberung. Frankfurt a. M. u. a. 1990.

Moesta, Karl: Die Einwirkungen des Krieges auf die Eingeborenenbevölkerung in Deutsch-Ostafrika. In: Koloniale Rundschau, 1–3/1919, S. 5–25.

Mohr, Friedrich Wilhelm: Handbuch für das Schutzgebiet Kiautschou. Tsingtau 1911.

Moor, Jaap de: The recruitment of Indonesian soldiers for the Dutch Colonial Army, c. 1700–1950. In: Killingray, David/Omissi, David (Hg.): Guardians of empire. The armed forces of the colonial powers c. 1700–1964. Manchester/New York 1999, S. 53–69.

Morlang, Thomas: Die farbigen Soldaten und Hilfskrieger der deutschen Kolonialtruppen. Münster 1990 (unveröffentlichte Magisterarbeit).

Morlang, Thomas: Die Polizeitruppe Deutsch-Neuguineas 1887–1914. In: Archiv für Polizeigeschichte, 4 (1993), S. 39–43, 73–82, 5 (1994), S. 8–15.

Morlang, Thomas: »Die Wahehe haben ihre Vernichtung gewollt.« Der Krieg der »Kaiserlichen Schutztruppe« gegen die Hehe in Deutsch-Ostafrika (1890–1898). In: Klein, Thoralf/Schumacher, Frank (Hg.): Kolonialkriege. Militärische Gewalt im Zeichen des Imperialismus. Hamburg 2006, S. 82–110.

Morlang, Thomas: »Ich habe die Sache satt hier, herzlich satt.«Briefe des Kolonialoffiziers Rudolf von Hirsch aus Deutsch-Ostafrika 1905–1907. In: Militärgeschichtliche Zeitschrift, 61 (2002), S. 89–521.

Morlang, Thomas: »Prestige der Rasse« contra »Prestige des Staates«. Die Diskussionen über die Befugnisse farbiger Polizeisoldaten gegenüber Europäern in den deutschen Kolonien. In: Zeitschrift für Geschichtswissenschaft, 49 (2001), S. 498–509.

Morlang, Thomas: Vom Diener in Europa zum Kolonialsoldaten in Afrika. Das abenteuerliche Leben des deutsch-österreichischen Untertan Leopold Surror. In: Heyden, Ulrich van der (Hg.): Schwarze Biographien. Afrikaner im deutschsprachigen Raum vom 18. Jahrhundert bis zum Ende des Zweiten Weltkrieges. Berlin 2008 (im Druck).

Moyd, Michelle: Becoming Askari: African Soldiers' Self-Identifications and Military Heritage in the German Colonial Military, 1889–1918. Unter: http://www.gwu.edu/~igis/Becoming%20askari%20IGIS%20version_Moyd.doc (Stand: 17.4.2007)

Müller, Fritz Ferdinand: Deutschland-Zanzibar-Ostafrika. Geschichte einer deutschen Kolonialeroberung 1884–1890. Berlin 1959.

Nigmann, Ernst: Geschichte der Kaiserlichen Schutztruppe für Deutsch-Ostafrika. Berlin 1911.

Oelhafen, Hans von: Der Feldzug in Südwest 1914–1915. Berlin 1923.

Oloukpona-Yinnon, Adjai Paulin: La Revolte des Esclaves Mercenaires: Douala 1893. Bayreuth 1987.

Paasche, Hans: Im Morgenlicht. Kriegs-, Jagd- und Reise-Erlebnisse in Ostafrika. Berlin 1907.

Paasche, Hermann: Deutsch-Ostafrika. Wirtschaftliche Studien. Berlin 1906.

Page, Melvin E. (Hg.): Africa and the First World War. London/New York 1987.

Page, Melvin E.: Black Men in a White Men's War. In: Page, Melvin E. (Hg.): Africa and the First World War. London/New York 1987, S. 1–27.

Page, Melvin E.: Malawians in the Great War and After, 1914–1925. East Lansing 1977 (Dissertation).

Parsons, Timothy: The African Rank-and-File: Social Implications of Colonial Military Service in the King's African Rifles, 1902–1964. Portsmouth, New Haven 1999.

Pesek, Michael: Koloniale Herrschaft in Deutsch-Ostafrika. Expeditionen, Militär und Verwaltung seit 1880. Frankfurt a. M./New York 2005.

Petschull, Jürgen: Der Wahn vom Weltreich: die Geschichte der deutschen Kolonien. Hamburg 1984.

Pfeil, Joachim von: Zur Erwerbung von Deutsch-Ostafrika. Ein Beitrag zu seiner Geschichte. Berlin 1907.

Poeschel, Hans: Bwana Hakimu. Richterfahrten in Deutsch-Ostafrika. Leipzig 1922.

Prince, Magdalene von: Eine deutsche Frau im Innern Deutsch-Ostafrikas. Nach Tagebuchblättern erzählt. Berlin 1903.

Prince, Tom von: Gegen Araber und Wahehe. Erinnerungen aus meiner ostafrikanischen Leutnantszeit 1890–1895. 2. Aufl., Berlin 1914.

Pürschel, Herbert: Die kaiserliche Schutztruppe für Kamerun. Gefüge und Aufgabe. Berlin 1936.

Puttkamer, Jesko von: Gouverneursjahre in Kamerun. Berlin 1912.

Ranger, Terence Osborn: Dance and Society in Eastern Africa 1890–1970. The Beni Ngoma, Berkely/Los Angeles 1975.

Real, Jürgen, Verwaltung des Deutschen Schutzgebietes Togo. Findbuch zu den Akten der deutschen Behörden in Togo (1884–1914). Koblenz/Lomé 1980.

Rentzell, Werner von: Unvergessenes Land. Von glutvollen Tagen und silbernen Nächten in Togo. Hamburg 1922.

Ribbe, Carl: Zwei Jahre unter den Kannibalen der Salomo-Inseln. Reiseerlebnisse und Schilderungen von Land und Leuten. Dresden 1903.

Riedel, Otto: Der Kampf um Deutsch-Samoa. Erinnerungen eines Hamburger Kaufmanns. Berlin 1938.

Riesz, János; Schultz, Joachim (Hg.): »Tirailleurs Sénégalais«. Zur Bildlichen und Literarischen Darstellung afrikanischer Soldaten im Dienste Frankreichs. Frankfurt a. M. u. a. 1989.

Ritter, August: Frieden und Krieg in Kamerun. Ein Erlebnisbericht. Suhl 1939.

Rittlinger, Herbert: Südseefahrt. Leipzig 1936.

Rodenwaldt, Ernst: Ein Tropenarzt erzählt sein Leben. Stuttgart 1957.

Rowley, Charles D.: The Australians in German New Guinea 1914–1921. Melbourne 1958.

Rudin, Harry R.: Germans in the Cameroons, 1884–1914. A case Study in modern Imperialism. London 1938.

Rüger, Adolf: Der Aufstand der Polizeisoldaten (Dezember 1893). In: Stoecker, Helmuth (Hg.): Kamerun unter deutscher Kolonialherrschaft. Studien, Bd. 1. Berlin 1960, S. 97–147.

Said, Mohamed: The Life and Times of Abdulwahid Sykes (1924–1968). The Untold Story of the Muslim Struggle against British Colonialism in Tanganyika. London u. a. 1998.

Sakafu, A. L.: The Pastor: Yohane Nyagava. In: Iliffe, John (Hg.): Modern Tanzanians. A volume of biographies. Nairobi 1973, S. 192–208.

Sander, Louis: Geschichte der Kolonialgesellschaft für Südwest-Afrika, 2 Bde. Berlin 1910 u. 1912.

Scardigli, Marco: Il braccio indigeno. Ascari, irregolari e bande nella conquista dell'Eritrea (1885–1911). Milano 1996.

Schele, Friedrich von: Über die Organisation der Kaiserlichen Schutztruppe in Deutsch-Ostafrika und die kriegerischen Operationen daselbst während der Jahre 1893/94. Vortrag. Berlin 1896.

Scheunemann, Peter: Buschgeschichten. Ernstes und Heiteres aus Kameruns guter alter Zeit. Berlin 1925.

Schloifer, Otto: Bana Uleia. Ein Lebenswerk in Afrika. Berlin 1939.

Schlunk, Martin: Die Schulen für Eingeborene in den deutschen Schutzgebieten am 1. Juni 1911. Auf Grund einer statistischen Erhebung der Zentralstelle des Hamburgischen Kolonialinstituts. Hamburg 1914.

Schmidt, Max: Aus unserem Kriegsleben in Südwestafrika. Erlebnisse und Erfahrungen. Berlin 1907.

Schmidt, Rochus: Aus kolonialer Frühzeit. Berlin 1922.

Schmidt, Rochus: Deutschlands Kolonien. Ihre Gestaltung, Entwicklung und Hilfsquellen, 2 Bde. Berlin 1894 u. 1895.

Schnee, Heinrich (Hg.): Deutsches Kolonial-Lexikon, 3 Bde. Leipzig 1920.

Schnee, Heinrich: Deutsch-Ostafrika im Weltkriege. Wie wir lebten und kämpften. Leipzig 1919.

Schötz, Hermann: Nach 40 Jahren. Erlebnisse nach Tagebuchaufzeichnungen während der Jahre 1894–1897 eines der letzten noch lebenden Unteroffiziere von den Gründern der ehm. Kais. Schutztruppe für »Kamerun«. Wiesbaden 1934.

Schulte-Varendorff, Uwe: Kolonialheld für Kaiser und Führer. General Lettow-Vorbeck – Mythos und Wirklichkeit. Berlin 2006.

Schultz-Ewerth, Erich: Erinnerungen an Samoa. Berlin 1926.

Schwabe, Kurd: Mit Schwert und Pflug in Deutsch-Südwestafrika. 2. Aufl., Berlin 1904.

Schweinitz, Hans Herman von: Deutsch-Ostafrika im Krieg und Frieden. Berlin 1894.

Sebald, Peter: Malam Musa – Gottlob Adolf Krause 1850–1938. Forscher – Wissenschaftler – Humanist. Leben und Lebenswerk eines antikolonial gesinnten Afrika-Wissenschaftlers unter den Bedingungen des Kolonialismus. Berlin 1972.

Sebald, Peter: Togo 1884–1914. Eine Geschichte der deutschen »Musterkolonie« auf der Grundlage amtlicher Quellen. Berlin 1988.

Seiner, Franz: Bergtouren und Steppenfahrten im Hererolande. Berlin 1904.

Seitz, Theodor: Vom Aufstieg und Niederbruch deutscher Kolonialmacht, 3 Bde. Karlsruhe 1927–1929.

Simtaro, Dadja Halla-Kawa: Le Togo »Musterkolonie«. Souvenirs de l'Allemagne dans la Société Togolaise, 3 Bde. Aix-en Provence 1982.

Spiegel von und zu Peckelsheim, Edgar Freiherr: Kriegsbilder aus Ponape. Erlebnisse eines Seeoffiziers im Aufstande auf den Karolinen. 3. Aufl., Stuttgart u. a. 1912.

Spiegel von und zu Peckelsheim, Edgar Freiherr: Meere – Inseln – Menschen. Vom Seekadetten zum U-Boot-Kommandanten. Berlin 1934.

Steltzer, Hans Georg: Die Deutschen und ihr Kolonialreich. Frankfurt a. M. 1984.

Stenographische Berichte über die Verhandlungen des Deutschen Reichstages nebst Anlagen. Berlin 1884–1924.

Stoecker, Helmuth: Germanophilie und Hoffnung auf Hitler in Togo und Kamerun zwischen den Weltkriegen. In: Heine, Peter/Heyden, Ulrich van der (Hg.): Studien zur Geschichte des deutschen Kolonialismus in Afrika. Festschrift zum 60. Geburtstag von Peter Sebald. Münster 1993, S. 495–500.

Stoecker, Helmuth (Hg.): Kamerun unter deutscher Kolonialherrschaft. Studien, Bd. 1. Berlin 1960.

Streets, Heather: Martial races: the military, race, masculinity in British imperial culture, 1857–1914. Manchester u. a. 2004.

Streitwolf, Kurt: Der Caprivizipfel. Berlin 1911.

Student, Erich: Kameruns Kampf 1914/16. Berlin 1937.

Sturtz, J./Wangemann, J.: Land und Leute in Deutsch-Ostafrika. Erinnerungen aus der Zeit des Aufstandes und der Blockade. Berlin 1890.

Sudholt, Gert: Die deutsche Eingeborenenpolitik in Südwestafrika. Von den Anfängen bis 1904. Hildesheim/New York 1975.

Surén, Hans: Kampf um Kamerun: Garua. Berlin 1934.

Sykes Buruku, Daisy: The Townsman: Kleist Sykes. In: Iliffe, John (Hg.): Modern Tanzanians. A volume of biographies. Nairobi 1973, S. 95–114.

Treue, Wolfgang: Die Jaluit-Gesellschaft auf den Marschall-Inseln 1887–1914. Ein Beitrag zur Kolonial- und Verwaltungsgeschichte in der Epoche des deutschen Kolonialreichs. Berlin 1976.

Trierenberg, Georg: Togo – Die Aufrichtung der deutschen Schutzherrschaft und die Erschließung des Landes. Berlin 1914.

Trotha, Trutz von: Koloniale Herrschaft. Zur soziologischen Theorie der Staatsentstehung am Beispiel des »Schutzgebietes Togo«. Tübingen 1994.

Vandervort, Bruce: Wars of imperial conquest in Africa, 1830–1914. London 1998.

Viehweg, Rudolf: Unter Schwarz-Weiß-Rot in fernen Zonen. Erlebnisse eines Matrosen auf dem Kreuzer »Königsberg« sowie im Feldzug 1914–1918 in Ost-Afrika sowie im Gefangenen-Lager zu Malta. Leipzig 1933.

Vieweg, Burkhard: Big Fellow Man. Muschelgeld und Südseegeister. Authentische Berichte aus Deutsch-Neuguinea 1906–1909. Weikersheim 1990.

Vieweg, Burkhard: Macho Porini. Die Augen im Busch. Kautschukpflanzer Karl Vieweg in Deutsch-Ostafrika. Authentische Berichte 1910–1919. Weikersheim 1996.

Wagner, Rudolf: Wir Schutztruppler. Die Deutsche Wehrmacht Übersee. Berlin 1913.

Wagner, Wilfried (Hg.): Rassendiskriminierung, Kolonialpolitik und ethnisch-nationale Identität. Münster/Hamburg 1992.

Weinberg, Gerhard L.: German Colonial Plans and Policies 1938–1942. In: Besson, Waldemar/Hiller von Gaertringen, Friedrich Freiherr (Hg.): Geschichte und Gegenwartsbewußtsein. Historische Betrachtungen und Untersuchungen. Festschrift für Hans Rothfels zum 70. Geburtstag. Göttingen 1963, S. 462–491.

Wendland, Wilhelm: Im Wunderland der Papuas. Ein deutscher Kolonialarzt erlebt die Südsee. Berlin 1939.

Wenig, Richard: Kriegs-Safari. Erlebnisse und Eindrücke auf den Zügen Lettow-Vorbecks durch das östliche Afrika. Berlin 1920.

Werther, Waldemar: Zum Victoria Nyanza. Eine Antisklaverei-Expedition und Forschungsreise. 2. Aufl., Berlin 1894.

Wienholt, Arnold: The Story of a Lion Hunt. London 1922.

Winterer, Wilhelm: Werben und Sterben. Ein Traum aus Deutsch-Ostafrika. Freiburg i.Br. 1923.

Wissmann, Hermann: Afrika. Schilderungen und Ratschläge zur Vorbereitung für den Aufenthalt und den Dienst in den Deutschen Schutzgebieten. Berlin 1895.

Wittum, Johanna: Unterm Roten Kreuz in Kamerun und Togo. Heidelberg 1899.

Wolfrum, Wilhelm: Briefe und Tagebuchblätter aus Ostafrika (hg. von Walter Bormann). München 1893.

Wülker, Gabriele: Togo – Tradition und Entwicklung. Stuttgart 1966.

Zeller, Joachim/Michels, Stefanie: Kamerunischer Nationalheld – treuer deutscher Diener und Soldat Mebenga m'Ebono alias Martin Paul Samba. In: Heyden, Ulrich van der/Zeller, Joachim (Hg.): »… Macht und Anteil an der Weltherrschaft«. Berlin und der deutsche Kolonialismus. Münster 2005, S. 237–242.

Zimmermann, Oskar: Durch Busch und Steppe vom Campo zum Schari 1892–1902. Ein Beitrag zur Geschichte der Schutztruppe von Kamerun. Berlin 1909.

Zintgraff, Eugen: Nord-Kamerun. Berlin 1895.

Abbildungsnachweis

Sammlung Bernd Döbel: S. 31
Archiv Thomas Morlang: S. 87, 161
Sammlung Haymo Wimmershof: S. 139

Archiv der Mission EineWelt, Neuendettelsau:
S. 116 (A 789/5)
Archiv des Verlages: S. 41
Archiv mission 21/Basler Mission, Basel: S. 37
(D-30_53_016), 57 (E-30_02_030)
Australian War Memorial, Canberra: S. 112
(PO2613.005)
Bildarchiv der Deutschen Kolonialgesellschaft
an der Unversitätsbibliothek Frankfurt a. M.:
Umschlag, 11, 13, 14, 19, 20, 21, 23, 27, 29,
33, 35, 39, 44, 47, 49, 59, 64, 66, 68, 74, 75,
76, 79, 81, 89, 94, 101, 107, 115, 120, 121,
126, 130, 131, 135, 148, 151, 153,
Braunschweigisches Landesmuseum, Nieder-
sächsische Landesmuseen Braunschweig:
S. 63 (Hermann Schlüter)
Bundesarchiv Berlin: S. 118 (R 1001 Reichs-
kolonialamt, Bd. 2671, Bl. 5)
Bundesarchiv Koblenz: S. 55 (134-CO255)
Fotoarchiv Ruhr Museum Essen: S. 155
(Willy van Heekern)
Städtisches Aufbauarchiv Qingdao: S. 143
(Deutsche Provinzialakten)

G. Auer: In Südwestafrika gegen die Hereros.
Nach den Kriegs-Tagebüchern des Oberma-
trosen G. Auer (bearb. von M. Unterbeck),
2. Aufl., Berlin 1911: S. 67
Detlef Bald/Peter Heller u. a. (Hrsg.): Die
Liebe zum Imperium. Deutschlands dunkle
Vergangenheit in Afrika. Zu Legende und
Wirklichkeit von Tanzanias Deutscher Kolo-
nialvergangenheit. Ein Lesebuch zum Film,
Bremen 1978: S. 159
Richard Deeken: Die Karolinen. Nach eigenen
Reisebeobachtungen, älteren Monographien
und den neuesten amtlichen Berichten, Berlin
[1912]: S. 127
Richard Deeken: Manuia Samoa. Samoanische
Reiseskizzen und Beobachtungen, Berlin u. a.
[1901]: S. 129

Walter Dobbertin: Die Soldaten Lettow-
Vorbecks, Leipzig 1932: S. 83, 85, 91
Hans Dominik: Kamerun. Sechs Kriegs- und
Friedensjahre in deutschen Tropen, 2. Aufl.,
Berlin 1911: S. 53
Rudolf de Haas: Die Meuterer. Abenteuer ver-
sprengter Reiter im innersten Afrika, Leipzig
1927: S. 82
Hermann Joseph Hiery: Bilder aus der
deutschen Südsee. Fotografien 1884–1914,
Paderborn u. a. 2005: S. 104 (Sammlung
Dieter Klein, Wuppertal), 111 (NL Wilhelm
Wostrack), 119, 125 (beide NL Georg Fritz),
132, 133 (beide NL Wilhelm Solf)
C. Huguenin: Geschichte des III. See-Bataillons,
Tsingtau 1912: S. 140
Paul Königs: Als Schutztruppler und Jäger in
Kamerun, Leipzig 1943: S. 50
Augustin Krämer: Palau, Bd. 1, Hamburg 1917:
S. 122
Bernd G. Längin: Die deutschen Kolonien.
Schauplätze und Schicksale 1884–1918,
Hamburg u. a. 2004: S. 109
Hans von Oelhafen: Der Feldzug in Südwest
1914–1915, Berlin 1923: S. 69
Madeleine Mbono Samba Azan: Martin
Samba. Face à la pénétration allemande au
Cameroun, Paris/Dakar-Abidjan 1976: S. 51
J. Sturtz/J. Wangemann: Land und Leute in
Deutsch-Ostafrika. Erinnerungen aus der
Zeit des Aufstandes und der Blockade, Berlin
1890: S. 15, 38
Hans Surén: Kampf um Kamerun: Garua,
Berlin 1934: S. 45
Wilhelm Wendland: Im Wunderland der
Papuas. Ein deutscher Kolonialarzt erlebt die
Südsee, Berlin 1939: S. 99
Zeitschrift für Heereskunde, Nr. 407 (2003):
S. 141

Karten: Ullstein Buchverlage, Berlin [die
Schreibweise mancher Namen wurde der
Schreibweise im Text angeglichen]

Abkürzungen

AA	Auswärtiges Amt
AA-KA	Auswärtiges Amt-Kolonialabteilung
ANC	Archives nationales du Cameroun
ArchPolGesch	Archiv für Polizeigeschichte
BArch	Bundesarchiv
BA-MA	Bundesarchiv-Militärarchiv
BayHStA	Bayerisches Hauptstaatsarchiv
DDR	Deutsche Demokratische Republik
DKBl	Deutsches Kolonialblatt
DKGSWA	Deutsche Kolonialgesellschaft für Südwestafrika
DOAG	Deutsch-Ostafrikanische Gesellschaft
KB	Kommandobefehl
NGK	Neuguinea-Kompanie
NSDAP	Nationalsozialistische Deutsche Arbeiterpartei
RE	Runderlass
RKA	Reichskolonialamt
RMA	Reichsmarineamt
SMB	Staatliche Museen zu Berlin
S.M.S.	Seiner Majestät Schiff
TAA	Tanganyika African Association
TANU	Tanganyika African National Union
TNA	Tanzania National Archives
USA	United States of America
WDR	Westdeutscher Rundfunk

Register geographischer Namen

Kursive Seitenzahlen verweisen auf eine Bildunterschrift.

Personenregister

Kursive Seitenzahlen verweisen auf eine
Bildunterschrift.

Zum Autor

Thomas Morlang

Jahrgang 1965; Studium der Neueren Geschichte, Mittleren Geschichte und Geographie in Münster; zurzeit Mitarbeit an dem von der Alfried Krupp von Bohlen und Halbach-Stiftung geförderten Projekt »Digitale Bilddatenbank« im Fotoarchiv des Ruhr Museums in Essen; Tätigkeit als freier Publizist und Bilddokumentar. Zahlreiche Veröffentlichungen zu kolonialgeschichtlichen Themen, vor allem über die Kolonialtruppen und Kolonialkriege in den deutschen Kolonien.

Schlaglichter der Kolonialgeschichte

Bd. 1

Martin Baer · Olaf Schröter
Eine Kopfjagd
Deutsche in Ostafrika –
Spuren kolonialer Herrschaft

224 Seiten, 66 Abbildungen, Klappenbroschur
ISBN 978-3-86153-248-4
24,90 € (D); 25,60 € (A); 44,00 sFr (UVP)

»Ein lesenswertes Buch, das viele neue Erkenntnisse vermittelt. Die Darlegungen über das Schicksal des Schädels von Mkwawa sind eine historische Recherche-leistung aller erster Güte.«   *Internationales Afrikaforum*

»›Kopfjagd‹ liefert einen äußerst lesbaren, anekdoten- und informationsreichen Überblick, den es in dieser Form bisher nicht gab.«   *Literaturen*

Bd. 2

Jürgen Zimmerer · Joachim Zeller (Hg.)
Völkermord in Deutsch-Südwestafrika
Der Kolonialkrieg (1904 – 1908)
in Namibia und seine Folgen

2. Auflage
280 Seiten, 96 Abbildungen, Broschur
ISBN 978-3-86153-303-0
24,90 € (D); 25,60 € (A); 44,00 sFr (UVP)

»Wer diesen ausgewogenen und sorgfältig erarbeiteten Band liest, wird verste-hen, warum Geschichte auch nach hundert Jahren noch schmerzen kann.«
Neue Zürcher Zeitung

»Wer sich umfassend und fundiert über den von deutscher Seite als ›Vernich-tungskrieg‹ geführten Konflikt informieren möchte, dem sei der reich bebilderte Band empfohlen.«   *Die Zeit*

Ch. Links Verlag, Schönhauser Allee 36, 10435 Berlin, www.linksverlag.de

Schlaglichter der Kolonialgeschichte

Bd. 3

Felicitas Becker · Jigal Beez (Hg.)
**Der Maji-Maji-Krieg in
Deutsch-Ostafrika 1905 – 1907**

240 Seiten, 65 Abbildungen, Broschur
ISBN 978-3-86153-358-0
24,90 € (D); 25,60 € (A); 44,00 sFr (UVP)

»Das Buch liefert eine umfassende und wichtige Rekonstruktion eines Krieges,
der schon in der zeitgenössischen Rezeption unterrepräsentiert war und heute
beinahe in Vergessenheit geraten ist.«   *ORF*

»Der Sammelband (...) zeichnet ein differenziertes Bild der Ereignisse und zeigt
darüber hinaus, wie fruchtbar es sein kann, Perspektiven und Arbeitsweisen
mehrerer Wissenschaftsdisziplinen in einem Projekt zu koordinieren.«
F.A.Z.

Bd. 4

Helmut Strizek
Geschenkte Kolonien
Ruanda und Burundi
unter deutscher Herrschaft

224 Seiten, 81 Abbildungen, Broschur
ISBN 978-3-86153-390-0
24,90 € (D); 25,60 € (A); 44,00 sFr (UVP)

»Dies ist das aufregendste und beste Buch über Afrika, das derzeit in deutscher
Sprache zu lesen ist.«   *Die Welt*

»Helmut Strizeks gut lesbare, übersichtliche Darstellung der kolonialen Vorge-
schichte des Völkermords in Ruanda schließt eine Informationslücke hierzulande.«
Deutschlandfunk

Ch. Links Verlag, Schönhauser Allee 36, 10435 Berlin, www.linksverlag.de

Schlaglichter der Kolonialgeschichte

Schlaglichter der Kolonialgeschichte

Bd. 7

Marianne Bechhaus-Gerst
Treu bis in den Tod
Von Deutsch-Ostafrika nach Sachsenhausen –
Eine Lebensgeschichte

208 Seiten, 96 Abbildungen und Karten, Broschur
ISBN 978-3-86153-451-8
24,90 € (D); 25,60 € (A); 44,00 sFr (UVP)

Der Sudanese Mahjub bin Adam Mohamed ließ sich 1914 als Söldner (Askari) der Kolonialtruppe in Deutsch-Ostafrika, dem heutigen Tansania, anwerben. Ende 1929 kam er als Kolonialmigrant nach Deutschland. Er arbeitete als Kellner im Kempinski in Berlin, beteiligte sich als Kiswahili-Lehrer am Orientalischen Seminar an den Bestrebungen, die deutschen Kolonien zurückzugewinnen und spielte in den 30er Jahren kleinere Rollen in mehr als 20 Spielfilmen. Mahjub, der sich auch Bayume Mohamed Husen nannte, war ein von sich und seiner Ausstrahlung überzeugter Lebenskünstler, der sich nicht scheute, die im Deutschen Reich mit dem Mythos vom »treuen Askari« verbundenen Emotionen für sich auszunutzen. Trotz der Bedrohung durch das nationalsozialistische Regime blieb er in Deutschland und legte sich sogar mit den Behörden an. 1941 wurde der Unbequeme zum Schweigen gebracht, indem man ihn ohne vorherigen Prozess in das Konzentrationslager Sachsenhausen einwies, wo er drei Jahre später starb.
Die Afrikanistin Marianne Bechhaus-Gerst erzählt die außergewöhnliche Familien- und Lebensgeschichte dieser afrikanisch-deutschen Persönlichkeit. Entstanden ist ein eindrucksvolles Porträt, welches exemplarisch zeigt, wie Afrikaner im NS-Rassestaat zu überleben versuchten, ohne ihre Würde preiszugeben.

»Mit großer Sorgfalt hat Marianne Bechhaus-Gerst den ebenso bizarren wie erschütternden Lebensweg des Bayume Mohamed Husen spannend nachgezeichnet und ein völlig unbekanntes Kapitel über den nationalsozialistischen Rassenwahn aufgeschlagen.« *Deutschlandfunk*

»Beispielhaft und spannend erzählt.« *Das Parlament*

Ch. Links Verlag, Schönhauser Allee 36, 10435 Berlin, www.linksverlag.de